国家文化公园画传系列

长征画传

长征画传

BIOGRAPHY
OF
THE LONG MARCH

全国政协文化文史和学习委员会　主编
中国文化遗产研究院　承编

江苏凤凰美术出版社　江苏人民出版社·南京

图书在版编目（CIP）数据

长征画传 / 全国政协文化文史和学习委员会主编；中国文化遗产研究院承编． -- 南京：江苏凤凰美术出版社，2023.2（2023.10 重印）
（国家文化公园画传系列）
ISBN 978-7-5741-0892-9

Ⅰ．①长… Ⅱ．①全… ②中… Ⅲ．①中国工农红军长征－史料－图集 Ⅳ．① K264.406-64

中国国家版本馆 CIP 数据核字 (2023) 第 053931 号

长征画传

主　　编　全国政协文化文史和学习委员会
承　　编　中国文化遗产研究院

封 面 题 字　孙晓云
策 划 编 辑　方立松
责 任 编 辑　韩　冰　孙剑博
责任设计编辑　唐　凡
责 任 校 对　吕猛进
责 任 监 制　张宇华　唐　虎
特 邀 审 核　刘仁军
出 版 发 行　江苏凤凰美术出版社
　　　　　　江苏人民出版社
出版社地址　南京市湖南路1号，邮编：210009
照　　　排　江苏凤凰制版有限公司
印　　　刷　南京爱德印刷有限公司
开　　　本　787mm×1 092mm　1/16
印　　　张　35.75
插　　　页　4
字　　　数　600 000
版　　　次　2023年2月第1版
印　　　次　2023年10月第2次印刷
标 准 书 号　ISBN 978-7-5741-0892-9
定　　　价　180.00元

图书如有印装质量问题，可随时向我社印务部调换。

《长征画传》
编委会

主任
刘奇葆　刘新成

常务副主任
宋大涵　刘玉珠　刘佳义

副主任
丁　伟　王世明　吕世光　刘福连　孙庆聚　陈际瓦
修福金　阎晓宏　胡纪源　刘晓冰　吴尚之　宋新潮

编委（按姓氏笔画排序）
丁元竹　王亚民　王林旭　王重道　方立松　毕京京
吕章申　刘万鸣　刘中刚　刘曙光　牟科发　李六三
吴为山　张宏志　张树军　陈　力　陈洪武　陈惠丰
范迪安　侯全亮　贺云翱　柴晓明　徐　里　徐　海
徐江善　曹　军　阎晶明　董希源　谢山青　慈爱民
　　　　　　　　谭　跃　樊　明

执行主编
陈　力

撰稿
陈　力　张冬梅　李　静

美术总设计
刘万鸣

美术设计
苏国强　郭　渊

学术顾问（按姓氏笔画排序）

王新生　姜廷玉　夏燕月　徐占权　黄如军

《长征画传》编委会办公室

办公室主任

曹　军　李六三

办公室成员（按姓氏笔画排序）

王光荣　孙　彤　杜以宾　李　雪　陈　欣
赵　云　赵　瑗　郝　帅　党志刚　韩　冰

本 书 列 入

2021年国家社科基金特别委托项目
2022年主题出版重点出版物

篆刻释文：江山多娇　　篆刻作者：骆芃芃

万水千山(局部)　叶毓山 雕塑 2006年 位于中国人民解放军国防大学

前 言

2020年10月，党的十九届五中全会提出建设长城、大运河、长征、黄河等国家文化公园；2021年12月，党中央启动建设长江国家文化公园。建设国家文化公园，是以习近平同志为核心的党中央作出的重大决策部署，是推动新时代文化繁荣发展、建设社会主义文化强国的重大工程。

奔腾的黄河是中华民族的母亲河，哺育了中华文明五千年丰硕成果；浩荡的长江造就了从青藏高原到东海之滨的多样文化，见证着中华文明发展延续的悠久历史；壮美的长城凝聚了中华民族自强不息的奋斗精神和众志成城、坚韧不屈的爱国情怀；流动的大运河千百年来滋养着两岸城市和人民，凝结着我国劳动人民的伟大智慧和勇气；红军长征是一部壮丽的史诗，是中华民族伟大复兴历史进程中的巍峨丰碑。它们蕴含着中华民族生生不息的历史基因、承载着我们最深层文化记忆，是中华民族的代表性符号。黄河、长江、长城、大运河、长征国家文化公园，集中打造中华文化重要标志，深入挖掘文物和文化资源精神内涵，生动呈现中华文化的独特创造、价值理念和鲜明特色，充分彰显了中华优秀传统文化持久影响力、社会主义先进文化强大生命力。

国家文化公园当然首先是宏大的空间系统，但同样也在细微处蕴含着丰富多彩的质感。它们既是抽象的符号和标识，更是从神州大地上绵延生长的知识和情感，是描绘家国情怀的案卷与画面，是勾连磅礴历史与现实世界的万缕千丝。黄河、长江、长城、大运河、长征的故事，就是这些知识与情感、案卷与画面、历史和生活的交织与表达。当人们徜徉其中，感受的是伟大祖国的灿烂文化和辉煌历史。讲述它们的故事，就是讲述一组美好中国的故事，呈现一个更有故事的美好中国。

党的二十大报告指出，要建好用好国家文化公园。全国政协文化文史和学习委员会历来重视文史资料工作和文化遗产保护传承。组织编辑出版《黄河画传》《长江画传》《长城画传》《大运河画传》《长征画传》，是学习贯彻习近平总书记关于文物保护工作重要论述精神，立足人民政协人才荟萃优势、广泛凝聚实现民族复兴中国梦正能量的积极实践。我们希望呈现给广大读者的几部《画传》，让故事的主角从概念和符号中走出，在坚持历史真实性的前提下，避免呆板、干涩叙述，力求有血有肉有精神，以鲜活的生命姿态走进时代、走近读者，给阅读者思接千载、视通万里的驰骋空间，向社会大众特别是年轻一代传播黄河、长江、长城、大运河、长征等大型历史文化体系的价值，探索其在当下活化保护利用的路径，更广泛地普及历史、文化和自然知识，满足人民群众对美好生活的品读和追求。

  《画传》力求以生动的笔法、优美的图画为基本，以文字为线，以图画为珠，以线串画、以画映线，图文并茂、相得益彰，用一个个生动细微的故事串起这些历史遗迹全部的生命历程，将其涉及的中华文脉和生态文明，还有事件、人物、技术、精神一一呈现。每一部《画传》，既单独成卷，讲述中国故事的某个面向；又互为依衬，共同串联起中华文明从古至今的主线情节，充分展现中华民族伟大创造精神、伟大奋斗精神、伟大团结精神、伟大梦想精神。

  如果说人类文明是一座舞台，上演着一幕幕不同文化和族群的故事剧，那么中国故事一定是场次最多、角色最多、赢得观众欢笑和泪水最多的那一个。在这个舞台上，黄河、长江、长城、大运河和长征，穿越时空、生生不息，有着说不尽的精彩故事，它们向世界生动讲述了中国人民勤劳勇敢、自强不息的奋斗精神，展现了中华民族海纳百川、开放包容的博大胸襟，是全人类精神文化财富宝库中的明珠。在《画传》的故事里，黄河、长江、长城、大运河、长征从遥远的历史深处走来，带着文明的记忆汇聚到国家文化公园。讲好它们的故事，进一步坚定文化自信，让黄河、长江、长城、大运河、长征文化精神，在新时代放射出更加夺目的光彩，让中华儿女在新征程中不断凝聚奋进力量。

  这，就是我们编撰这套《画传》的初衷和本心。

《画传》编委会

2023 年 1 月

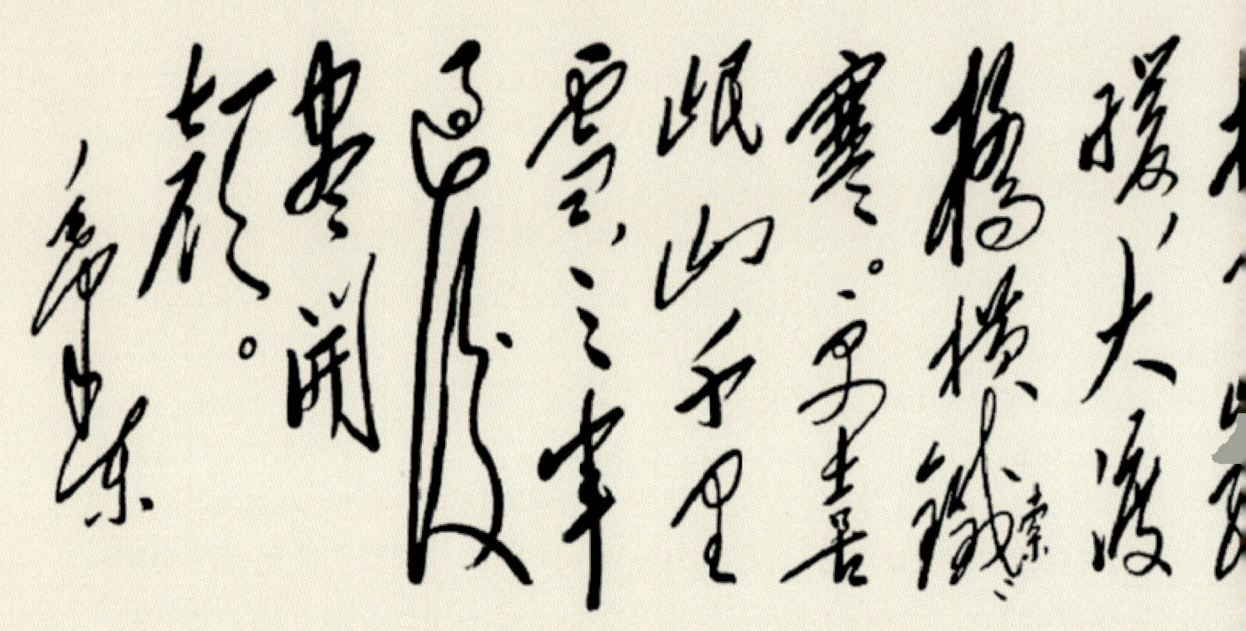

《七律·长征》 毛泽东

目录图 1　翻越雪山（局部）　　王颖生 董卓 中国画 800cm×300cm 2016 年 中国国家博物馆藏
目录图 2　红军过草地（局部）　　张文源 油画 300cm×184cm 1977 年 中国人民革命军事博物馆藏

长征诗

红军不怕远征难,万水千山只等闲。五岭逶迤腾细浪,乌蒙磅礴走泥丸。

目 录

序 章
红军不怕远征难

第一章　风烟滚滚来天半　011

一、星火燎原　013
二、黑云压城　031
三、准备转移　039
四、浴血坚守　047

第二章　战略转移去远方　055

一、踏上征程　057
二、血战湘江　069
三、转兵贵州　083

| 第三章　伟大转折正航向 | 097 | 第四章　强渡嘉陵踏征途 | 185 |

    一、遵义曙光　099　　　　一、川陕风雷　187
    二、四渡赤水　119　　　　二、强渡嘉陵　199
    三、巧渡金沙　143　　　　三、西进岷江　211
    四、彝海结盟　153
    五、跨越天堑　161　　第五章　坚定北上志不移　219
    六、翻越雪山　171

    　　　　　　　　　　　　一、懋功会师　221
    　　　　　　　　　　　　二、确定方针　229
    　　　　　　　　　　　　三、草地行军　241
    　　　　　　　　　　　　四、先行北上　251

第六章　北上抗日勇当先	259	第八章　胜利到达吴起镇	323
一、由豫入陕	261	一、到陕北去	325
二、创建新区	275	二、到达吴起	339
三、北上先锋	283	三、甘泉会师	351
		四、奠基之礼	357

第七章　硕果仅存在陕甘	295	第九章　南下川康受挫折	365
一、硕果仅存	297	一、坚持南下	367
二、永坪会师	311	二、百丈受挫	377
三、连战告捷	317	三、退守甘孜	385

第十章　艰苦转战湘黔滇　391

　　一、木黄会师　393
　　二、突围转移　405
　　三、继续北进　425

第十一章　巩固发展大本营　439

　　一、新的战略　441
　　二、东征战役　451
　　三、西征战役　463

第十二章　胜利会师开新局　473

　　一、甘孜会师　475
　　二、共同北上　483
　　三、会宁会师　499
　　四、将台会师　511

尾　声　长征永远在路上……　525

参考文献　550

后　记　554

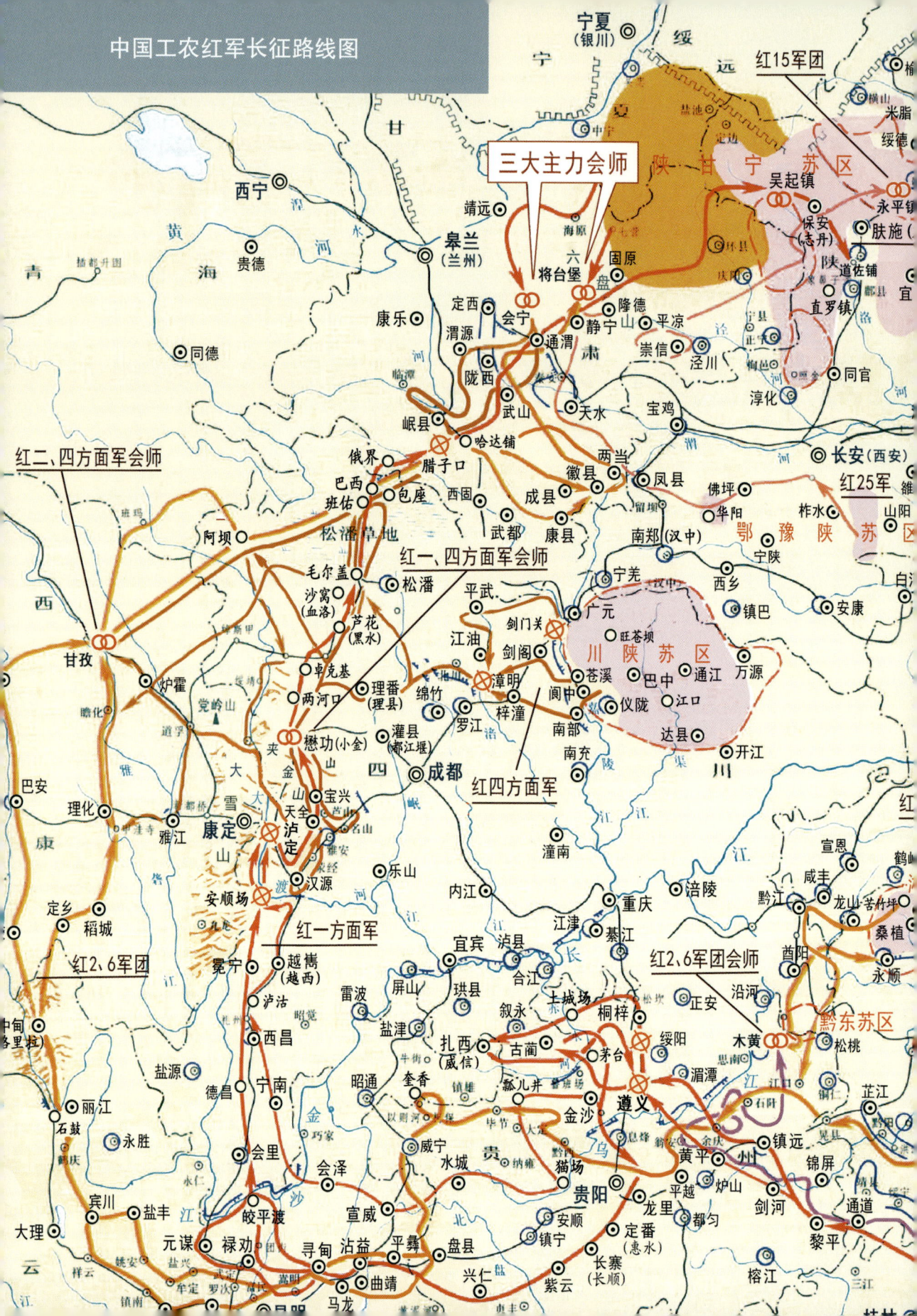

而令迈步从头越（局部） 沈尧伊 油画 338cm×180cm 1976年 中国美术馆藏

序 章
红军不怕远征难

20世纪30年代,华夏大地风雨如晦。沉沉黑夜中,一支头顶红星、高举红旗的队伍,从赣南的红土地出发,踏上转战征途。随后,几支同样的队伍也相继出发转移。他们粉碎重重围堵,历经千难万险,到达西北的黄土高原,完成了一次前所未有的艰难远征。所过之处,风潮涌动,气象一新。水深火热中的百姓,由此看到了希望;长夜难明的神州,由此显露出曙光。

这一穿越了大半个中国的漫漫行程,迂回曲折,绵延逶迤,有人形容它是"地球的红飘带"。浪漫的名称,让人想到敦煌壁画中飞天舞动的飘逸长绸,想到纺织姑娘穿梭于经纬线之间的灵巧双手。然而,这条"红飘带",却是众多铁骨铮铮、坚毅无畏的勇士,用穿着草鞋的双脚,一步一个脚印"织"成的。那沾着泥土和血迹的草鞋,因此有了一个豪迈的名称——"量天尺"!

这些勇士,名叫"中国工农红军",这条"地球的红飘带",就是伟大的长征!

跋(又名《走泥丸》) 邓乐
雕塑 109cm×75cm×77cm
1996年 中国人民革命军事博物馆藏

红军不怕远征难

长征，是人类历史上举世无双的英雄壮举，是中国共产党领导工农红军谱写的壮丽史诗，是中华民族伟大复兴历史进程中的巍峨丰碑。

长征，又是一幅浓墨重彩的不朽画卷，是一个个惊心动魄的传奇故事……

长征对于我们意味着什么？答案可以很长很长，也可以是一句话：今天中国的进步和发展，就是从长征中走出来的。

那究竟什么是长征？

我们今天所说的"长征"，是一个特定的历史概念，它是指1934年10月至1936年10月的两年之间，中国共产党领导的红军第一、第二、第四方面军和第25军，从长江南北的各革命根据地撤离，前往陕甘苏区会合的大规模战略转移行动。

红军为什么要长征？又是在什么样的背景下进行长征的？

简而言之，严重的民族危机和严峻的生存危机，是红军长征的历史背景和直接原因。

1931年，日本帝国主义发动"九一八"事变，侵占中国东北。1935年，日本又制造华北事变①，实际控制了包括北平（今北京）、天津在内的华北大部分地区。中华民族到了最危险的时候，抗日救亡成为全民族最紧迫的任务。

面对日益严重的民族危机，国民党蒋介石政府顽固坚持"攘外必先安内"的反动政策，以重兵"围剿"中国共产党领导的红军和革命根据地。由于"左"倾教条主义者的错误指挥，中央苏区第五次反"围剿"失败，党和红军面临严峻的生存危机，为保存革命的有生力量，不得不进行战略转移。这个战略转移，就是我们今天所说的长征。

民族危机和生存危机同时出现，决定了红军长征肩负着双重任务：不仅要完成军事上的战略转移，而且要完成政治上的战略转变；要在保存革命力量的同时，实现由国内革命战争向抗日民族战争转变，担负起拯救民族危亡的重任。这是红军长征的最终使命。

参加长征的红军队伍一共有4支，最先出发的是中央红军（即红一方面军）。

1934年10月10日，中共中央撤离江西瑞金，率中央红军8.7万②余人开始战略转移。一路上，党和红军战胜了数不清的艰难险阻，于1935年10月19日到达陕北吴起，结束了历时1年、纵横11省、行程二万五千里的长征，保存下来7000余人。

第二支出发的队伍，是红25军。

1934年11月16日，红25军2980余人从河南罗山县何家冲出发，开始战略转移。途中创建了鄂豫陕苏区，壮大了部队。1935年7月16日，红25军为策应主力红军北上，再次踏上征程，于9月15日到达陕西延川县永坪镇，结束历时10个月、跨越4个省、行程近万里的长征，保存了3400余人。

第三支长征的队伍，是红四方面军。

---

① 1935年，日本侵略者蓄意制造的一系列侵犯华北主权事件的统称。
② 中央红军长征出发时的人数，通常都说8.6万余人。这是根据1934年10月8日中革军委公布的《野战军人员武器弹药供给统计表》中的数字，表中统计参加转移的人员总共86859人。但该表下方说明：红1军团教导队和红8军团供给部门未统计在内。如果加上这两部分人员，参加转移的人员应在8.7万人以上。

（004页、006—008页）万水千山屏　应野平　汪观清　中国画　1959年
（左页）瑞金

遵义　　　　　　　金沙江　　　　　　　泸定桥

　　1935 年 3 月 28 日，红四方面军发起嘉陵江战役，实际上开始战略转移，部队和机关共约 10 万人。由于张国焘的分裂主义错误，部队在雪山草地间几经往返。1936 年 10 月 9 日，红四方面军在甘肃会宁与红一方面军会师，结束了历时 1 年半、转战 4 个省、行程万余里的长征，保存了 3 万余人。

　　最后一支长征的队伍，是红 2、红 6 军团（红二方面军）。

　　1935 年 11 月 19 日，红 2、红 6 军团 1.7 万余人从湖南桑植出发，实行战略转移。1936 年 7 月初，在甘孜与红四方面军会师，并与红 32 军合编为红军第二方面军，随后北上。10 月 22 日，红二方面军在甘肃静宁以北的将台堡（今属宁

雪山　　　　　　　草地　　　　　　　腊子口

夏西吉）与红一方面军会师，结束了历时近 1 年、纵横 8 个省、行程约 2 万里的长征，保存了 1.3 万余人。

以三大主力红军会师为标志，红军长征胜利结束。

长征中，红军共进行了 600 余次重要战役战斗，其中师以上规模的 120 余次，牺牲的烈士难以计数，仅营以上干部即达 422 人，职务最高的是红 3 军团参谋长邓萍。红军共歼灭和击溃国民党军 7 个师 19 个旅又 100 个团，俘敌 2 万余人，粉碎了敌人的围追堵截。

长征中，红军经过了江西、福建、广东、湖南、广西、贵州、云南、四川、

重庆、青海、甘肃、宁夏、陕西、河南、湖北等 15 个省区①，总行程 6.5 万余里；跨越了上百条江河，其中包括湘江、乌江、金沙江、大渡河、嘉陵江等激流大川；翻越了 40 多座崇山峻岭，其中约 20 座是海拔 4000 米以上的皑皑雪山；穿过了号称死亡陷阱的 1.52 万余平方公里的茫茫草地。广大指战员以顽强的毅力，忍受了饥寒交迫、风餐露宿、伤病疲劳等艰难困苦，一步步走完了数万里迢迢长路。

长征中，中共中央召开了遵义会议，确立了新的正确的领导；坚持了北上抗日方针和党指挥枪的原则，克服了张国焘的右倾分裂错误，最终实现了党和红军的团结统一，夺取了长征的胜利。

各路红军长征出发时的总人数为 20.6 万余人，沿途补充了大量兵力。各路红军结束长征时的兵力，共 5.7 万余人②。可以说，这条"地球的红飘带"，是无数烈士的鲜血染成的。虽然付出了巨大代价，但党和红军胜利完成了战略转移任务，实现了把中国革命大本营放在西北的战略目标，进军到了靠近华北的抗日前线。

红军三大主力会师西北，宣告国民党反动派消灭共产党和红军的企图彻底破灭，将濒临绝境的中国革命引向了胜利发展的新阶段，极大推动了中国革命的历史进程。中国革命后来取得的一切胜利，都凝聚着长征的不朽功勋。

作为一个历久弥新的不朽传奇，长征是一个说不完的话题。它精彩的故事、丰富的内涵、重要的意义、深刻的启迪，不会因为时光流逝而失去夺目的光彩。理解长征，我们才能真正理解中国共产党领导人民军队，从艰苦奋斗中创造出来的伟大荣光；理解长征精神，我们才能真正理解中国共产党率领人民军队，由小到大、由弱到强、迭克强敌、走向胜利的奥秘和真谛。

让我们翻开这本书，走进烽火硝烟的岁月，聆听革命前辈的心声，了解万里征程的艰辛，感悟岁月静好之不易。在新时代的新长征中，以我们的奋斗创造中华民族新的伟大辉煌，去告慰那些为今天而牺牲的先烈，去致敬那段辉煌的历史……

---

① 由于行政区划变动，红军长征经过的西康省已撤销，所辖地区分别划归四川和西藏；重庆由四川划出成为直辖市，故仍为 15 个省区。
② 红四方面军 2.18 万人在会师后渡过黄河西征，后遭受严重损失。

（左页）陕北

向井冈山进军（局部） 招炽挺 赵淑钦 王孝柏 油画 230cm×160cm 1977年 中国人民革命军事博物馆藏

第一章

风烟滚滚来天半

星火（局部） 冯远 中国画 210cm×190cm 1991年 中国国家画院藏

  1927年春天，正当国共合作的大革命轰轰烈烈进行时，国民党内代表大地主、大资产阶级利益的右派蒋介石、汪精卫集团，公然背叛孙中山制定的联俄、联共、扶助农工三大政策，先后发动"四一二"、"七一五"反革命政变，向昔日的盟友共产党人残忍地举起屠刀。国共合作的大革命因此而失败，一度充满希望的中国，再次被黑暗笼罩。

  短短一年多时间，31万之多革命志士倒在血泊之中，其中包括2.6万余名共产党人。血雨腥风中，胆小的人逃跑了，意志不坚定的人退缩了，投机分子叛变了。中国共产党的党员数量，由大革命高潮时的近6万人，急剧减少至1万多人，随时面临被敌人瓦解和消灭的危险。

一、星火燎原

> 大革命失败的惨痛教训,使中国共产党人深刻认识到:不建立自己的军队,不进行革命的武装斗争,就没有共产党的地位,就没有人民的地位,就没有革命的胜利。
>
> 为挽救革命,共产党人奋起反抗!

举行武装起义

1927年8月1日凌晨,南昌城头的枪声,划破了寂静的夜空。在以周恩来为书记的中共中央前敌委员会领导下,贺龙、叶挺、朱德、刘伯承等率领受党领导和影响的2万多国民革命军在南昌举行起义,打响了武装反抗国民党反动派的第一枪。这是中国共产党开始独立创建军队、领导中国革命、进行武装夺取政权斗争的标志。中国革命由此进入了以反抗国民党反动统治、废除封建土地所有制、建立工农民主政权为斗争目标的土地革命战争时期。

8月7日,中共中央在湖北汉口召开紧急会议,确定实行

(下页)南昌起义(局部)
黎冰鸿 油画 100.5cm×77cm 1959年 中国美术馆藏

土地革命和武装起义的方针。毛泽东在会上大声疾呼:"以后要非常注意军事,须知政权是由枪杆子中取得的。"

这是共产党人从血的教训中得到的深刻认识。

根据"八七"会议确定的方针,党在各地广泛领导起义,创建革命军队,点燃了武装斗争的星星之火。

9月11日①,在以毛泽东为书记的中共湖南省委前敌委员会领导下,湘赣边界秋收起义爆发。起义武装组成工农革命军,公开打出以镰刀斧头为标志的红旗,分三路向长沙攻击前进。毛泽东为此填词《西江月·秋收起义》:

> 军叫工农革命,旗号镰刀斧头。
> 匡庐一带不停留,要向潇湘直进。
> 地主重重压迫,农民个个同仇。
> 秋收时节暮云愁,霹雳一声暴动。

可是,起义军在进军长沙途中遭受重挫。前委在浏阳文家市决定,部队沿罗霄山脉向南转移。这是从进攻大城市转为向农村进军的起点。

12月11日,中共广东省委书记张太雷和叶挺、叶剑英等领导发动广州起义,宣告成立广州苏维埃政府。在敌人反扑下,起义失败,张太雷等壮烈牺牲。

广州起义是对国民党反动派屠杀政策的又一次英勇反击。实践证明,在敌强我弱的形势下,想要通过城市武装起义或攻占中心城市来争取革命胜利是行不通的。

除上述三大起义外,从"八七"会议至1928年上半年,中国共产党在全国10多个省的140多个县,领导发动了近百万工农群众和数万革命军队,举行了包括鄂中鄂西起义、海陆丰起义、琼崖起义、清涧起义、黄麻起义、弋横起义、

---

① 《中共湖南省委关于夺取长沙的命令》,1927年9月8日。命令说:鄂南决于九日发动,安源决于十一日发动,自岳(阳)至长(沙)至株(洲)铁道九日起破坏;各县农运亦已特别加紧工作,限于十一日齐起发动。

"八一"建军节的确定

南昌起义是人民军队诞生的标志。为纪念这一不寻常的日子,1933年6月30日,中华苏维埃共和国中央革命军事委员会决定,将8月1日确定为中国工农红军成立纪念日。7月11日,中华苏维埃共和国临时中央政府批准这一决定。从此,8月1日成为人民军队诞生纪念日。1949年6月15日,在新政协筹备会议第一次会议上,中国人民革命军事委员会主席毛泽东,副主席朱德、刘少奇、周恩来、彭德怀,签发《公布中国人民解放军军旗军徽样式》的命令,规定中国人民解放军军旗为红底,长方形,上缀金黄色五角星和"八一"两字;军徽为镶有金黄色边之五角红星,中嵌金黄色"八一"两字,表示人民军队在中国共产党的领导下,从1927年8月1日南昌起义以来,用灿烂的革命星光照耀着中国。从此,"八一"成为人民解放军军旗军徽的主要标志。

中华人民共和国成立后,"八一"纪念日改为中国人民解放军建军节。

秋收起义（局部） 何孔德 高泉 纪晓秋 陈玉先 油画 230cm×173cm 1973年 中国人民革命军事博物馆藏

广州起义(局部) 何孔德 郑洪流 油画 310cm×170cm 1962年 中国人民革命军事博物馆藏

赣西赣南起义、桑植起义、闽西起义和渭华起义等在内的数百次武装起义。这些起义高举土地革命和武装斗争的旗帜,给残酷镇压革命的国民党反动派以有力回击,也给处在历史转折关头的中国革命带来希望。起义中建立和保存下来的部队,为红军在游击战争中发展壮大,准备了骨干,奠定了基础。

创建革命根据地

在革命处于低潮的形势下,刚刚建立的弱小革命武装,面对强大的敌人,不得不向敌人统治力量薄弱的农村山区转移，寻找生存和发展之机。

1927年9月底，秋收起义部队到达江西永新三湾村后进行改编：去留自愿；"支部建在连上"，加强党的领导；实行官兵平等的民主制度。三湾改编是建设新型人民军队的重要开端。10月下旬，毛泽东率改编后的部队上了井冈山，实行"工农武装割据"，开辟农村革命根据地。经过艰苦斗争，至1928年2月，井冈山根据地初步形成。

4月下旬，朱德、陈毅率领南昌起义保存下来的队伍及湘南起义农军到达井冈山，与毛泽东领导的秋收起义部队会师，共同组成红军第4军（开始称工农革命军第4军），朱德任军长，毛泽东任政治委员，这支部队从此被称为"朱毛红军"。红4军连续打退湘赣国民党军的"进剿""会剿"，取得黄洋界保卫战胜利。毛泽东写下《西江月·井冈山》赞颂胜利：

山下旌旗在望，山头鼓角相闻。
敌军围困万千重，我自岿然不动。
早已森严壁垒，更加众志成城。
黄洋界上炮声隆，报道敌军宵遁。

在四周白色恐怖中，井冈山上高高飘扬的红旗，给深受压迫剥削的广大人民带来希望。

1928年年底，彭德怀率平江起义部队组成的红军第5军转战井冈山，参加保卫根据地的斗争。翌年1月，为打破湘赣国民党军新的"会剿"，毛泽东、朱德率红4军主力出击外线，先后取得大柏地、长汀等战斗胜利，创建了赣南、闽西苏区[①]。以这两块苏区为基础，后来发展形成了中央苏区。

其他地区的红军也在游击战中创建了多块苏区。湘鄂边、鄂西等地的红军，

[①] 土地革命战争时期，中国共产党在革命根据地内领导建立的政权通常称"苏维埃"，苏维埃政府管辖的区域称"苏区"。"苏维埃"是俄文Совет的汉语音译，意思为"代表会议"。

（下页）井冈山会师（局部）　　林岗　油画　380cm×200cm　1975年　中国国家博物馆藏

创建了以洪湖为中心的湘鄂西苏区；鄂东北、豫南和皖西地区的红军，创建了鄂豫皖苏区；湘赣、湘鄂赣、赣东北、琼崖、右江、东江等地的红军，也分别创建了苏区。

以毛泽东为代表的中国共产党人，在领导红军游击战争和创建革命根据地的斗争中，总结创立了以"敌进我退，敌驻我扰，敌疲我打，敌退我追"的"十六字诀"为主要内容的红军游击战原则，这成为以弱胜强的重要法宝。通过古田会议确立了人民军队建设的根本原则，解决了如何把一支以农民为主要成分的军队建设成为党领导下的新型人民军队的重大问题，保证了党对军队的绝对领导和人民军队的宗旨本色永不改变。通过实行"工农武装割据"，建立农村革命根据地，为中国革命开辟了一条以农村包围城市、最后夺取政权的正确道路。这是中国共产党人的伟大创造，是中国革命的胜利希望。

虽然这时候共产党和红军的力量总体上还很弱小，但毛泽东坚信，革命高潮一定会到来。他以诗人的语言形容说：

> 它是站在海岸遥望海中已经看得见桅杆尖头的一只航船，它是立于高山之巅远看东方已见光芒四射喷薄欲出的一轮朝日，它是躁动于母腹中的快要成熟了的一个婴儿。

三次反"围剿"胜利

经过初创时期艰苦的游击战争，到 1930 年初夏，全国红军发展到近 7 万人，另有地方武装约 3 万人，开始集中组织，统一指挥，先后建立了 3 个军团和 10 多

红军缴获的机枪　中国国家博物馆藏

红军反"围剿"的胜利（局部）

郑洪流 崔开玺 张文源 艾轩 油画 562cm×327cm 1978年 中国人民革命军事博物馆藏

个军。赣南闽西地区的红军，组成第1军团，朱德任总指挥，毛泽东任政治委员；湘鄂西地区的红军，组成第2军团，贺龙任总指挥，周逸群任政治委员；湘鄂赣地区的红军，组成第3军团，彭德怀任总指挥、滕代远任政治委员。

8月23日，红1军团和红3军团在湖南浏阳永和市（今永和镇）合编组成红军第一方面军，朱德任总司令、毛泽东任总政治委员，总兵力3万余人。同时成立中共红一方面军总前敌委员会，毛泽东任书记。

红一方面军的成立，使红军从战略上进一步集中了兵力，这对打破国民党军的大规模"围剿"，开展土地革命战争的更大局面具有重要意义。

红军和苏区的迅速发展，震动了国民党当局。这年10月，中原大战一结束，蒋介石即调集重兵，对红军和苏区连续发动大规模"围剿"，首先针对朱德、毛泽东领导的红一方面军。

从 1930 年 11 月至 1931 年 9 月，在朱德、毛泽东等指挥下，红一方面军坚持"诱敌深入"方针，依托苏区内的有利条件，运用机动灵活的运动战术，以不到 4 万兵力，连续打破国民党军 10 万、20 万、30 万重兵的三次"围剿"，共计歼敌 7.5 万余人。

反"围剿"的胜利，激发了毛泽东的诗情，因而诞生了两首《渔家傲》，生动形象、气势磅礴而又不失幽默地描述了红军的胜利。其中《渔家傲·反第一次大"围剿"》上阕为：

万木霜天红烂漫，天兵怒气冲霄汉，
雾满龙冈千嶂暗，齐声唤，前头捉了张辉瓒①。

《渔家傲·反第二次大"围剿"》下阕为：

七百里驱十五日，赣水苍茫闽山碧，横扫千军如卷席。
有人泣，为营步步嗟何及！

敌进我退，敌驻我扰，敌疲我打，敌退我追，游击战里操胜算；大步进退，诱敌深入，集中兵力，各个击破，运动战中歼敌人。
——毛泽东在宁都小布为反"围剿"军民誓师大会撰写的对联

三次反"围剿"胜利后，赣南、闽西苏区连成一片，中央苏区基本形成，总面积近 7 万平方公里，人口 300 余万，成为全国苏维埃运动的大本营。

1931 年 12 月 14 日，参加"围剿"的国民党军第 26 路军 1.7 万余人在江西宁都举行起义。起义部队改编为红军第 5 军团，总指挥季振同，政治委员萧劲光，壮大了红军的力量。

其他苏区和红军，也在反"围剿"胜利中不断发展壮大。

湘鄂西苏区的红 3 军（原红 2 军团）发展到 1.5

---

① 张辉瓒，国民党军陆军第 18 师师长，"围剿"红军的前线总指挥。

洪湖黎明（局部） 恽圻昌 油画 240cm×100cm 1957年 中国人民革命军事博物馆藏

万余人；洪湖苏区扩大到2.5万余平方公里，人口近300万。

鄂豫皖苏区红军于1931年11月7日在湖北黄安七里坪组成红军第四方面军，总指挥徐向前，政治委员陈昌浩，共3万余人。随后，连续发起黄安（今红安）、商（城）潢（川）、苏家埠、潢（川）光（山）4次进攻战役，取得歼敌6万余人的重大胜利，部队发展到4.5万余人。鄂豫皖苏区扩大到4万余平方公里，人口350余万。

随着反"围剿"的胜利，全国红军发展到约15万人，形成了包括"诱敌深入"、慎重初战、集中兵力、运动战、速决战、歼灭战等在内的作战原则，增强了保存自己、消灭敌人的能力；建立了中央苏区和湘鄂西、鄂豫皖、湘赣、湘鄂赣、赣东北等十多块苏区，成为灵活歼敌的有利战场和补充兵员物资的战略基地。

红色中华成立

1931年11月7日至20日，中华苏维埃第一次全国代表大会在江西瑞金叶坪村隆重召开。会场上挂着鲜艳的镰刀铁锤红旗和马克思、列宁画像，来自全国各苏区和红军的610名代表齐集一堂，在雷鸣般的掌声中，中华苏维埃共和国临时中央政府宣告成立。这是中国共产党领导建立的第一个全国性红色政权，是一个中国历史上前所未有的新型政权，"是工人和农民的民主专政的国家"。毛泽东为大会题词：苏维埃为工农劳苦群众自己管理自己生活的机关，是革命战争的组织者与领导者。

会上，毛泽东当选为中央执行委员会主席和人民委员会主席，"毛主席"的

中华苏维埃共和国中央执行委员会印章 中国国家博物馆藏

称呼，由此开始。

为庆祝这次大会召开，中国工农红军举行了第一次正式阅兵典礼，中央红军5个建制营和红军学校学员队及瑞金县群众武装接受了检阅。当受阅部队步伐整齐、精神昂扬地走过检阅台时，台上的中央领导人不断向受阅部队挥手致意，与会代表和前来观看的群众，热烈鼓掌，欢声雷动。

11月25日，中华苏维埃共和国中央革命军事委员会成立（简称中革军委），朱德任主席，王稼祥、彭德怀任副主席。红一方面军总部撤销，部队改由中革军委直接指挥，称中央红军。

星星之火，已然燎原。

中华苏维埃共和国革命军事委员会印章 中国人民革命军事博物馆藏

广昌战役（局部） 曹刚 油画 200cm×150cm 2016年 中国中共党史学会艺术专业委员会藏

二、黑云压城

> 1931年,日本帝国主义悍然发动"九一八"事变,武装侵占中国东北。中国共产党旗帜鲜明地提出抗日主张,国民党蒋介石政府却对日本侵略采取"不抵抗"政策,把主要兵力用来对付共产党和红军。蒋介石声称,"攘外必先安内,统一方能御侮",在前三次"围剿"失败后,继续调集兵力"围剿"红军和苏区。

第四次反"围剿"

1932年6月,蒋介石调集40万大军发动第四次"围剿",以30万兵力进攻鄂豫皖苏区,以10万兵力进攻湘鄂西苏区。

此时,以王明为代表的"左"倾教条主义通过中共六届四中全会已在中共中央占据统治地位。"左"倾教条主义领导者无视敌强我弱的客观形势,要求红军集中兵力夺取中心城市,以实现革命在一省数省的首先胜利。执行"左"倾路线的中共鄂豫皖中央分局书记、鄂豫皖军委主席张国焘，被红四方面军4次进攻战役的胜利冲昏头脑，认为"敌人的势力大大崩溃"，实行冒险进攻的错误战略，致使鄂豫皖苏区第四次反"围剿"失败。红四方面军主力2万余人于10月中旬撤离苏区，向西转移。

与此同时，湘鄂西苏区第四次反"围剿"也因"左"倾错误指导而失败。红3军退出洪湖苏区，转战湘鄂川黔边区。

蒋介石在鄂豫皖、湘鄂西得手后，于1933年2月集中40万兵力，对中央苏区发动第四次"围剿"。

这时，毛泽东已被排斥出红军的领导岗位。红一方面军（1932年6月恢复番号）总司令朱德、总政治委员周恩来指挥红军，运用以往反"围剿"的成功经验，采取大兵团伏击战法，先后取得黄陂、草台岗战斗胜利，共计歼敌近3个师，俘敌1万余人，缴枪1万余支，于3月下旬胜利打破"围剿"。蒋介石哀叹："此次挫失，惨凄异常，实有生以来唯一之隐痛。"

第五次反"围剿"失败

1933年5月，蒋介石在南昌设立"行营"，亲自组织策划对红军和苏区的第五次"围剿"，调集100万重兵，实行"三分军事、七分政治"的"剿共"方针和持久战与"堡垒主义"相结合的战法，重点进攻中央苏区。

经过周密准备，9月下旬，蒋介石以50万大军向中央苏区发起进攻，具体部署是：以33个师又3个旅组成北路军，由顾祝同任总司令，作为"围剿"军主力，从北向南构筑堡垒封锁线，向中央苏区逐步推进；以湘军9个师又3个旅为西路军，由何键任总司令，"围剿"中央苏区翼侧的湘赣、湘鄂赣苏区，并阻止中央红军向赣江以西机动；以粤军11个师又1个旅为南路军，由陈济棠任总司令，协同北路军行动，并阻止中央红军向南机动；以第19路军6个师又2个旅扼守闽西和闽西北地区，阻止中央红军向东发展；以浙赣闽边区警备部队5个师又4个保安团"围剿"闽浙赣苏区，并阻止中央红军向赣东北发展。另以空军5个航空队配置于南昌、临川、抚州、南城等地，支援和配合地面部队作战。

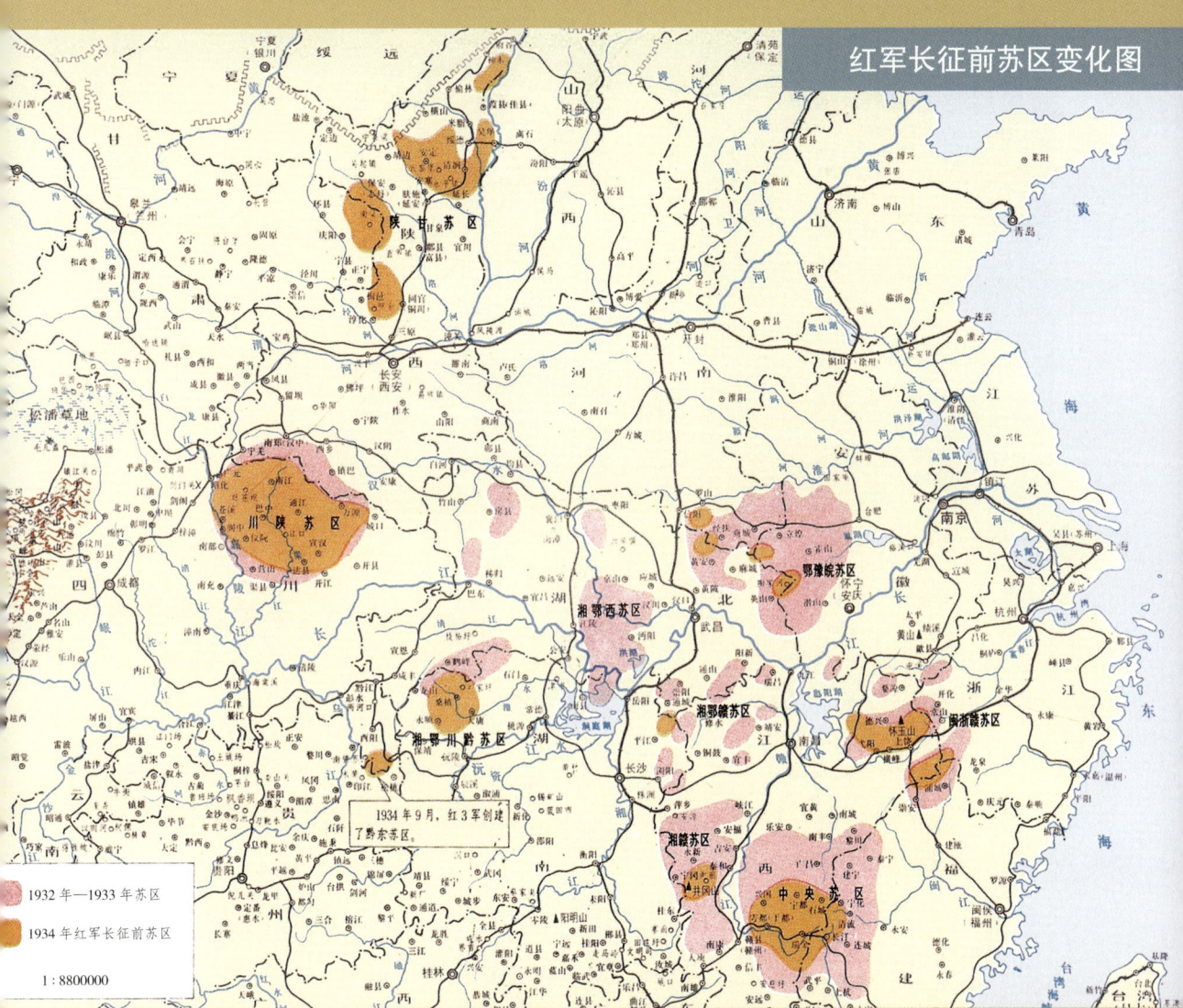

红军长征前苏区变化图

这时,红一方面军总兵力已发展到10万人,地方红军和群众武装也进一步壮大。中央苏区范围扩大到8.4万平方公里,人口450余万。苏区军民团结一心,同仇敌忾。如果作战指导和战略战术正确,打破敌人"围剿"不是不可能的。

博古（秦邦宪）

李德

李德（1900—1974），原名奥托·布劳恩，德国共产党员。曾在莫斯科陆军大学（即伏龙芝军事学院）学习。毕业后被派到中国，1933年9月到达中央苏区。随中央红军长征到达陕北后，1939年8月返回莫斯科。

可是，以博古为首的中共临时中央①于1933年年初迁入中央苏区后，全面推行"左"倾错误。在国民党军即将发动"围剿"之时，实行"两个拳头打人"的分离作战方针，命令红一方面军组成东方军和中央军，分别向闽赣两个方向展开进攻。结果，不仅疲劳了部队，也使红军丧失了宝贵的反"围剿"准备时间，陷入仓促应战的被动境地。临时中央还提出"不让敌人践踏一寸苏区"的反"围剿"方针，要求红军"御敌于国门之外""争取苏维埃在全中国的胜利"。这种错

---

① 1931年9月，因王明即将前往莫斯科，周恩来即将去中央苏区，在上海的中共中央委员和政治局委员已不到半数，为正常开展工作，经共产国际同意，成立临时中央政治局。在王明提议下，由博古负总责。1933年年初，临时中央因在上海无法立足而迁入中央苏区。

误指导，给红军反"围剿"作战造成严重后果。

就在第五次反"围剿"开始之际，共产国际军事顾问李德到达中央苏区。不懂军事的博古，便把红军的指挥权交给李德。李德不了解中国国情，不懂中国革命战争的特点，完全按照外国经验和书本教条来指挥中国红军，加上他高傲自大，专横粗暴，听不得不同意见，这就埋下第五次反"围剿"失败的隐患。

9月25日，国民党军3个师向黎川发起进攻。中央苏区第五次反"围剿"作战由此打响。28日，黎川失守。

黎川是中央苏区的东北门户。为收复黎川，"御敌于国门之外"，"左"倾领导者命令红军集中兵力，进攻抚河流域的国民党"围剿"军。红军在敌人的堡垒地带英勇奋战近两个月，不仅未能收复黎川，反而遭受很大伤亡，在反"围剿"开局阶段即陷入不利。10月，中革军委下令成立红军第9军团，罗炳辉任军团长，蔡树藩任政治委员。

这时，出现了一个有利于红军的机会。

11月20日，参加"围剿"的国民党第19路军陈铭枢、蒋光鼐、蔡廷锴部在福建公开与蒋介石决裂，提出与红军联合，反蒋抗日，史称"福建事变"。为镇压"福建事变"，蒋介石从"围剿"军的北路军中抽调11个师入闽"讨伐"，对中央苏区的进攻暂取守势。

面对这一有利之机，周恩来、张闻天和彭德怀等人都建议，给第19路军以军事上的支援，调动敌军，打破"围剿"。毛泽东更是大胆主张与国民党军"换防"，以红军主力突进到以浙江为中心的苏浙皖赣地区去，将战略防御转变为战略进攻，威胁敌之根本重地，"迫使进攻江西南部福建西部地区之敌回援其根本重地，粉碎其向江西根据地的进攻，并援助福建人民政府"。

毛泽东这个建议极有见地。一些国民党军将领后来曾说，蒋介石当时"最

> **朱德的《经闽西感怀》**
>
> 1961年2月，朱德视察武夷山革命老区时作诗一首：不听仙人指，寻求武夷巅，越过仙霞岭，早登天台山，赣闽成一片，直到杭州湾。出击求巩固，灭敌在此间。朱德作注说明：这首诗第一句以下各句，都是毛主席当时的指示精神。可见，对于"左"倾领导者拒绝毛泽东的正确建议，朱德多年后回顾起来，仍是感慨万千。

清平乐·会昌

东方欲晓,莫道君行早。踏遍青山人未老,风景这边独好。

会昌城外高峰,颠连直接东溟。战士指看南粤,更加郁郁葱葱。

毛泽东后来自注:「1934年,形势危急,准备长征,心情又是郁闷的。」

担心的是怕共军由闽北窜到浙江、安徽、江苏一带",因为当时后方十分空虚,"连南京一带那样重要的城市的防务,只是靠宪兵、警察和一些地方团队来维持"。如果红军和第19路军合作,"战力至少可增一倍,在无碉堡地区采取运动战,作战线指向苏浙要地,可能吸引国军调离江西,而减轻对赣南周围地区的压力"。

可是,博古、李德认为,中间势力是"最危险的敌人",福建事变"是反动统治的一种新的欺骗",同时害怕出击外线会丧失苏区,拒绝采纳这些正确意见。

一个打破"围剿"的良机,就这样错失了。

1934年1月,蒋介石镇压"福建事变"后,重新部署兵力,对中央苏区发起新的进攻。就在同时,中共六届五中全会在瑞金召开,宣称中国革命进入争取完全胜利的阶段,将"左"倾错误发展到顶点。博古、李德命令红军以阵地战、堡垒战和"短促突击"等消极战法抵御敌人进攻。红军在黎川、南丰、泰宁等地与优势敌军激战两个多月,未能挡住进攻之敌,被迫撤离。

4月10日,敌北路军以11个师向中央苏区北大门广昌发起进攻。广昌地势开阔,不利坚守,博古、李德却命令红军以阵地防御坚守广昌。红军在广昌与敌激战18天,共歼敌2626人,自身伤亡却高达5093人,被迫退出广昌。彭德怀怒斥李德的瞎指挥是"崽卖爷田心不痛"。

在此前后,中央红军(1934年1月,红一方面军改由中革军委直接指挥,复称中央红军。)还进行了筠门岭和建宁等保卫战,都未能取胜,苏区范围不断缩小。

7月上旬,国民党军向中央苏区中心区发起全面进攻。博古、李德指挥红军"六路分兵""全线抵御""用一切力量继续捍卫中区",使红军在不利形势下继续与敌人硬拼消耗。至9月下旬,中央苏区仅剩狭小区域,在苏区内打破"围剿"已无可能。面对严峻形势,毛泽东写下《清平乐·会昌》,表达了对革命的坚定信心。

这期间,中央苏区周边的湘赣、湘鄂赣和闽浙赣等苏区的反"围剿"也先后失败。为保存有生力量,党和红军不得不进行战略转移。

(左页)毛泽东《清平乐·会昌》词意图　陆俨少　中国画　81cm×51.2cm　1964年

方志敏在狱中写下的《清贫》《可爱的中国》手稿
中国国家博物馆藏

三、准备转移

> 在第五次反"围剿"形势日益恶化的情况下,中共中央、中革军委先后派出两个军团分别北上、西征,意在调动敌人、打破"围剿",但未能达到预期目的,被迫决定率中央红军主力实行战略转移。

北上与西征

广昌失守后,中共中央、中革军委开始考虑红军主力撤出中央苏区、实行战略转移的问题,并把这一设想报告了共产国际。之后,成立了由博古、李德和周恩来组成的最高"三人团",负责"处理一切"。"三人团"中,博古负责政治,李德负责军事,周恩来负责督促军事准备计划的实施。

1934年6月25日,共产国际致电中共中央,原则同意中央红军实行战略转移,同时又认为:"动员新的武装力量,这在中区并未枯竭,红军各部队的抵抗力及后方环境等,亦未足

《为中国工农红军北上抗日宣言》 中国国家博物馆藏

使我们惊慌失措。"博古、李德研究电文后决定,通过主力红军的抵抗和"加强辅助方向的活动,来求得战略上情况的变更"。

7月初,中共中央、中革军委决定,以红7军团(1933年10月成立)组成"北上抗日先遣队",北上闽浙赣皖边地区,发展抗日救国运动,并"吸引蒋敌将其兵力从中央苏区调回一部到其后方去",减轻中央苏区反"围剿"的压力。7月6日,红7军团6000余人在军团长寻淮洲、政治委员乐少华等率领下,从瑞金出发。部队在闽浙赣皖边区转战两个多月,兵力损失三分之二,被迫返回闽浙赣苏区。11月初,根据中革军委决定,红7军团与闽浙赣红10军合编为红军第10军团,刘畴西任军团长,乐少华任政治委员,方志敏任军政委员会主席。之后,红10军团又在浙皖赣边区艰苦转战近两个月,仍然难以立足,第19师师长寻淮洲牺牲。部队重返苏区途中,在赣东北怀玉山区陷入敌军包围,除少数先头部队在参谋长粟裕率领下突出重围,主力与敌战至弹尽粮绝,大部壮烈牺牲。方志敏、刘畴西等被俘后坚贞不屈,英勇就义。方志敏写下《可爱的中国》《清贫》等不朽篇章,表达了坚定的革命信念和高尚的爱国情怀。

7月23日,中共中央、中革军委命令红6军团(1933年6月成立)从湘赣苏区突围,到湖南中部去创建新苏区,"给湘敌以致命的威胁,迫使他不得不进行作战上及战略上的重新部署"。8月7日,红6军团9700余人从遂川突围,连续突破国民党军四道封锁线,到达湖南桂东寨前圩。12日,红6军团军团部在寨前圩正式成立,萧克任军团长,王震任政治委员;同时成立由中共中央代表任弼时为主席的军政委员会领导西征。

红6军团胜利突围,震动了湘赣国民党军。何键急调3个师和1个补充总队兼程实施追击。为摆脱追敌,红6军团以强行军抢在敌人完成包围前渡过潇水和

湘江，于9月上旬进入广西西延（今资源县）山区。

中共中央、中革军委命令红7军团北上和红6军团西征，目的是要以此调动"围剿"中央苏区的国民党军，寄希望于在苏区内粉碎"围剿"。但是，这两个军团兵力过小，未能达到调动敌军的预期目的。9月上旬，国民党军从各个方向突入苏区纵深，寻求与红军主力决战，并准备总攻瑞金。在这种形势下，博古、李德最终下决心实行战略转移，准备前往湘西与红3军会合。

转移的决定和准备

9月17日，博古致电共产国际报告："我们的总计划决定从10月初集中力量在江西的西南部对广东的力量实施进攻战役。最终的目的是向湖南南部和湘桂两省的边境地区撤退"，请求共产国际"不晚于9月底作出最后决定"。9月30日，共产国际回电表示："考虑到这样一个情况，即今后只在江西进行防御战是不可能取得对南京军队的决定性胜利的，我们同意你们将主力调往湖南的计划。"

这期间，转移的准备工作也在紧张进行。中央红军成立了周昆任军团长、黄甦任政治委员的红军第8军团和中央教导师，以充实兵力。中革军委命令，各军团成立野战后方部，统一管理各后勤部门，以适应转战需要；各县区军事部改为游击司令部，便于坚持斗争。兵工厂、被服厂加紧生产了146万发子弹、7600枚手榴弹、20680床被毯、20万双草鞋和10万条粮带等下发部队。军委总卫生部紧急采购了8万元中西药品；中央财政部突击筹款150万元，并取出存放于石城秘密"金库"中的款项，供转移所用。中共中央派潘汉年、何长工为代表，与国民党南路军总司令陈济棠的代表在寻乌谈判，双方达成就地停战、

鸽子飞了

在我们谈判期间，接到了周恩来同志事先和我商定的密语电报："长工，你喂的鸽子飞了。"得此消息后，对方代表很敏感，问我们："是否你们要远走高飞了？"我平静而婉转地回答道："不是，这是说谈判成功了，和平鸽上天了。"但我心里明白，由于王明"左"倾冒险主义的瞎指挥，使第五次反"围剿"终于遭到失败，红军已经决定实行战略转移。

——《何长工回忆录》

（左页）方志敏——1935.1.29（局部）
蔡鸣 王大为 马志明 苏瀚宇 油画 400cm×230cm 2009年 中国美术馆藏

互通情报、解除封锁、互相通商、必要时可互相借道等5项协议。这为红军突围转移提供了有利条件。

9月29日，中共中央政治局委员、中央书记处书记、中央政府人民委员会主席张闻天在《红色中华》报第239期发表《一切为了保卫苏维埃》的署名社论，指出：

> 为了保卫苏区，粉碎五次"围剿"……我们有时在敌人优势兵力的压迫之下，不能不暂时的放弃某些苏区与城市，缩短战线，集中力量，求得战术上的优势，以争取决战的胜利。

这是中央红军即将实行战略转移的第一个公开信号。中共中央和苏维埃中央政府还号召苏区群众拿起武器，保卫自己的土地和家园。红军总政治部要求全军深入进行准备长途行军与战斗的军政训练，"反对一切悲观失望的机会主义动摇"。

虽然进行了上述准备，但对于撤出中央苏区、实行大规模战略转移这样一个关系党和红军命运的重大行动，总体上说，准备仍然很不充分。李德强调，"突围成功的最重要的因素是保守秘密"，因此，中共中央对"为什么退出中央苏区、当前任务是什么、到何处去等基本的任务与方向问题，始终秘而不宣"。甚至没有在政治局会议上讨论，表现出不应有的仓促。在确定中央党政军高级领导干部走与留的名单时，张闻天说："一律由最高'三人团'决定。"事实上，主要是由博古说了算。

毛泽东此时已被排斥出党和红军的领导岗位，正在雩都（今于都）进行调查研究。10月上旬，接到随队转移的正式通知后，他立即赶回瑞金梅坑，召集中央政府各部门领导人开会，布置善后工作。会上，毛泽东强调：第一，革命是有前途的，大家要加强革命信心；第二，要把各部的善后工作做好，使留下来的同志能够更好地继续革命斗争，更好地联系群众。

（右页）送儿当红军（局部）　周沧米　中国画　105.7cm×89.8cm　1960年　中国美术馆藏

艰苦岁月　潘鹤 雕塑
1957年 中国美术馆藏

四、浴血坚守

> 中央红军开始战略转移前,中共中央就坚持苏区斗争作了相应部署。留在苏区的红军和地方武装,为掩护主力突围转移进行了浴血奋战。保存下来的队伍,在十分艰苦的环境下坚持了南方三年游击战争,从战略上策应了主力红军的行动。

成立领导机构

1934年10月初,中共中央决定,在中央苏区成立中共中央分局、中华苏维埃共和国中央政府办事处和中央军区,项英任中央分局书记、中央军区司令员兼政治委员,陈毅任中央政府办事处主任,统一领导留在苏区的党政军机关和部队坚持斗争。

10月8日,中共中央发出给中央分局的训令,强调中央苏区"各种工作所环绕的基本任务是发展广泛的游击战争,来反对敌人与保卫苏区",要求中央分局"坚强而有毅力地继续领

最后的演出

1935年元宵节前，中央苏区工农剧社在雩都井塘村进行会演。中央分局负责同志和四里八乡的群众冒雨赶来观看，台上台下气氛热烈。这是中央苏区最后一次大型文艺演出，对于稳定群众情绪、鼓舞斗争信心和迷惑敌人起了积极作用。随后，工农剧社分散到各部队参加突围。

这次演出给很多人留下深刻记忆。曾任工农剧社负责人的赵品三后来曾写诗回顾当时情形：千里吹歌冒雨来，辉煌灯火照山台。军民同乐逢佳节，星月联华叹妙才。东边唱罢西边和，前幕收场后幕开。披蓑张盖通宵立，三度闻鸡不肯回。

诗中的"星月联华"，指当时工农剧社的著名演员石联星、施月娥、刘月华。

导游击战争，正确地发动领导群众，正确地运用游击战术"。这个训令的基本思想是正确的，但发布时间太晚，缺乏具体部署，加上中央红军转移在即，因此没能起到应有效果。陈毅后来说：

当时，虽然也留下了党的中央分局（项英同志负责）和中央政府办事处（我任主任），但对于整个苏区敌后斗争，在政治上、军事上、组织上都没有布置。一时，苏区处于紊乱状态。

掩护主力转移

当时，留在苏区坚持斗争的部队主要有中央军区领导的红24师和独立第3、第7、第11团等，以及江西军区、赣南军区、福建军区、闽赣军区所属的地方武装，共计1.6万余人。另外，还有2.5万余名伤病员及部分党政军机关人员也留在了苏区。中革军委要求留守部队务必完成掩护中共中央和中央红军主力突围转移的任务，并将瑞金、会昌、雩都、宁都4个县城之间"三角"地区，划定为最基本的游击区和必须最后坚守的阵地。

根据命令，红24师和各红军独立团及地方武装，先后与主力部队有序换防，以顽强的战斗阻击和迟滞国民党军推进，保证中央红军主力顺利完成集结并成功突围。中央红军突破国民党军第一道封锁线后，红24师等部继续战斗，掩护主力侧后安全，并以一部兵力在主力红军之后跟进，沿途收容伤病员，帮助转运物资等。

为了迷惑敌人，中央分局、中央政府办事处领导留下的中央党政机关各部门仍然沿用原有名称开展工作，《红色中华》报也继续正常出版，内容仍是动员

"扩红"、征收公粮和优待红军家属等,这给敌人造成了错觉。直到 11 月初,敌人才得知中央红军主力已经突围西进。

顽强坚持斗争

蒋介石发现红军主力转移后,一方面调集兵力围追堵截转移中的中央红军,另一方面命令各路国民党"围剿"军加紧向中央苏区腹心地区突进。至 11 月下旬,中央苏区所有县城及重要集镇均被国民党军占领。敌人在苏区内实行残酷的屠杀政策,叫嚣"屋换石头,人要换种""斩草除根,诛家灭族",使很多地方变成了无人村。

为对付敌人的"清剿",中央分局将出院的伤病员补充到红 24 师,将地方游击队编入独立团,转入中革军委划定的最后坚守区域战斗。11 月 22 日,红 24 师

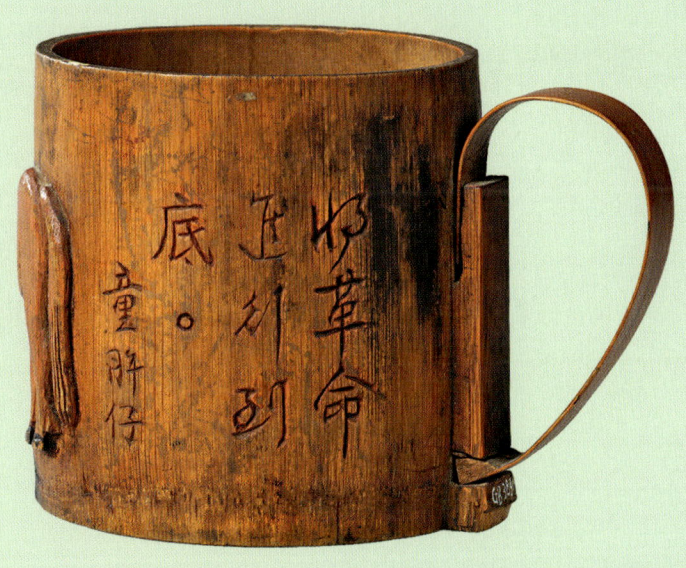

"将革命进行到底"竹杯 中国国家博物馆藏

于瑞金谢坊设伏,在地方武装配合下,取得击溃敌军1个旅、歼灭其中半个旅的胜利。

然而,敌众我寡,敌强我弱。至1935年1月,中央苏区仅剩下雩都南部少数地方未被敌人占领。在这种形势下,中央分局根据党中央在遵义会议后发来的指示电,决定突围转移到邻近地区开展游击战争。2月中旬,中央分局率领近万名红军和党政军干部分成九路,分别突围。为防万一,中央分局埋了电台,烧了密码本,从此与中共中央和其他游击区失去联系。

在九路突围过程中,一批党和红军的高级领导干部,如何叔衡、贺昌、阮啸仙、毛泽覃、李赐凡、李天柱、万永诚、梁柏台等英勇牺牲。瞿秋白、刘伯坚等被俘后英勇不屈,慷慨就义。红军受到很大损失,项英、陈毅等率突出重围的部分兵力,辗转抵达赣粤边的油山地区,继续坚持斗争。

国民党军占领中央苏区和其他苏区后,采取军事上进攻、政治上瓦解、经济上封锁的"三管齐下"策略,实行严厉"清剿"。中央苏区和各地苏区留下坚持斗争的红军及游击队,紧紧依靠广大群众,以坚定的信念和不屈不挠的斗争精神,广泛开展游击,不断挫败国民党军"清剿",先后在江西、福建、广东、浙江、湖南、湖北、安徽、河南8省15个地区建立起游击根据地,坚持了艰苦卓绝的南方三年游击战争,保存了革命火种,锻炼培养了一批骨干,牵制了大批国民党军,从战略上策应了主力红军的战略转移。中共中央后来高度评价说:

> 项英同志及南方各游击区的同志在主力红军离开南方后,在极艰苦的条件下,长期坚持了英勇的游击战争,基本上正确地执行了党的路线,完成了党所给予他们的任务,以至能够保存各游击区在今天成为中国人民反日抗战的重要支点,使各游击队成为最好的抗日军队之一部。这是中国人民一个极可宝贵的胜利,他们的长期艰苦斗争精神与坚决为解放中国人民的意志,是全党的模范。

南方三年游击战中的陈毅同志（局部） 陈坚 陈其 油画
90cm×170cm 1980 年 中国人民革命军事博物馆藏

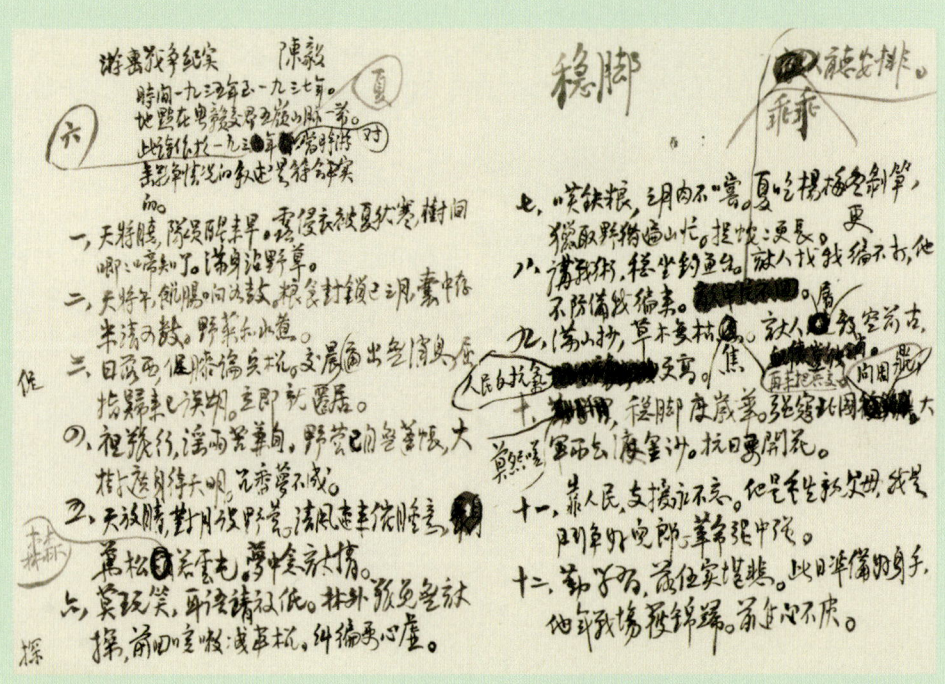

陈毅《游击战争纪实》修改稿 中国国家博物馆藏

陈毅带伤临危受命

1934年8月底,时任江西军区司令员的陈毅,在老营盘战斗中亲临战场指挥,右胯被敌人的子弹击中。由于医院的X光机没有发电机充电,一直无法手术,伤口迟迟未愈。10月9日,陈毅致信周恩来,报告了自己的情况。周恩来接信后,立即下令把红军总部为电台充电用的汽油发电机送到医院给X光机充电,并命令卫生部部长贺诚取出已经装箱的医疗器械,为陈毅手术。第二天,周恩来专程去看望陈毅,对他说:"中央决定留下你坚持斗争,你斗争经验丰富,特别是有井冈山斗争的经验和苏区几次反'围剿'的经验,相信你一定能依靠群众,依靠党的领导,坚持到胜利。"

周恩来问陈毅有什么意见,陈毅回答:"没有意见。"

送别（局部） 靳尚谊 油画 242cm×137cm 1959年 中国国家博物馆藏

第二章
战略转移去远方

1933年9月至1934年10月，中央苏区第五次反"围剿"持续进行一年之久。广大红军指战员在苏区地方武装和群众的配合支援下，前仆后继，英勇奋战，与数倍之敌进行了上百次战斗，予敌以沉重打击。然而，由于"左"倾教条主义领导者实行进攻中的冒险主义、防御中的保守主义，第五次反"围剿"最终失败，党和红军不得不进行战略转移。之后，"左"倾领导者又实行转移中的逃跑主义，使中央红军继续遭受严重损失。

一、踏上征程

> 第三次"左"倾路线在革命根据地的最大恶果,就是中央所在地区第五次反"围剿"的失败和中央红军退出中央所在地。
> ——中共六届七中全会
> 《关于若干历史问题的决议》

告别瑞金

1934年10月10日,中共中央率中央党政军领导机关从中华苏维埃共和国首都瑞金撤离,开始战略转移。

瑞金,原本只是个普通的赣南小城。然而,自从中华苏维埃共和国成立后,瑞金就成了引人瞩目的"红都",在红军指战员心中有了不一般的地位,也在他们心里留下太多难忘的记忆:标志着人民军队诞生的"八一"纪念日在这里确定,《中国工农红军誓词》在这里颁布,红军首次步兵团团旗授予典礼在这里举行,第一所红军大学在这里创办……

(左页)瑞金叶坪——红都旧址(局部) 董希源 中国画 350cm×250cm 2016年

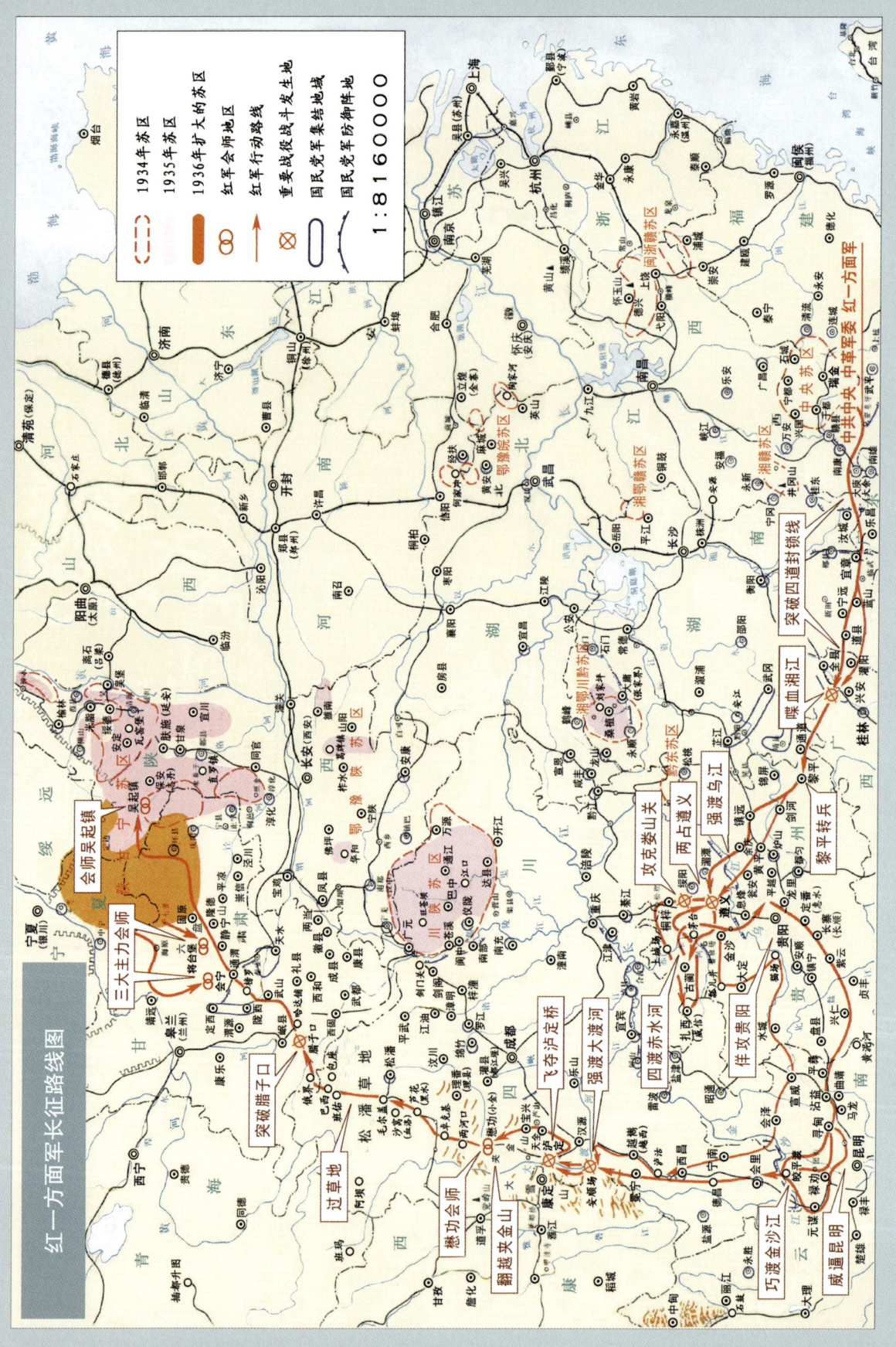

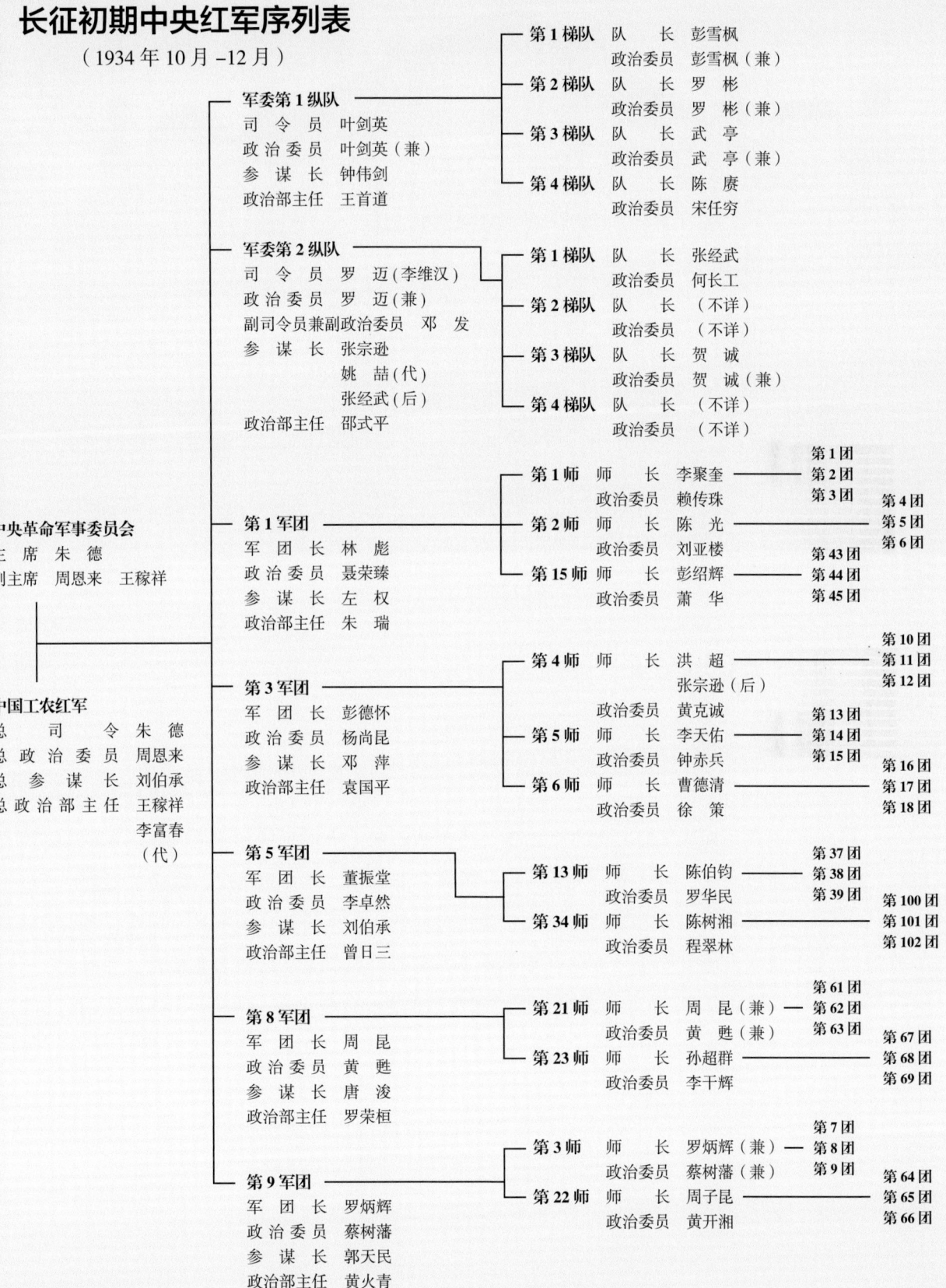

中华苏维埃共和国临时中央政府旧址

如今，就要告别这里了，大家心里都万般不舍。时任中央教导师参谋长的孙毅回忆说：

10月10日，是一个难忘的日子，是教导师出征的第一天。几千名红军健儿，就要告别这里的父老乡亲们了……部队已经走出二里路了，送行的乡亲们还是难舍难分，拥挤着、流着眼泪，跟随队伍前进。队伍走远了，战士们还可以听得见乡亲们那悲凉、怀念的歌曲，仍有当地参军的新战士驻足、回头，再望一望家乡的大枫树，再听一听家乡亲人唱的小调。走在队伍末尾的我，耳闻目睹，情绪激奋。我掏出手巾，擦掉眼角的泪花，匆匆几步，站在一个高台上，大声说："乡亲们回去吧，不要再送别啦！总有一天我们还要打回来的！"

为便于随军行动，中央党政军机关在出发前编成了两个野战纵队：第1野战纵队（即军委纵队），由中革军委、红军总部及直属队等单位组成，博古、李德、周恩来、朱德随该纵队行动；第2野战纵队（即中央纵队），由中共中央和中华苏维埃中央政府机关以及总工会、青年团等部门组成，毛泽东、张闻天、王稼祥等随该纵队行动。

这两个纵队，加上中央红军的第1、第3、第5、第8、第9军团等，参加转移的人员共达8.7万余人。平均3个人才有1支步枪，每支步枪不到50发子弹，不少人还手持大刀、梭镖。关山重重，征途漫漫。以这样的装备去突围远征，要夺取胜利，需要巨大的勇气和高超的智慧。

部队出发时，有32名女同志经过批准得以随军行动，而更多的女同志只能忍痛与亲人告别。虽然难舍难分，但她们坚决服从命令，留下坚持斗争，不少人后来英勇牺牲。

苏区药材局卫生材料厂厂长唐义贞，因为即将临产未能随部队行动。与丈夫陆定一（时任中央纵队宣传干事、《红星》报主编）告别时，她坚定表示：只要一息尚存，就要为革命奋斗到底。孩子出生后，唐义贞把他托付给老乡，自己参加了游击队。1935年1月，她在战斗中不幸被俘，坚贞不屈，英勇牺牲，年仅22岁。陆定一后来写诗怀念："结婚仅五年，分别却四次。再见已无期，惟有心相知。"

苏区红军优待工作局局长范乐春，因刚生完孩子，组织上决定让她留下坚持斗争。她与丈夫林伯渠（时任中革军委没收征发委员会主任兼总供给部部长）告别后，将出生不到1个月的儿子交给堂嫂抚养，自己参加了游击队，在闽西坚持斗争，后因积劳成疾不幸病逝。

苏区政府收发员郭香玉，是中央政府秘书长兼内务部部长谢觉哉的妻子，因裹过小脚行军不便，也被留了下来。她告别丈夫后，回到家乡龙岩继续从事革命斗争，后被坏人出卖不幸被捕。敌人用尽手段要她说出党的秘密，郭香玉受尽酷刑，守口如瓶，最终英勇牺牲。谢觉哉得知后，写下《浣溪沙·忆郭香玉同志》，深切缅怀："坚

> 被批准参加中央红军长征的女同志是：
>
> 蔡畅、邓颖超、康克清、贺子珍、刘英、刘群先、李坚真、李伯钊、钱希均、陈慧清、廖似光、谢飞、周越华、邓六金、金维映、危秀英、杨厚珍、吴富莲、钟月林、甘棠、肖月华、危拱之、李建华、王泉媛、李桂英、谢小梅、曾玉、刘彩香、邱一涵、吴仲廉、彭儒、黄长娇。出发后不久，彭儒、黄长娇因病返回苏区，其他女同志继续前行。

长征第一桥——瑞金武阳桥

贞勤朴我怜卿,才得相亲又远征,依依驻马不胜情。一齿仅存犹喷血,百鞭齐下不闻声,光宇千秋玉比馨。"

因为部队规定不准带孩子,不少父母只得把孩子留在当地,托付给老乡抚养。毛泽东和妻子贺子珍也把儿子小毛托付给留在苏区坚持斗争的小弟毛泽覃、贺怡夫妇照管。为了小毛的安全,毛泽覃把他秘密安置在可靠的老乡家里。不久,毛泽覃英勇牺牲。因为没有将小毛的情况告诉任何人,小毛从此下落不明。

集结雩都

根据中革军委命令,参加转移的中央红军各个军团,在留守部队掩护下,分别从兴国、石城、宁都和福建长汀等防御地域撤出,风尘仆仆赶往雩都集结。

雩都人民热情慰问并帮助红军。许多老乡带着鸡蛋、猪肉、草鞋等到部队驻地来慰劳指战员,妇女们抢着帮战士们清洗衣被。听说红军架设浮桥需要船只、木材，当地群众汇集了所有的船只，不少人还把家里的门板、床板甚至寿材都捐了出来。时任红军总部直属队工兵营营长的王耀南回忆：

> 根据地的老表非常热情，只要听说红军要用，不管他的材料是干什么用的，马上抽出来给红军送来。有个姓赵的老表听说红军要木料，就要拆瓜棚。当时南瓜还未完全熟，材料征集组的同志劝阻老表说："瓜还没有熟，瓜棚不能拆。"老表一听，"啪"的一下就把瓜藤扯断了，并主动把搭瓜棚用的木料扛到了河边，还特地为红军煮了一担南瓜汤。一位老大爷则把棺材板都献了出来。红军战士推辞说，材料已经够了。他说："材料差得很远呢！要不是红军，要没有苏维埃，别说寿材，我连饭都吃不上哩！"

在人民群众大力帮助支持下，红军很快在县城东门、南门、西门，梓山镇的山峰坝，罗坳镇的孟口、鲤鱼、石尾和靖石乡的渔翁埠等处渡口架起浮桥。中革军委副主席周恩来前来视察时，听了工兵营的汇报，看到大批协助架桥的赤卫队

于都河 长征渡口

十送红军

一送红军下了山 秋风细雨缠绵绵
山上野鹿声声哀号 树树梧桐叶落完
问一声亲人红军啊 几时人马再回山

三送红军到拿山 山上苞谷金灿灿
苞谷种子红军种 苞谷棒棒咱们穷人搬
紧紧拉住红军手 红军啊
撒下的种子红了天

五送红军过了坡 鸿雁阵阵空中过
鸿雁能够捎书信 鸿雁飞到天涯海角
千言万语嘱咐红军 捎信多把革命说

七送红军五斗江 江上船儿穿梭忙
千军万马江畔站 十万百姓泪汪汪
恩情似海不能忘红军 革命成功早归乡

九送红军上大道 锣儿无声鼓不敲
双双拉着长茧的手 心像黄连脸在笑
血肉之情怎能忘红军 盼望早日传捷报

十送红军望月亭 望月亭上搭高台
台高十丈白玉柱 雕龙画凤放呀放光彩
朝也盼来晚也想红军 这台名叫望红台

依依亲人泪 茫茫赣水长(双联) 施绍辰
油画 188cm×180cm 1984年 中国国家博物馆藏

员、船工和给部队挑水送饭的苏区群众,动情地说:"多么好的苏区群众啊!"

10月17日,按照中革军委的渡河计划,中央红军开始南渡雩都河。为避免敌机轰炸和暴露行踪,渡河行动在夜间进行。工兵战士在群众协助下,每天傍晚把船划到河中连接成桥,第二天清晨再把船划走,不留任何痕迹。

那几天傍晚的雩都河畔,熙熙攘攘。整装待发的红军和从四面八方赶来送行的父老乡亲们聚集在这里相互话别。乡亲们重复最多的一句话是:"盼着你们早点回来呀!"战士们频频点头答应:"我们一定会回来的!"

雩都河水在月光下静静流淌,一队一队的战士从浮桥上走过,渐渐消失在远处的夜色中……

突破三道封锁线

10月20日,中央红军主力到达苏区边缘的信丰、安远、赣县地区,准备突围。

蒋介石得知红军有突围迹象,即令"围剿"军的南路军和西路军务必在沿桃江(信丰河)设置的第一道封锁线以东地区聚歼红军,尤其要南路军加强防守。但他没想到,南路军总司令陈济棠已和红军达成"借道"协议。

根据敌情,中革军委决定,从安远、信丰间突破敌人封锁线,前往湘南。部队分左、中、右三路行动:红1、红9军团在左,红3、红8军团在右,第1、第2野战纵队在中间,红5军团担任后卫掩护任务。中路的队伍十分庞大,共1.4万余人和大量行李,仅中央纵队就有3000多副行李挑子。其中不仅有从中央兵工厂、造币厂、印刷厂拆下来的各种设备和医院的X光机,甚至还有没修好的旧枪坏炮。这种甬道式队形和大搬家的做法,被刘伯承称为"抬轿子";敢怒敢言的彭德怀更是毫不留情地说,这是抬着"棺材"出殡,哪里是打仗!

> 这次转移,当时的命令和文件中都没有"长征"这一提法,而是称"突围""西进""西征"或"远征"。中央红军称"野战军""西方军",红军总部称"野战军司令部"。可能谁也没有想到,这一走,竟然会那么远,那么长……

10月21日晚，中央红军开始突围。虽然陈济棠已和红军达成秘密协议，但他担心泄密，尚未通知到前线，红军与粤军仍发生了激战。红3军团第4师师长洪超不幸牺牲，年仅25岁。

10月22日，粤军开始后撤。至25日，中央红军全部渡过桃江，突破国民党军第一道封锁线。这期间，中共中央决定，凯丰、刘少奇、陈云以中共中央代表身份，参加红9、红8、红5军团领导工作。乘着湘南地区敌军兵力空虚，11月5日至8日，中央红军从湖南汝城、广东城口之间突破国民党军第二道封锁线，进入粤北。

> 洪超，湖北黄梅人。1909年出生，1928年加入中国共产党。参加过广州起义、井冈山斗争和中央苏区历次反"围剿"作战，曾荣获中革军委颁发的二等"红星奖章"。得知洪超牺牲，彭德怀非常痛心，亲自到现场凭吊。1974年临终前还嘱咐：不要忘记洪超，他是我们中央红军长征路上牺牲的第一位师长。

在粤北，红军遇到了出发以来的第一座大山——海拔1600多米的大王山。适逢雨天，红军大队人马，携带大量行李，行走在荆棘丛生的羊肠小路上，非常困难。红1军团第1师宣传科科长彭加伦记述了当时的情形：

> 路是特别的崎岖，路旁都是万丈悬崖，脚下的泥已经有一尺来深了，每人都是提心吊胆地撑着手杖（每人预备好的树枝）一步一步地下去，有些地方连脚都站不住，好像体育场的小孩坐滑梯样的，一溜就是几丈，鞋子、草鞋多是离开了自己的脚，陷在深泥中了。"砰"的一声，前面的跌下去了，后面的大笑起来。笑的人嘴还未合拢，自己又像滚西瓜般地溜了下去……

翻过大王山后，中央红军继续西进，11月10日进至湖南宜章。红军在宜章深入发动群众，恢复建立苏维埃政权和赤卫队，释放被关押的群众，并把打土豪没收的财物分给劳苦大众，四五百名青壮年报名参加了红军。

11月13日至15日，中央红军从湘粤边界的郴县、良田、宜章和乐昌之间通过敌人第三道封锁线，进入潇水、湘水地区。

湖南道县红军浮桥遗址

二、血战湘江

> 湘江战役，是中央红军转移以来规模最大的一场血战，关系党和红军的生死存亡。红军指战员以大无畏的英勇牺牲精神，保障了党中央和主力部队渡过湘江，粉碎了蒋介石围歼红军于湘江以东的企图，但付出了惨重代价，党和红军由此开始反思。

消极避战

11月12日，蒋介石任命何键为"追剿军"总司令，指挥原"围剿"军中的薛岳部和周浑元部共16个师77个团，专事"追剿"中央红军；令粤军陈济棠部4个师在粤桂边境截击；令桂军李宗仁、白崇禧部以5个师控制灌阳、兴安、全州至黄沙河一线，阻止红军渡过湘江；令黔军王家烈部派兵在湘黔边堵截。何键将各路部队编成5路"追剿"大军，誓言要将红军拦截"于漓水、湘水以东地区而聚歼之"。

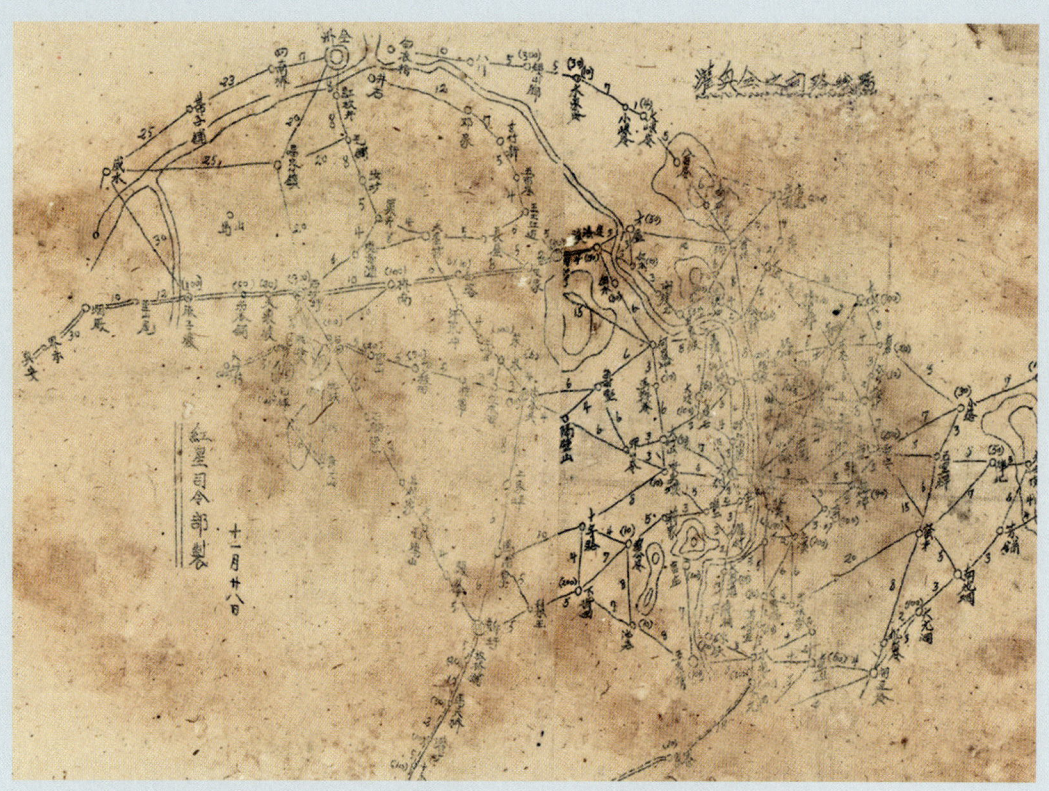

红星司令部为抢渡湘江绘制的《灌兴全之间路线图》 中国国家博物馆藏

尽管国民党军多达25个师近30万人,但隶属不同,步调不一,兵力尚未集中。而湘南地区是敌人兵力不强的无堡垒地区,群众基础较好。毛泽东建议,乘敌军还在调动,组织力量杀个回马枪,寻机歼敌一部,以变被动为主动。彭德怀也提出:以红3军团挺进湘中的湘潭、益阳,威胁长沙,吸引敌人主力;中央红军主力轻装简行,以运动战寻机歼敌一部,争取在湘西的溆浦、辰溪、沅陵一带创建根据地,"否则,将被迫经过湘桂边之西延山脉,同桂军作战,其后果是不利的"。

可是,博古、李德拒不接纳这些正确建议,一味消极避战,实行转移中的逃跑主义,"根本忘记了红军的战略转移将遇到敌人严重的反对,忘记了红军在长途运动中,将要同所有追击堵截的敌人做许多艰苦的决斗,才能达到自己的目的"。加上采取"大搬家"的转移方式,这就给中央红军带来灾难性的后果。

错失先机

中央红军突破国民党军第三道封锁线后，向湘桂边界继续前行。这时，敌情的变化，为红军提供了抢渡湘江的有利之机。

11月上旬末，国民党桂系接到蒋介石关于在湘江以东部署兵力围歼红军的电令后，立即召开军事会议谋商对策。桂系与蒋介石结怨颇深，双方曾兵戎相见。他们既不愿让红军进入广西，更担心中央军借机进占广西。因而商定，让出桂北给红军通过，相机侧击和追击，促使红军尽快离境并应付蒋介石。22日，李宗仁、白崇禧以加强桂林防守为由，将桂军主力由全州、兴安一线撤至龙虎关、恭城地区，仅在全州留下2个营，在兴安、灌阳各留1个团。这样一来，全州到兴安的60公里湘江沿线基本敞开。

然而，中央红军行动太慢了。11月25日，中央红军才从湖南道县与水口间渡过潇水。当天17时，中革军委发出突破第四道封锁线的作战命令，决定中央红军兵分4路，从全州、兴安之间渡过湘江。根据命令，中央红军左右两翼前卫部队昼夜兼程向湘江疾进。

11月27日，红1军团先头第2师渡过湘江，控制了兴安界首至全州脚山铺之间地区。次日，红3军团先头部队也渡过湘江，进至界首以南的光华铺、枫山铺地区。红5军团在道县扼守蒋家岭、永安关和雷口关地域，迟滞追击之敌，掩护后续部队通过。

此时，军委纵队距湘江渡河点只有80多公里，如果轻装急进，最多两天即可到达。可是，由于实行"大搬家"的转移方式，几万人马带着笨重的行李，队伍首尾长达100公里，在狭窄崎岖的山路上缓慢蠕动，每天最多只能行进二三十公里，这就错失了抢在敌"追剿"大军赶到前渡过湘江的宝贵时机。

何键得知桂军南撤的消息后大为恼火。他一面致电蒋介石，说明桂军主力万不可南移；一面急令湘军4个师火速赶往全州，并令其他各路"追剿"军加快行动，堵截红军。

11月26日，国民党中央军周浑元部占领道县；次日，湘军刘建绪部占领全州。蒋介石从何键的报告中得知桂军南撤后十分恼怒，严令湘、桂两军须全力堵

红军突破湘江纪念碑(局部)　叶毓山　雕塑
4000cm×1500cm　1993—1996年　位于广西兴安红军长征突破湘江烈士纪念碑园

击，务必将红军歼灭于湘江以东、四关①以西地区。在蒋介石严令下，同时为防止占领道县的中央军深入广西，桂系主力立即北返，在灌阳新圩以南展开。这样，中央红军就面临敌人从南、北两个方向的夹击，如果不能迅速渡过湘江，恶战不可避免。

浴血湘江

从11月28日开始，为掩护中央党政军机关和大部队渡过湘江，红军阻击部队在湘江两岸与敌人进行了浴血奋战，表现了惊天地泣鬼神的英雄气概。

新圩阻击战。灌阳城北10余公里处的新圩，是灌阳通往全州与湘江边的必经之路。红3军团第5师奉命在军委炮兵营支援下坚守新圩，阻击桂军进攻。军团部给他们的命令，语句像钢铁铸成："不惜一切代价，全力坚持三天至四天。"红5师在没有坚固工事依托的10多里宽阔阵地上，以仅有的2个团顽强抗击桂军2个师的进攻，打退敌人多次冲锋。敌人正面进攻受阻后，一面加强火力，一面以部分兵力迂回翼侧，使红军腹背受敌。红军指战员拼死坚守阵地，与冲上来的敌人白刃格杀。经过两昼夜苦战，红5师完成了阻击任务，但付出了惨重代价。师参谋长胡浚、红14团团长黄冕昌及副团长、参谋长、政治处主任英勇牺牲，红15团团长、政治委员和红14团政治委员身负重伤，2个团的营连干部大部牺牲。30日傍晚，阵地由红6师第18团接防。

脚山铺阻击战。新圩阻击战打响时，敌第1路"追剿"军4个师从全州南下，企图夺回渡口，将红军拦腰截断。11月29日，红1军团第2师奉命在全州脚山铺阻击敌人。脚山铺是个只有20来户人家的小山村，北距全州县城约15公

> 易荡平，原名汤世积，湖南浏阳人。1908年出生，1927年加入中国共产党，1928年参加红军。他发誓：要以荡平天下不平为己任，不消灭反动派决不放下枪杆子，故改名易荡平。他参加了中央苏区历次反"围剿"，因作战勇敢，曾荣获中革军委颁发的二等"红星奖章"。

---

① 指湘桂边界地区的清水关、高木关、永安关、雷口关。

里，南距界首渡口约 25 公里，桂（林）黄（沙河）公路从中穿过。公路两侧，夹峙着约 2 公里长的小山岭，山势北低南高，前面有一片开阔地带，是个利于阻击的阵地。红军凭借有利地形，打退敌人多次进攻。但是，敌人凭借优势兵力和猛烈炮火，于次日从三面向红军前沿阵地尖峰岭发起进攻。防守尖峰岭的红 2 师第 5 团，与敌人拼到最后，阵地失守。敌人冲上来时，身负重伤的红 5 团政治委员易荡平让警卫员朝他开枪。警卫员泪流满面，不忍开枪。易荡平夺过枪，朝自己扣动了扳机，实现了"宁死不当俘虏"的誓言。

是日，红 1 军团主力渡过湘江，继续与敌激战。

光华铺阻击战。兴安界首渡口，是军委纵队的渡河点。为阻击由全州、灌阳出击的敌人，保证军委纵队安全渡江，彭德怀把指挥部设在界首渡口附近的一座祠堂里，并把阻击阵地设在界首以南 5 公里的光华铺，决心不惜一切，背水一战。11 月 29 日，敌人向光华铺的红军阵地发起猛攻。坚守光华铺的红 3 军团第 4 师顽强顶住敌人多次冲锋，使敌始终不能突破。翌日清晨，敌人沿湘江西岸对红军实施迂回包抄。红 10 团团长沈述清亲临一线指挥反击，在战场上英勇牺牲。老红军梁思久回忆说：

> 团长在二营阵地上亲自指挥作战。他率领全营战士，从山上猛冲下去，拿着苦瓜手榴弹向众敌扔过去，打退了敌人的进攻。敌人第二梯队又冲了过来，明晃晃的刺刀在深秋的阳光下闪着寒光，眼看二营阵地就要被敌夺去，沈团长与凶恶的敌人展开了肉搏。战士们看着团长奋不顾身，都大喊着跑步上前，用大刀向敌人劈去。突然，敌人的子弹打中了沈团长的左脚，他还摇摇晃晃向前冲，一个凶恶的桂敌用刺刀向他刺来，他跌进一条壕沟牺牲了。

听说沈述清牺牲了，彭德怀即派红 4 师参谋长杜中美前去接任。可是，杜中美上阵地不久，也牺牲了。一日之中，两任团长牺牲，战况之惨烈不言而喻。红 10 团政治委员杨勇立即接替指挥，率领战士们坚守住了阵地。然而，全团伤亡

（下页）湘江·1934（局部）　张庆涛 油画 460cm×220cm 2009 年 中国美术馆藏

多达 400 余人。

至 30 日傍晚，红军左右两翼阻击部队，以重大牺牲保证了军委纵队和中央纵队安全渡江。但中央红军的 12 个师中，还有 8 个师未及过江。

当晚，一份非同寻常的电报送到朱德手中。红 1 军团首长林彪、聂荣臻致电中革军委称，"如敌人明日以优势猛进，我军在目前训练装备状况下，难有占领固守的绝对把握"，要求军委命令"湘水以东各军，星夜兼程过河"。这份以下级要求上级的口吻发出的电报，表明前方的局势已十分危急。

12 月 1 日凌晨 1 时半，中革军委发布命令：令红 1 军团主力全力阻击全州之敌，无论如何要保证西进之路控制在我手中；令红 3 军团集中两个师以上兵力，向南驱逐光华铺之敌，并占领相应地域，掩护红 5、红 8 军团等部过江；命令其他部队加速向湘江渡口前进。

当日凌晨 3 时半，中共中央、中革军委、红军总政治部联名再次致电红 1、红 3 军团，命令他们保证实现军委凌晨 1 时半的作战命令。电文说：

> 一日战斗，关系我野战军全部西进，胜利可开辟今后的发展前途，退则我野战军将被敌层层切断，我们不为胜利者，即为战败者，胜负关系全局。人人要奋起作战的最高勇气，不顾一切牺牲……消灭敌人进攻的部队，开辟西进的道路，保证我野战军全部突过封锁线。

最高统帅机关在两个小时中连发两份电令，语气如此凝重，这种罕见的情况，说明当时的局势已极其严峻。

各路国民党军向红军阻击阵地发起全线进攻，妄图夺回渡口，围歼红军。红军指战员坚决执行上级命令，以血肉之躯捍卫渡江通道。红 1 军团在脚山铺的第二道防御阵地上、红 3 军团第 6 师在新圩阻击阵地上、红 3 军团第 4 师在光华铺阻击阵地上，分别与敌人展开你死我活的激战。战场上硝烟弥漫，弹片横飞，刀光闪闪，杀声震天。红军指战员用刺刀和手榴弹打垮了敌人一次次冲锋，表现出敢于压倒一切敌人而决不向敌人屈服的英雄气概。红 8、红 9 军团因在三峰山受阻，改道由雷口关入桂。担任全军后卫的红 5 军团，奋力阻击敌"追剿"

湘江战役旧址 大坪渡口

军,掩护这两个军团赶往渡口。红5军团第34师第100团团长韩伟回忆战场情形时说:

> 整个阵地上空,信号弹、照明弹,各种炮弹的火花交织在一起。守卫在前沿阵地的我团二营营长侯树奎响亮地提出:"誓与阵地共存亡,坚决打退敌人进攻,保证中央和兄弟部队抢渡湘江。"在他的指挥下,全营干部战士与敌人进行了殊死搏斗。弹药打光了,红军指战员就用刺刀、枪托与冲上来的敌人拼杀,直杀得敌人尸横遍野。

各阻击阵地上的红军,为掩护大部队渡江付出了巨大牺牲。而在大坪、界首、凤凰嘴、屏山各渡口过江的红军,遭到敌机疯狂轰炸,损失也很严重。当时的情景，让许多老红军刻骨铭心：

12月1日上午，界首渡口霜风趋紧，冷雨飘零，敌机轮番轰炸湘江上红军架设的浮桥。红军野战工兵连冒着敌人的弹雨，迅速跳进冰凉刺骨的江水中，抢修浮桥。可是桥刚修好，工兵们还没来得及上岸，敌机又来轰炸，将浮桥炸成数段。断裂的竹竿、木板等，在汹涌的江水中拥来挤去，混合着倒下的红军战士的尸体，湘江里泛起一缕缕血水！

当天17时，中央红军大部队终于渡过了湘江。随后，渡口被敌人封锁。担任后卫掩护任务的红5军团第34师和红3军团第6师第18团未及过江，被敌阻于湘江以东，突围战斗中与敌战至弹尽粮绝，包括红34师政治委员程翠林在内的绝大部分指战员英勇牺牲。第34师师长陈树湘因伤被俘后，断肠明志。

湘江战役，是中央红军战略转移以来最为惨烈的一仗。红军广大指战员以向死而生的英勇献身精神浴血奋战，保证了中央党政军机关和大部队渡过湘江，粉碎了蒋介石"聚歼"红军于湘江以东的罪恶企图。但是，自身也付出巨大代价。渡过湘江后，中央红军由出发时的8万余人锐减至3万余人，这是"左"倾教条主义者实行转移中的逃跑主义所造成的严重恶果。

滔滔湘江水在呜咽。此后流传着一句话：三年不喝湘江水，十年不食湘江鱼！

惨重的损失，必然引起深刻的反思，也定会促使改变的发生。被李德贬到红5军团任参谋长的刘伯承随最后一批部队过江后，回望湘江两岸的烈士遗体、散落的机器设备和江面上漂浮的文件材料，痛心疾首地说："这样下去怎么得了！"他回忆：

红军长征开始后，广大干部眼看反五次"围剿"以来，迭次失利，现在又几乎濒于绝境，与四次反"围剿"以前的情况对比之下，逐渐觉悟到是排斥了以毛泽东同志为代表的正确路线、贯彻执行了错误的路线所致，部队中明显地滋长了怀疑不满和积极要求改变领导的情绪。这种情绪，随着我军的失利，日益显著，湘江战役，达到了顶点。

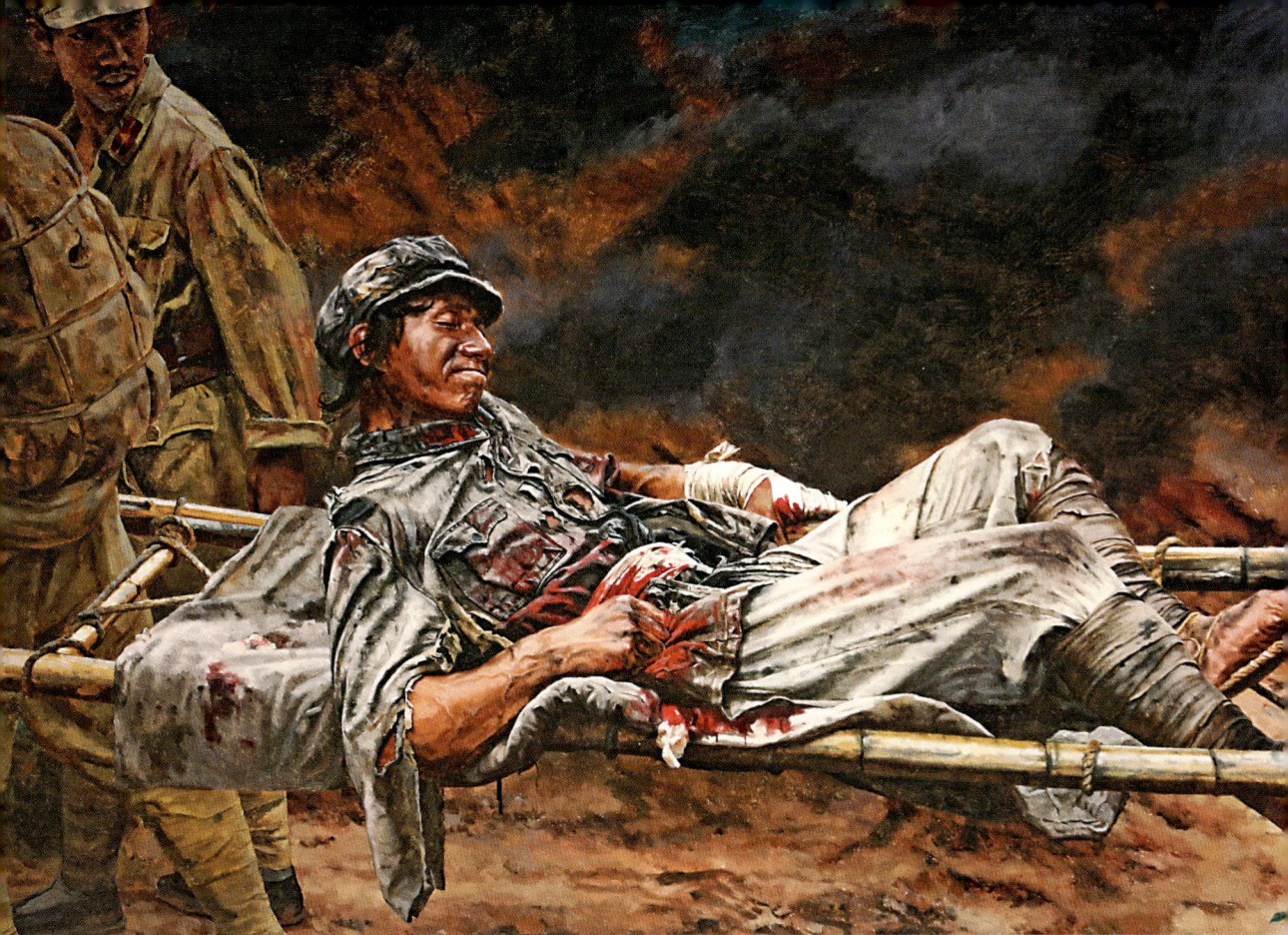

红军师长陈树湘（局部）　白展望　油画　240cm×164cm　2005年　中国人民革命军事博物馆藏

陈树湘断肠明志

　　陈树湘，湖南长沙人。1905年出生，1927年参加湘赣边界秋收起义并加入中国共产党。参加了井冈山斗争和中央苏区历次反"围剿"斗争。湘江战役中，率部完成掩护主力渡江的任务后，陷入敌军重围。他率领部分指战员经奋战突出重围，准备前往湘南去打游击。途中再遭敌人阻击，因腹部受伤，昏迷后被俘。敌人抬着他，想回去邀功请赏。陈树湘在担架上苏醒后，趁敌不备，从腹部伤口处掏出自己的肠子，用力绞断，壮烈牺牲，用29岁的年轻生命，践行了"为苏维埃新中国流尽最后一滴血"的铮铮誓言。

　　残忍的敌人把陈树湘的头颅挂在长沙城的小吴门上示众。小吴门对着的瓦屋街上，有陈树湘的家。从小吴门可以看见他家的门，门后有他卧床不起的年迈老母和他年轻的妻子。烈士以这种悲壮的方式，回到了梦牵魂绕的家乡。

红军送给黎平向导的手提风雨灯 中国国家博物馆藏

三、转兵贵州

> 中央红军渡过湘江后,蒋介石在红军北上湘西途中布下重兵,张网以待。关键时刻,毛泽东挺身而出,力主红军西进敌人兵力薄弱的贵州。经过激烈的斗争,毛泽东的主张得到采纳,红军避免了可能覆没的危险。

翻越老山界

中央红军渡过湘江以后,进入峰峦连绵的西延山区,在此进行了短暂休整。12月4日,中革军委下达命令,缩编后方机关,缩小军团直属队,充实战斗部队;抛弃或毁坏不必要的行李挑子,将伙食担子减少到最低限度,以增强部队的机动性。

这一天,中央红军开始翻越转移以来最难行的大山——老山界。

老山界,地图上名为越城岭,是越城岭山脉的中段分支,主峰猫儿山,海拔2141.5米,为越城岭的最高峰,也是五岭最高峰，山路十分险峻。一些路是用圆木架在悬崖上的栈道，没有栏杆，长满青苔，走在上面又滑又晃，下面是深不可测的山谷，着实令人心惊。还有一些路是开凿在绝壁上的石阶，如"百步陡"，就是一段在70多度陡壁上凿石为阶的路。上山时，后人的嘴可以碰到前人脚跟；下山时，后人的脚会踩着前人头顶。因为有108级，又被称为108步。

最险峻的路段是雷公岩，几乎是90度垂直的石梯，只有一尺多宽，旁边就是悬崖，崖下有不少失蹄摔下去的骡马。红军指战员们一步一步地爬上石梯，向山顶攀登。很多人饥饿疲乏，体力不支。宣传队的同志们在沿途书写标语，高喊口号，为大家鼓劲加油。最终，红军指战员以惊人的勇气和毅力，翻越了老山界，进入龙胜县境。当地群众听说红军是从老山界下来的，莫不惊讶万状。

龙胜救火

龙胜是苗族、瑶族、侗族等少数民族群众居住区，经济、文化比较落后。由于民族隔阂和国民党的欺骗宣传，不少群众纷纷逃到山上躲了起来。

如何开展少数民族地区的群众工作，是红军在长征途中面临的新问题。还在湘江战役激烈进行时，红军总政治部即于11月29日发出《关于瑶苗民族中工作的原则指示》，强调指出：

> 我们对瑶民（或苗民）的基本主张，是反对一切汉族的压迫与剥削，汉民与瑶民的民族平等，给瑶民的彻底的民族自决权（通俗些说，即瑶民的事由瑶民自己去决定，汉人不得干涉）。

《指示》还要求各部队各级政治部用具体、通俗的方式，让少数民族群众明白"苏维埃与红军，不但是汉族民众的政权与武装力量，而且是中国所有被压迫民族的民众的政权与武装力量"。

《关于瑶苗民族中工作的原则指示》是红军开始战略转移后最早发布的关于少数民族工作的文件，对于红军指战员正确认识理解党的民族平等政策、做好沿

老山界 沈尧伊 连环画

途少数民族群众的宣传工作，发挥了重要指导作用。

国民党反动派为制造民族矛盾，阻滞红军前进，屡屡派遣便衣密探混入红军驻地，放火烧房烧粮，并四处散布"'共匪'杀人放火"的谣言，欺骗蛊惑少数民族群众。12月10日，红军在龙坪宿营时，又遇到国民党特务纵火。

龙坪是个侗族村寨，寨子中心有一座始建于清嘉庆四年（1799年）的鼓楼，雄伟壮观，是村民议事聚会的重要场所。火灾发生后，周恩来亲自指挥救火，红军指战员奋不顾身努力扑救，使这座古老建筑和周围民屋得以保存。救火过程中，红军抓获了两个纵火的特务，随即召开村民大会进行公审，让广大群众了解事实真相。红军还发放了2000多块银元，救济受灾群众。当地群众由此认识到红军是保护穷人的队伍，一些逃进山里的人纷纷返回村庄，很多人主动为红军当向导、做挑夫，不少年轻人还报名参加了红军。后来，当地群众将鼓楼改称"红军楼"，以示纪念。

龙坪寨红军楼

通道之争

12月10日,中央红军再入湖南。随后,攻占了湘桂黔三省边界处的通道县城(今县溪镇)。按原定计划,中央红军将从这里北上湘西,与红2、红6军团会合。

可是,湘西敌情十分严重。早在湘江战役前,蒋介石就制定了《湘水以西地区"剿匪"计划大纲》,准备万一不能在湘江以东围歼红军,务必在湘江以西地区加以围歼。为此,命令何键提前派兵到湘西"赶筑工事",建立封锁线。何键立即派部前往湘西,赶筑了四道碉堡封锁线,修建了200多座碉堡。中央红军渡过湘江后,蒋介石调整部署,在红军北上湘西途中布下重兵,准备围歼。

此时,刚刚经过湘江血战的中央红军仅有3万余人,如果仍按原计划前往湘西,势必与强敌决战,后果不堪设想。在事关党和红军命运前途的关键时刻,毛泽东挺身而出,力主改变红军前进的方向。博古、李德又一次拒绝了毛泽东的意见。但是,张闻天、王稼祥、周恩来、朱德等多数同志支持毛泽东的主张。

从撤离中央苏区开始,毛泽东和张闻天、王稼祥在一起行军、宿营,经常就党和红军的重大事项进行讨论交流。毛泽东向他们分析了李德、博古在第五次反"围剿"中军事指挥上的错误,阐述了中国革命战争应该采取的战略战术。王稼祥很快接受了毛泽东的意见,提出召开一次中央政治局会议来改变领导,扭转党和红军的危局。毛泽东后来说:"从长征一开始,王稼祥同志就反对第三次'左'倾路线了。"张闻天也很快接受了毛泽东的主张,他回忆道:"长征出发后,我同毛泽东、王稼祥二位同志住在一起。毛泽东同志开始对我们解释反五次'围剿'中中央过去在军事领导上的错误,我很快地接受了他的意见,并且在政治局内开始反对李德、博古的斗争,一直到遵义会议。"他们三人对"左"倾军事错误进行了公开批评,被称为中央队的"三人团"。毛泽东还同周恩来、朱德等人进行了交谈,他们都表示支持毛泽东的意见。

> 时任李德翻译的伍修权回忆:
>
> 毛泽东向中央政治局提出,部队应该放弃原定计划,改变战略方向,立即转向西到敌人力量薄弱的贵州去,一定不能再往北走了。

通道会议会址——恭城书院

　　12月12日，中共中央领导人在通道县城的恭城书院召开临时紧急会议，讨论战略方向问题。根据破译敌军电报所了解的情况，毛泽东指出，国民党军正以五六倍于红军的兵力在湘西张网以待，"请君入瓮"！红军决不能往敌人的口袋里钻，应该继续西进，到敌人兵力薄弱的贵州去，力争在运动中打几个胜仗，以扭转突围以来的被动局面。

　　毛泽东的意见得到王稼祥、张闻天、周恩来、朱德等人的赞同支持。可是博古、李德固执地坚持原定计划。李德甚至荒唐地提出："可以让那些在平行路线上追击我们的或向西面战略要地急赶的周（浑元）部和其他敌军超过我们，我们自己在他们背后转向北方，与二军团建立联系。"他完全忘记了国民党军追击红军的目的是要消灭红军，幻想与敌人玩"捉迷藏"，这无疑会让红军陷入绝境。

　　激烈的争论持续到晚上，仍然没能就战略方针问题达成一致意见。然而，面对严重的敌情，博古、李德也不得不同意调整行军路线。当晚7时半，中革军委下达命令，红军"继续西进"，"相机进占黎平"。

　　通道会议改变了中央红军的行军路线，打乱了国民党军的计划和部署，使党和红军避免了钻入敌人"口袋阵"之危险。这是自第五次反"围剿"以来,毛泽东第一次在中央有了发言权,也是他的意见第一次得到中央多数同志赞同。这是一个信号,预示着转变将要发生。

黎平转兵

12月13日,中央红军从通道地区出发,分两路进入贵州黎平境内。然而,博古、李德并没有放弃原定北上湘西的计划。当晚9时半,中革军委急电各军团、纵队首长,强调"我军以迅速脱离桂敌,西入贵州,寻求机动,以便转入北上的目的",来部署第二天的行动。翌日,中革军委又致电红2、红6军团说明,"我西方军现已西入黔境,在继续西进中寻求机动,以便转入北上",命令红2、红6军团以主力"向沅江上游行动,以便相当调动或钳制黔阳、芷江、洪江的敌人",策应中央红军北上。

> 黎平政治局会议采纳了毛泽东同志的转兵贵州、进入黔北的主张。从此长征才有一个明确的方向,带来了一线光明。在漆黑路上长征的红军,对这片光明充满深深的感激之意。这种心情,没有经过漫长夜路的人,是难以体会得到的。
>
> ——老红军陈靖

这表明,中央红军陷敌重围的危险仍然存在。

12月15日,中央红军攻占黎平县城,并以一部兵力占领北面的老锦屏(今锦屏县铜鼓镇),一部前出至柳霁,准备渡过清水江,沿湘黔边界北上湘西。

黎平地处黔桂湘三省边界,交通不便。由于红军西入贵州,各路国民党"追剿"军距红军至少有3天路程,而黔军大部分兵力又被红2、红6军团牵制在铜仁一带,黎平周边敌人兵力薄弱,这使中共中央可以在黎平进一步讨论红军的去向。

12月18日,中共中央政治局在黎平城内翘街上的胡荣顺商铺召开会议,围绕战略方针问题再次展开激烈争论。博古、李德依然坚持原定转移计划,提出由黔东北北上湘西的行军路线。毛泽东根据敌情,坚决主张中央红军继续西进,到敌人力量薄弱的川黔边去建立新根据地。王稼祥、张闻天、朱德等人都支持毛泽东的意见,主持会议的周恩来最终采纳了毛泽东的意见,他后来说:

从老山界到黎平,在黎平争论尤其激烈。这时李德主张折入黔东。这也是

(下页)黎平会议(局部) 孙向阳 油画 300cm×185cm 2013年 中国人民革命军事博物馆藏

非常错误的，是要陷入蒋介石的罗网。毛主席主张到川黔边建立川黔根据地。我决定采取毛主席的意见，循二方面军原路西进渡乌江北上。

黎平会议通过了《政治局关于战略方针之决定》，明确指出：

鉴于目前形成之情况，政治局认为过去在湘西创立新的苏维埃根据地的决定在目前已经是不可能的，并且是不适宜的。政治局认为新的根据地应该是川黔边区地区，在最初应以遵义为中心之地区，在不利的条件下应该转移至遵义西北地区。

黎平会议是中共中央率领中央红军实行战略转移以来召开的第一次中央政治局会议。会议采纳了毛泽东提出并得到多数人支持的正确意见，改变了北上湘西的原定计划，确定了转兵贵州的战略方针，使中央红军避免了可能覆没的危险，开始了由被动向主动的转变，为之后纠正"左"倾教条主义错误奠定了基础。聂荣臻评价说："黎平会议是一次重要的会议"，"中央政治局作出了关于在川黔边建立新根据地的决议，预定遵义为新根据地的中心。这是一个十分重要的决议，是我们战略转变的开始。"

会后，周恩来把会议决定的译文送给因病未参加会议的李德。李德看了大发雷霆，用英语与周恩来吵起来。周恩来的警卫员范金标回忆："吵得很厉害，总理批评了李德，总理把桌子一拍，搁在桌子上的马灯都跳起来，熄灭了，我们又马上把灯点上。"博古的意见虽然被否决，但他表示服从会议的决定。

12月19日，朱德、周恩来发布《关于军委执行中央政治局十二月十八日决议之决议电》，命令中央红军兵分三路，向以遵义为中心的黔北地区前进。在此之前，中革军委决定，撤销在湘江战役中损失严重的红8军团，除营以上干部外，人员编入红5军团，充实作战部队；将第1、第2野战纵队合并为军委纵队（也称中央纵队），任命刘伯承为中革军委参谋长兼军委纵队司令员，陈云为纵队政治委员。

中央红军挥戈西指，挺进黔北，横扫黔敌，突破王家烈部防线，连克剑河、镇远、施秉、黄平、余庆等县城，把几十万国民党军甩在了湘西北地区。

进入贵州后，红军经常在苗族等少数民族聚居地区行军宿营。为正确执行党的民族政策和群众纪律，红军总政治部代主任李富春于12月24日签发《关于注意与苗族关系加强纪律检查的指示》，强调："不打苗民土豪，不杀苗民有信仰的甲长、乡长"，"居民视牛如命，绝不应杀牛。土豪牛要发给群众，严厉处罚乱杀牛者"，"立即克服一切侵害群众、脱离群众行为"。要求各部队向战士们详细解释，严格督促执行。

行军途中，毛泽东救助了一对冻饿待毙的贫苦母子。陈云在《随军西行见闻录》一书中记述了此事：

> 当我等行经剑河县附近之某村落时，见路边有一老妇与一童子，身穿单衣，倒于路边，气息尚存。询之，始知为当地农家妇，秋收之后，所收获之谷米，尽交绅粮地租，自己则终日乞食，因今日气候骤寒，且晨起即未得食，故倒卧路旁。正询问间，赤军领袖毛泽东至，告以老妇所言。当时毛即时从身上脱下毛线衣一件及行李中取出布被单一条，授于老妇，并命人给以白米一斗。老妇则连连道谢含笑而去。

猴场决定

蒋介石在湘西消灭红军的计划落空后，立即改变部署，命令"追剿"军主力由湘西入黔，向施秉、镇远方向追击；命令黔军王家烈部在施秉、黄平地区堵截，防止红军西进贵阳。12月28日，敌"追剿"军占领锦屏，逼近镇远。

根据敌情，中央红军决定，抢在敌军到达前，北渡乌江，挺进黔北。12月30日，红1军团第2师占领了乌江畔的猴场镇。次日，军委纵队进驻猴场。中央红军各部队也抵达乌江南岸各渡口，积极进行渡江准备。

猴场属于瓮安县，本名草塘镇，清末民初因商贸发达而成为黔北四大集镇之一。据说，因为当地的习俗是每月申（猴）寅（虎）日赶场，遂称"猴场"。

这时，博古、李德又提出，"完全可以在乌江南岸建立一个临时根据地，再伺机进军湘西，与红2、红6军团会合"。他们知道，要想执行北上湘西的原定

春风送暖（局部） 黄天虎 中国画 1981年

计划，现在是最后的机会了，一旦渡过乌江，再想掉头去湘西就很困难了。

为解决分歧，中共中央政治局于12月31日下午在猴场再次召开会议。由于争论激烈，会议直到第二天凌晨才结束，成为党史上少有的"一会跨两年"奇事。

会议通过《中央政治局关于渡江后新的行动方针的决定》，明确指出："建立川黔边新苏区根据地，首先以遵义为中心的黔北地区，然后向川南发展，是目前最中心的任务。""新苏区根据地只有在残酷的胜利的战斗中才能创立起来，反对一切逃跑的倾向与偷安休息的情绪。"会议重申了黎平会议的决定，提出首先在以遵义为中心的黔北地区建立根据地的战略任务，进一步统一了党内认识。会议规定，"关于作战方针，以及作战时间与地点的选择，军委必须在政治局会议上做报告"，以加强政治局对军委的领导。这实际上是剥夺了博古、李德的军事指挥权。

猴场会议会址

遵义会议(局部)　彭彬　油画　390cm×224cm　1977年　中国人民革命军事博物馆藏

第三章

伟大转折正航向

经历了激烈的争论和思想交锋,中共中央和中央红军终于确定了前进的方向。遵义会议开始确立以毛泽东同志为主要代表的马克思主义正确路线在党中央的领导地位,实际上确立了毛泽东在党中央和红军的领导地位。中央红军一改自第五次反"围剿"以来的被动局面,以机动灵活的战略战术调动和打击敌人,取得了战略转移的决定性胜利。

遵义会议会址　刘海粟　油画　110cm×81cm　1985年　中国美术馆藏

一、遵义曙光

> 1935年元旦,中央红军开始强渡乌江,以征服天险的胜利,迎接新年。这是充满希望的一年,中共中央召开遵义会议,中国革命实现了生死攸关的伟大转折。

突破乌江

乌江是贵州境内最大的河流,水深流急,险滩相连。滔滔江水翻着白浪,撞击着两岸刀切斧劈般的悬崖峭壁,发出震耳欲聋的响声,令人心惊。当地有句老话:横走天下路,难过乌江渡。

为防止红军"赤化黔北",王家烈急调3个旅又1个团,沿遵义老君关到思南塘头一线的乌江渡口严密防守,烧毁沿江房屋,销毁船只,以阻止红军过江。他自以为"拒险固守,可保无虞",并向蒋介石夸口"必能于南岸收聚歼之效"。负责

(下页)强渡乌江(局部) 魏传义 油画 180cm×130cm 1957年
中国人民革命军事博物馆藏

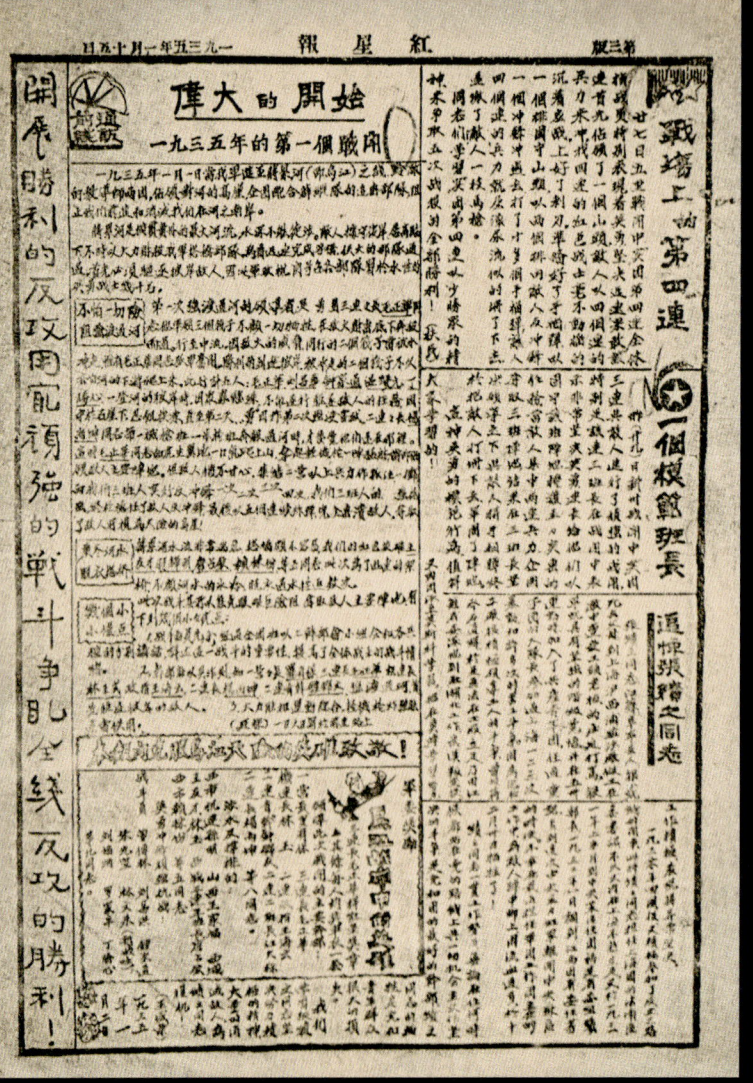

《红星报》关于强渡乌江的报道

防守回龙场到茶山关之间渡口的黔军侯之担部3个团,在各渡口构筑地堡、火力点,控制所有渡船,并搜走一切可能用来渡江的器材和工具,全力阻止过江。侯之担声称:"红军远征,长途跋涉,疲惫之师,必难飞渡。"

然而,在英勇的红军面前,没有过不去的天堑。1935年1月1日,中军兵分三路,开始突破乌江天险。

红1军团第1师第1团奉命从余庆县回龙场过江。当时雨雪交加，寒风凛冽。听说红军要渡乌江，老乡们说，过乌江必须要有三个条件：大木船、大晴天、好船夫。可是，这些条件红军都不具备。团长杨得志、政治委员黎林决定，就地取材，扎竹排渡江。

当天傍晚，他们挑选了8名水性好的战士组成突击队，乘竹排先行试渡。然而，刚到江心，竹排即被旋涡卷得斜立起来，8名勇士落入江中，瞬间即被汹涌的波涛吞没。夜里，第1团决定从下游水流较缓的地方再次偷渡，由1营营长孙继先率领突击队执行任务。吸取前一次的教训，新扎的竹排上增加了扶手，以便战士们抓住，抵挡激浪颠簸。突击队的勇士们上竹排后，奋力划向对岸，杨得志和黎林在岸边焦急地等待。当听到对岸传来两声枪响的联络信号后，杨得志立即命令另一只竹排即刻出发。他后来在回忆录中描述：

> 早已整装待发的另一只竹排，弦上飞箭似的出动了。几乎同时，我们的机枪、步枪、"三七"小炮一齐开火。竹排在密集的炮火掩护下破浪启程了！
>
> 不多久，只见对面山顶上红光闪闪，红光中夹杂着"嗵嗵"的音响，听声音我知道那是手榴弹在敌堡中爆炸了。也就是说，我们的勇士已经登上了敌人的山顶。接着，我们又听到，步枪、机枪吼叫起来，爆炸声、喊杀声混成一片……
>
> 天险乌江终究被我们突破了。

至1月4日，红1军团主力及红9军团由回龙场渡江完毕。

红1军团第2师奉命从瓮安县江界河渡口突破，并掩护工兵架桥，以便军委纵队、红5军团由此渡江。接到任务后，师长陈光率第4团迅速进抵江界河渡口。通过火力侦察，发现通往渡口的大道是敌人防守的重点，而上游500米处有一条小横路与渡口大道相通，敌人

二等红星奖章

疏于戒备。第4团团长耿飚、政治委员杨成武决定，佯攻渡口大道，主攻渡口上游小道，由第3连连长毛振华率7名水性好的战士拉着绳索泅渡过江，以便架桥。可是，由于绳索被敌人的炮火炸断，泅渡没有成功。第4团决定，夜里乘竹筏偷渡。当晚，毛振华率18名勇士分乘3只竹筏划向对岸。不一会儿，两只竹筏被激流打了回来，而毛振华等人乘坐的竹筏却没了消息。

1月2日拂晓，中革军委副参谋长张云逸赶到第4团通报敌情，敌军薛岳部正在逼近，渡江刻不容缓，否则将有背水作战的危险。第4团决定，立即进行强渡。经紧急动员，指战员们赶扎了60多只竹筏。

上午9时，强渡开始。第4团以小部队在渡口大道实施佯攻，吸引敌人火力，突击队从渡口上游小道出发，实行强渡。突击队员们在火力掩护下，划着竹筏奋勇前进。快接近对岸时，敌军阵地突然遭到攻击，摸不着头脑的敌人顿时大乱，竹筏上的突击队员乘机冲上岸，占领滩头阵地。原来，攻击敌人的是头天晚上成功偷渡过江的毛振华等5人，他们忍着湿衣浸骨的寒冷和饥饿，在石崖下潜伏了一夜，当突击队即将登岸时，立即予以配合。后续的竹筏也陆续靠岸，战士们争先恐后地冲上滩头。这时，敌军的预备队赶到，居高临下发起反击，红军被迫退至江边。关键时刻，军团炮兵连连长、神炮手赵章成连发3枚迫击炮弹，命中敌阵，压住敌人的反扑势头。红军乘机展开冲锋，敌人全线溃退。工兵部队迅速架起浮桥。至3日下午，军委纵队和红5军团等部相继由此过江。

红3军团第4师第10团于1月5日进至开阳县茶山关渡口。此处守敌闻知回龙场、江界河渡口已失守，不战而逃。6日，红3军团全部由此渡过乌江。

至此，国民党军围歼红军于乌江南岸的计划化为泡影。

突破乌江天险后，中革军委发布命令，奖励乌江战斗中的英雄：授予红1军团第4团第3连连长毛振华红星奖章一枚；奖给第1营营长罗有保，机枪连连长林玉式，2连连长杨尚坤、政治指导员王海云、青年干事钟锦友、班长江大标，第2师师部王家福，第4团王友才、唐占钦，第6团赖采份、孙明以及曾传林、刘昌洪、钟家通、朱先宣、林文来（新战士）、刘福炳、罗家平、丁胜心等，每人军衣一套。1月15日的《红星报》以"军委奖励乌江战斗的英雄"为题，做了报道。

智取遵义（局部）　顾国建　油画　210cm×150cm　2016年　中国中共党史学会艺术专业委员会藏

智取遵义

  中央红军渡过乌江后，马不停蹄地向贵州第二大城市遵义进发。1月6日下午，军委参谋长刘伯承率领红1军团第2师第6团攻占了距遵义15公里的一个敌军外围据点深溪水，从俘虏口中获悉遵义城内有敌军3个团，尚未察觉红军主力逼近。为减少攻城伤亡，刘伯承采纳了第6团团长朱水秋、政治委员王集成的建议，以先头分队化装成敌军，智取遵义。

  当晚，第6团第1营营长曾宝堂率第3连、侦察排及全团20多名司号员，装扮成黔军，与经过教育的 10 多名黔军俘虏一起向遵义进发。其余部队随后跟进，准备智取不利即强攻。

漆黑的夜，如注的雨，湿滑的路，却阻挡不了战士们前进的脚步。经过 2 个多小时急行军，先头分队来到遵义城下。被俘的黔军连长按照红军事先的要求，叫开了城门。红军一拥而入，消灭了城楼上的敌人，割断了电话线，吹响了冲锋号。城内守敌顿时乱作一团，红军后续部队迅速冲进城里，敌人狼狈弃城而逃。7 日晨，红军顺利占领遵义城。9 日，军委纵队进入遵义。

红军入城后，大力开展群众工作，广泛张贴红军总政治部代主任李富春签发的布告，说明"红军是工农群众自己的军队"，"绝对保护工农贫民的利益"，是为了"打土豪分田地"，建立"工农群众自己的政权——苏维埃而奋斗"的；"红军是有严格的纪律的军队，不拿群众一点东西"；号召广大群众"勿听信豪绅地主的欺骗，各宜安居乐业"，"欢迎工农群众报名当红军"和积极帮助红军。这份布告，使黔北群众第一次了解了红军是什么样的队伍。当时，贵州百姓在军阀的残酷剥削压榨下，生活极为贫困，被称为"干人"，意思是被榨干了油的人。红军的到来，给穷苦百姓带来希望，他们用歌谣表达喜悦的心情：

红军印制宣传品的石印机 中国国家博物馆藏

> 红军到，干人笑，绅粮叫。白军到，干人叫，绅粮笑。要使干人天天笑，白军不到红军到。要使绅粮天天叫，白军弟兄拖枪炮，拖了枪炮回头跑，打倒军阀，妙！妙！妙！

歌谣中的"绅粮"，指欺压百姓的地主豪绅。

1月12日下午，红军在遵义老城第三中学操场上召开群众大会，毛泽东、朱德、李富春出席大会并讲话。参加会议的人挤满了操场，挤不进来的人就爬上墙头、站上屋顶观看，气氛异常热烈。这是中央红军长征以来召开的规模空前的群众大会，后来被称为"万人大会"。毛泽东在会上讲述了共产党和红军的革命主张，号召大家组织起来，打土豪、分田地、建立革命政权。会上宣布成立遵义县革命委员会，这是黔北高原上的第一个革命政权。散会后，红军篮球队和三中篮球队进行了一场友谊比赛，总司令朱德亲自上场。由于红军的到来，遵义城变成了欢乐之城。

在遵义时，曾任中华苏维埃中央政府教育部长的徐特立，走访了当地一些文化人士，向他们宣传共产党和红军的宗旨。当他准备离开遵义教育界名流朱季瑜先生家时，发现一个空罐头盒，想拿来在行军路上烧水用，就请陪同的余选华去征询主人意见。余选华说，那个空罐头盒子一文不值，直接拿走算了。徐特立说，红军有三大纪律八项注意，不拿群众一针一线。余选华非常感动，想不到红军如此维护群众利益。

红军以人民利益为重，人民大力支援红军。短短的10多天里，遵义地区有4000余人参加红军，广大群众还积极帮助红军筹粮筹款，使中央红军在兵员和物资方面得到了长征以来最大的补充。

遵义会议

1935年1月15日至17日，中共中央在遵义召开政治局扩大会议，集中解决当时最为急迫的军事问题和组织问题。

会议地点是遵义老城的一座二层小楼，这是黔军师长柏辉章新建的豪宅。

遵义会议会址

毛泽东　　　　　　　　张闻天　　　　　　　　周恩来

听说红军要来了，柏辉章全家人溜之大吉。红军进城后，这里就成了周恩来、朱德、刘伯承等人的住处。

毛泽东和王稼祥、张闻天住在遵义新城黔军旅长易少荃的公馆里。会前他们三人商定，要就军事路线问题作一个发言。经过共同讨论，由张闻天执笔写了一个反对"左"倾军事错误的报告提纲。毛泽东以往开会都是即席发言，这次也写了个详细的发言提纲。

"听说要开会解决路线问题，教条宗派主义者也想争取主动"，聂荣臻回忆，博古的支持者凯丰几次找他，要他在会上发言支持博古，他没答应。凯丰向博古汇报说："聂荣臻这个人真顽固！"

1月15日晚，会议开始。出席人员有：中央政治局委员毛泽东、张闻天、周恩来、朱德、陈云、博古，候补委员王稼祥、刘少奇、邓发、凯丰（何克全），还有红军总部和各军团负责人刘伯承、李富春、林彪、聂荣臻、彭德怀、杨尚昆、李卓然，以及中央秘书长邓小平。他们的平均年龄是34岁，正是风华正茂时。因为白天有各种军政事务要处理，会议安排在每天晚饭后进行，一连开了三晚，每晚都开到深夜。李德及翻译伍修权列席了会议。

朱德　　　　　　　　陈云　　　　　　　　博古

会议由博古主持，中心议题是：

（一）决定和审查黎平会议所决定的暂时以黔北为中心，建立苏区根据地问题。

（二）检阅在反对五次"围剿"中与西征中军事指挥上的经验与教训。

会议首先分析了在黔北建立根据地的问题。大家讨论认为，黔北地区人少地瘠，少数民族众多，党的工作基础薄弱，不适合建立根据地。根据刘伯承、聂荣臻的建议，会议决定放弃黎平会议确定的以黔北为中心创建根据地的计划，中央红军北渡长江，同红四方面军会合，在川西或川西北创建根据地。

接着，会议就第五次反"围剿"以来的经验教训进行讨论总结。博古首先作关于反对第五次"围剿"的总结报告，这个报告被称为"主报告"。报告过分强调客观困难，把第五次反"围剿"失败的原因，归结为敌人力量强大，白区和各苏区的斗争配合不够等，不承认主要是他和李德在军事指挥上犯了严重错误而造成的。周恩来随后作"副报告"，指出第五次反"围剿"失败的主要原因，是军事领导的战略战术错误，并主动承担责任，作了诚恳的自我批评，同时也批评了

遵义之春（局部）　吴山明 何士扬 吴激扬　中国画　588cm×257cm　2009年　中国美术馆藏

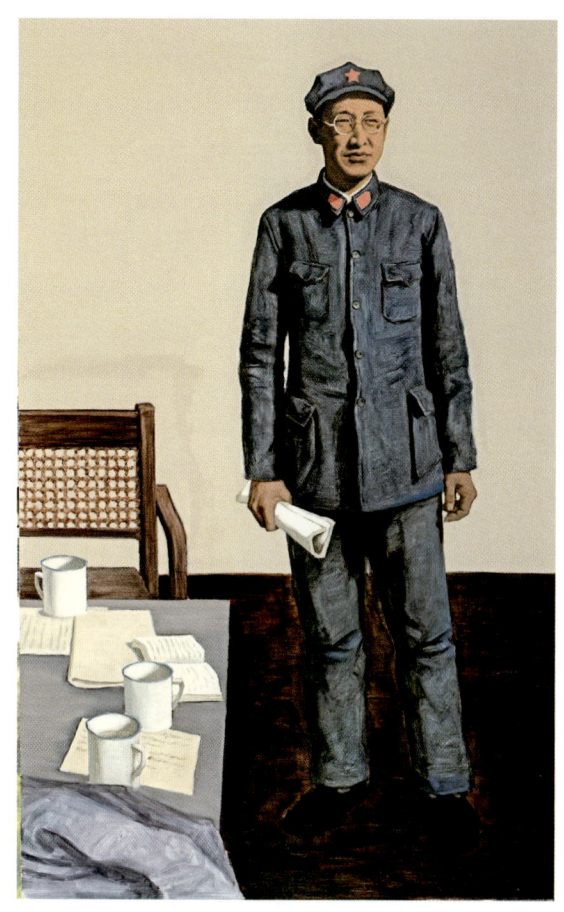

王稼祥在遵义（局部）　刘仁杰 油画 120cm×200cm
2016 年 中国中共党史学会艺术专业委员会藏

博古和李德。

之后，张闻天按照会前与毛泽东、王稼祥共同商量的意见作了发言，比较系统地批评了博古、李德在军事指挥上的错误。由于他发言的基调与博古正好相反，所以被称为"反报告"。

毛泽东紧接着发言，对博古、李德在军事指挥上的错误进行了切中要害的分析批评，比较系统地阐述了中国革命战争应该采取的正确战略战术和此后在军事上应该实行的方针。

王稼祥随后发言，批评博古、李德的错误，旗帜鲜明地支持毛泽东的意见，建议改组中央领导机构，让毛泽东参与军事指挥。作为与王明、博古一起留学苏联的同学，又担任着中革军委副主席兼红军总政治部主任的要职，王稼祥的态度十分重要，后来被毛泽东称为"关键的一票"。

朱德在与会者中年龄最大，他一贯忠厚和蔼，这次却严厉批评了博古和李德的错误，并明确表示："如果继续这样错误的领导，我们就不能再跟着走下去！"

周恩来也支持毛泽东对"左"倾军事错误的批判，全力推举毛泽东出来领导党和红军。刘伯承、李富春、聂荣臻、李卓然等人相继发言，对"左"倾军事指挥错误进行严厉批评，赞同支持毛泽东的发言和张闻天的"反报告"。

对于大家的批评，博古显然缺乏思想准备。他虽然承认自己有错误，但不同意对他的尖锐批评。凯丰不同意毛泽东、张闻天、王稼祥的意见，认为谁对、谁错要走着瞧。李德则坚决不接受对他的批评，他虽然态度强硬，却如坐针毡。伍修权说：别人都是围着长桌子坐，他却坐在会议室的门口，看上去像是坐在被告席的受审者。

遵义会议最后决定：

1. 增选毛泽东同志为中央政治局常委；
2. 指定张闻天同志起草会议决议，委托政治局常委审查后，发到支部去讨论；
3. 政治局常委再进行适当的分工；
4. 取消"三人团"，仍由最高军事首长朱德、周恩来为军事指挥者，周恩来是党内委托的对于指挥军事下最后决心的负责者。会后常委分工，毛泽东为周恩来军事指挥上的帮助者。

遵义会议是党的历史上一个生死攸关的转折点。这次会议在红军第五次反"围剿"失败和长征初期严重受挫的历史关头召开，事实上确立了毛泽东在党中央和红军的领导地位，开始确立了以毛泽东为主要代表的马克思主义正确路线在党中央的领导地位，开始形成以毛泽东为核心的第一代中央领导集体，开启了党独立自主解决中国革命实际问题的新阶段，在最危急关头挽救了党，挽救了红军，挽救了中国革命。

遵义会议会议室挂钟

遵义会议（局部） 沈尧伊 油画 500cm×270cm 2020年 中国共产党历史展览馆藏
从左至右：李富春、王稼祥、张闻天、周恩来、毛泽东、博古、凯丰、朱德、陈云、彭德怀、刘少奇、聂荣臻、刘伯承、邓小平、李卓然、林彪、杨尚昆、李德、伍修权、邓发

渡过赤水河（局部） 王铁牛 油画 300cm×200cm 2016年 中国中共党史学会艺术专业委员会藏

二、四渡赤水

> 遵义会议后，在毛泽东等指挥下，中央红军以高度的战略机动，在赤水河两岸往返穿梭，调动和打击国民党"追剿"军，粉碎了蒋介石围歼红军于黔北地区的企图，创造了以少胜多的经典战例。

一渡赤水

红军占领遵义后，各路国民党军迅速围拢过来。周浑元、吴奇伟两个纵队的8个师，尾追中央红军进入贵州后，由南往北逼近遵义；黔军王家烈部3个师布防于遵义东南一线，堵截红军；由潘文华任总指挥的"四川南岸剿匪军"10多个旅在川南布防，其中2个旅已进至川黔边；湘军4个师在湘川黔边境的酉阳至铜仁一线筑堡，防止红军东进；滇军3个旅正向毕节地区开进，防止红军西进；桂军2个师进至贵州独山、都匀一线，作为策应。40万敌军从四面八方扑来，企图把3万余中央

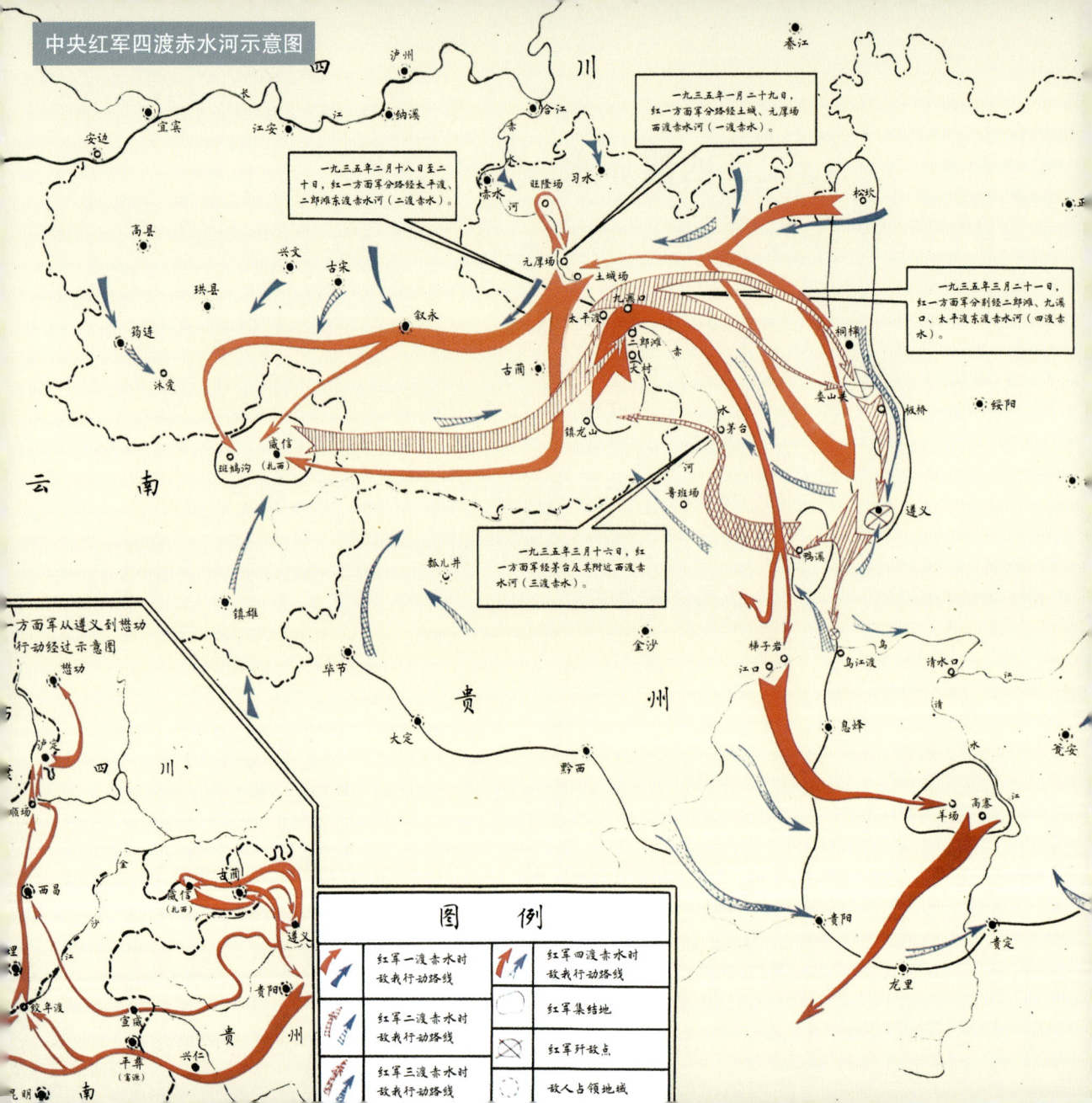

红军围歼于乌江以北、川黔边境地区。

为跳出敌人的包围圈并执行遵义会议决定的北渡长江计划，1935年1月19日，中央红军兵分三路由遵义地区出发，向川黔交界处的赤水、土城地区集中，准备从宜宾、泸州之间北渡长江，与红四方面军会合，在川西或川西北创建根据地。22日，中共中央、中革军委致电红四方面军，通报中央红军的北渡计划，要求红四方面军于近期集中主力向嘉陵江以西进攻，配合中央红军的行动。

1月24日，红1军团进占土城，随即向赤水推进。27日，中革军委到达土城。

在向土城进军途中，中革军委得到情报，川军郭勋祺部4个团正尾追红军向土城开来。毛泽东提议，利用土城以东青杠坡一带的有利地形，设伏歼灭郭勋祺部，以利红军的渡江行动。中革军委接受了这一建议。

1月28日凌晨，青杠坡战斗打响。经过连续几个小时的激战，红军未能歼灭敌人，双方形成对峙之势。从抓获俘虏的番号中发现，原来情报有误，敌军不是4个团6000多人，而是6个团1万多人，后面还有增援部队，而且川军的武器装备及战斗力都比黔军强得多。

战局发展对红军越来越不利。川军倚仗优势兵力，突破红5军团阵地，向土城压来。如果不能顶住，后面是赤水河，红军将背水而战，后果难以设想。朱德决定亲自上前线指挥战斗。

这样做，自然十分危险。毛泽东连吸几支烟，没有答应。朱德把帽子一脱，说："得啰，老伙计，不要光考虑我个人的安全。只要红军胜利，区区一个朱德又何惜！"为了让毛泽东放心，他又说："敌人的枪是打不中朱德的！"毛泽东终于点头同意了。

朱德和刘伯承亲自上前线指挥，给苦战中的红军指战员以极大鼓舞，战士们顶住了川军一次次的冲锋。与此同时，毛泽东急令奔袭赤水的红1军团迅速返回增援，并令军委纵队干部团团长陈赓、政治委员宋任穷率部赶赴前线参战。干部团赶到后，发起猛烈的反冲锋，打退川军进攻，稳住了阵地。毛泽东称赞说："陈赓行，可以当军长。"

土城青杠坡之战，红军虽给敌人以重大杀伤，但自身也损失很大，未能达到

土城渡口（局部）　彭彬 油画

预期目的。面对不利局面，毛泽东坚持自己一贯的指挥风格，打得赢就打，打不赢就走。当日傍晚，毛泽东与中央政治局主要成员开会，决定改变原定计划，红军迅速撤出战斗，西渡赤水河，进入川南地区，寻机北渡长江。

1月29日凌晨，中革军委下达了全军西渡赤水河的命令。长征史上的经典战役——四渡赤水，由此开始。

赤水河，出自云南，流经贵州、四川两省，全长近千里，因两岸密布红色砂岩，水色赤红而得名。当天，中央红军兵分三路，从元厚、土城等地向西渡过赤水河。渡河前，部队进行了轻装，把大炮等笨重辎重沉入河中。之后，向川南古蔺、叙永地区前进。此即一渡赤水。

青杠坡战斗后，毛泽东总结了失利原因：一是敌情没有摸准，二是轻敌，三是分散了兵力。能够及时总结教训，并在战局不利时及时调整部署，变被动为主动，这是毛泽东的过人之处。

红军进入川南后，日夜兼程的战士们又饥又渴。途中恰遇一块萝卜地，水盈盈的萝卜正好充饥解渴。由于找不到主人，战士们挖一个萝卜，就在坑里埋一个铜钱。这种秋毫无犯的行为，赢得了当地群众对红军的广泛赞誉。

消息传到蒋介石处，他专门致电刘湘、潘文华称："据报，前朱毛匪部窜川南时，对人民毫无骚扰，有因饿取食土中萝卜者，每取一头，必置铜元一枚于土中；又到叙永时，捉获团总四人，仅就内中贪污者一人杀毙，余均释放，借此煽惑民众，等情。希严饬所属军队、团队"，切实"爱护民众，勿为匪所利用为要"。

然而，红军的严明纪律源自这支军队的性质和宗旨，又岂是蒋介石一纸命令就能让国民党军做到的？

二渡赤水

中央红军突然出现在川南，大出敌人意料。蒋介石迅速调集各路军队逼向川南，严防红军渡江。面对敌情变化，中共中央决定，暂缓执行北渡长江计划，中央红军改为"以川滇黔边境为发展地区"。为摆脱敌人的追堵，中央红军掉头向云南东北部的扎西（今威信县城）地区转移。

2月5日前后，中央政治局在川滇黔交界处一个名叫"鸡鸣三省"的小村子进行常委分工，根据毛泽东提议，决定由张闻天代替博古负中央总的责任（习惯上也称为总书记）。

当时，凯丰叫博古不要交"权"，博古表示服从组织决定。他把装有重要文件、会议记录和印章的几副挑子全交给张闻天，此即史称的"博洛交权"。博古留任政治局常委，任红军总政治部代理主任。

2月上旬，中共中央在前往扎西的途中及到达扎西后，召开了多次会议，这些会议统称为"扎西会议"。

扎西会议正式通过由张闻天根据遵义会议精神起草的《中共中央关于反对敌人五次"围剿"的总结的决议》（即遵义会议决议），并决定向全军传达。刘伯承回忆说："遵义会议的精神传达到部队中，全军振奋，好像拨开重雾，看见了阳

扎西会议会址

光,一切疑虑不满的情绪一扫而光。"扎西会议还对坚持中央苏区和其他苏区的斗争作了相应部署,并决定对中央红军进行整编,精简机关,充实连队。根据命令,全军除干部团外,共编16个团,并进一步轻装,这使部队的机动性得到增强。通过发动群众,中央红军还补充了3000余名新兵。

这时,国民党军主力都被吸引到川滇边境地区,黔北敌军兵力空虚。根据所获情报,毛泽东决定,乘隙回师东进。

2月16日,中共中央、中革军委发布《告全体红色指战员书》,对暂时放弃北渡长江的原因作了说明,指出:

> 为了有把握的求得胜利,我们必须寻求有利的时机与地区去消灭敌人,在不利的条件下,我们应该拒绝那种冒险的没有胜利把握的战斗。因此红军必须经常的转移作战地区,有时向东,有时向西,有时走大路,有时走小路,有时走老路,有时走新路,而唯一的目的是为了在有利条件下,求得作战的胜利。

简明的告示,反映了用兵的要旨:一切从战场实际出发。

2月18日至21日,中央红军在太平渡、二郎滩渡口击溃黔军两个团,随后东渡赤水(二渡赤水),并于24日占领桐梓县城。接着,向娄山关发起进攻。

娄山关是大娄山的主峰,川黔之间的重要隘口,海拔1400余米,地势十分险要,守军是黔军柏辉章师的1个旅和1个团。

2月25日拂晓,红3军团第13团向娄山关的守军发起进攻。与敌激战竟日,于当晚攻占娄山关,控制了制高点——点金山。敌人集中6个团进行反扑。红军顽强奋战,打退了敌人一次次攻击。之后,红1、红3军团集中主力,从两翼迂回至敌人后方的黑神庙、板桥等地,歼敌一部。余敌惧歼,仓皇而逃。

战斗胜利后,毛泽东随军委纵队登上娄山关,留下著名词作《忆秦娥·娄山关》:

乌蒙磅礴走泥丸（局部） 黄之方 油画 250cm×150cm 2021 年 中国共产党历史展览馆藏

西风烈，长空雁叫霜晨月。

霜晨月，马蹄声碎，喇叭声咽。

雄关漫道真如铁，而今迈步从头越。

从头越，苍山如海，残阳如血。

夺取娄山关后，红 1、红 3 军团乘胜于 27 日黄昏，攻占遵义新城。

娄山关失守后，蒋介石急令吴奇伟纵队火速增援遵义。当吴奇伟部进抵遵义城南时，红军已经占领遵义。2 月 28 日晨，敌人集中优势兵力向遵义城南的红

娄山关大捷（局部） 郑艺 宝真 图楞 羊君 油画 800cm×300cm 2016年 中国国家博物馆藏

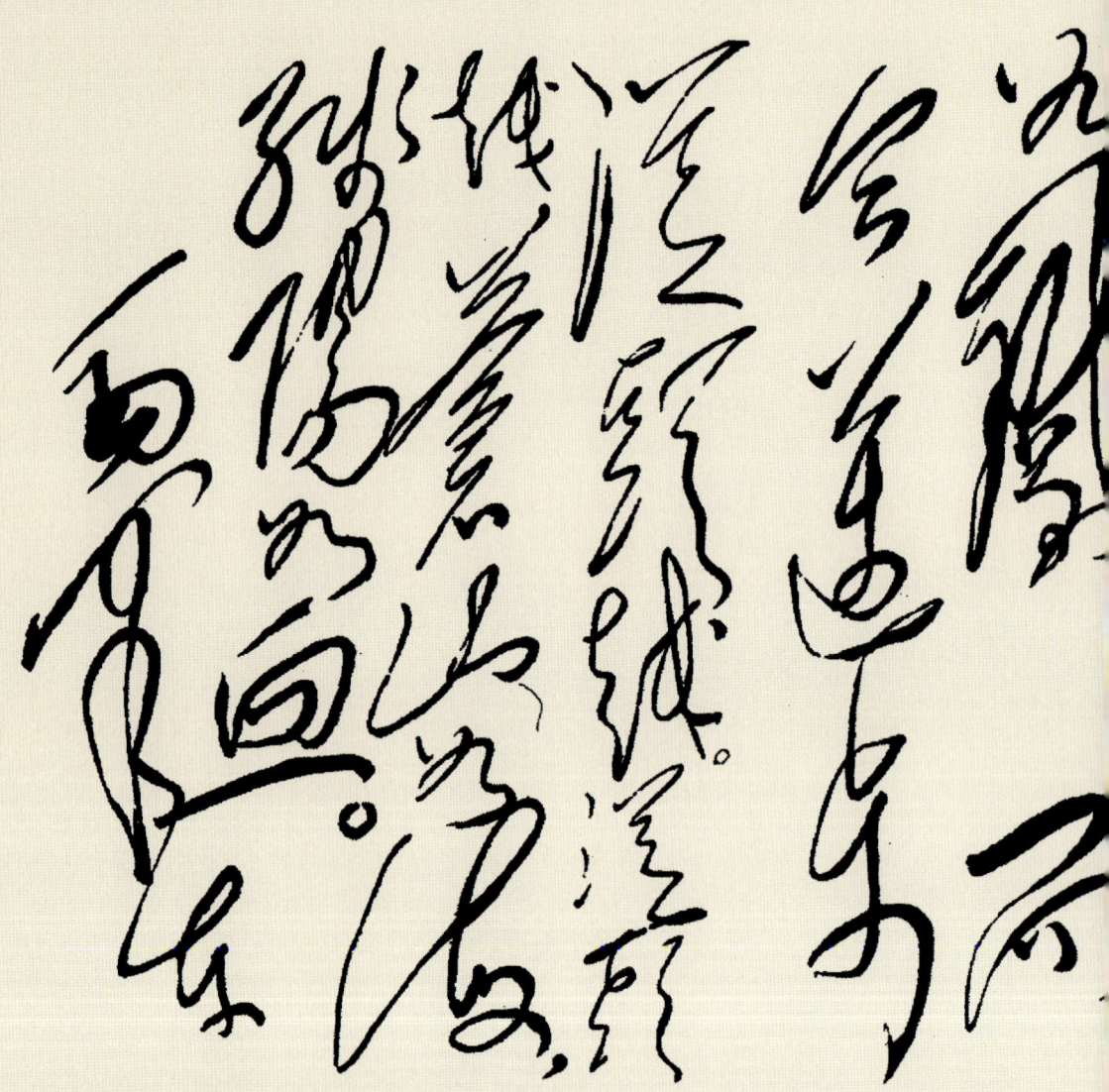

《忆秦娥·娄山关》 毛泽东

西风烈,长空雁叫霜晨月。霜晨月,马蹄声碎,喇叭声咽。

钟赤兵单腿坚持长征

娄山关战斗中，红12团政治委员钟赤兵右腿受伤，必须截肢。因为没有器械和麻药，医生只能在未经麻醉的情况下，用木工锯子给他手术。钟赤兵几次痛昏，咬牙坚持，他的右腿小腿以下被截去。由于术后感染，之后又连续两次手术，他的整条右腿最终被全部截去。考虑到他的伤情，部队准备将他留在当地养伤。钟赤兵坚定表示，爬也要跟着部队走。战友们被他的坚强意志感动，决定抬着他走。待伤势稍有好转后，钟赤兵或拄拐或骑马，以顽强的毅力坚持到达陕北。1955年，他被授予中将军衔。

花岗、老鸦山实施反攻，一度攻占老鸦山主峰。就在这时，红1军团主力从水师坝突破黔军阵地，突然插至吴奇伟设在忠庄铺的指挥部，吓得吴奇伟率残部狼狈地直奔乌江而逃。过江后，他唯恐红军追兵赶来，命人立即把浮桥砍断，1000多名未及过江的官兵及大批辎重全被红军俘获。

与此同时，在老鸦山的敌第59师也被红军歼灭大部，残敌向鸭溪等地逃窜。至此，遵义战役画上了圆满的句号。

红军二渡赤水期间，蒋介石于2月19日致电部属称："查朱、毛残部不及万人，粮弹两缺，状极疲敝，毫无战斗能力"，命令各部加紧"追剿"，"集歼该匪于叙蔺以南，赤水河以西，仁怀、毕节以北地区"。然而，事实无情地粉碎了他的妄想。红军在5天内连克桐梓、娄山关、遵义城，歼灭和击溃国民党军2个师又8个团，毙伤敌2400多人，俘敌3000余人，缴获大批军用物资，取得了长征以来的最大胜利。

胜利是用热血和生命换来的。遵义战役中，红3军团参谋长邓萍在前沿阵地观察地形时，不幸被敌人子弹击中，倒在红11团政治委员张爱萍怀中。他是长征中牺牲的职务最高的红军指挥员，年仅27岁。

三渡赤水

红军取得遵义大捷后，蒋介石于3月2日飞抵重庆，直接组织指挥对红军新的围攻。他宣布"凡我驻川黔各军，概由本委员长统一指挥，如无本委员长命

（右页）邓萍烈士（局部） 曹新林 油画 120cm×190cm 2016年 中国中共党史学会艺术专业委员会藏

邓萍,四川富顺人,1908年出生。1926年加入中国共产主义青年团,不久转入中国共产党。1928年7月参加领导平江起义,后任红5军参谋长等职,参加领导了创建湘鄂赣苏区的斗争。1930年后任红3军团参谋长、红5军军长等职,参加了中央苏区历次反"围剿"斗争。1934年1月,当选为中华苏维埃共和国中央候补执行委员。

彭德怀得知老战友邓萍牺牲,十分悲痛,泪流满面,命令部队:"拿下遵义城,为参谋长报仇。"他后来回忆说:"从平江起义到井冈山斗争,从江西苏区转战到长征途中,直到他牺牲前,我们一直在一起工作,互相配合得很好。邓萍对党和人民的革命事业忠心耿耿,作战指挥沉着果断,英勇顽强,是一个很有才干的优秀军事干部。"

张爱萍也写诗深情悼念:
长夜沉沉何时旦?黄埔习武求经典。
北伐讨贼冒弹雨,平江起义助烽烟。
"围剿"粉碎苦运筹,长征转战肩重担。
遵义城下洒热血,三军征途哭奇男。

令，不得擅自进退"，准备亲自与老对手毛泽东进行较量。

这之前，蒋介石已得到情报，毛泽东重新回到红军领导岗位了。他致信薛岳称："毛既已当权，今后对共军作战，务加谨慎从事，处处立于不败之地；勤修碉堡，稳扎稳打，以对付飘忽无定的流寇，至为重要。"

然而，在"地无三尺平"的贵州"勤修碉堡"谈何容易？更何况，明知毛泽东用兵"飘忽无定"，却要用"堡垒主义"来对付，岂不是开错了"药方"？

3月4日，中革军委发布命令，组成前敌司令部，朱德为司令员，毛泽东为政治委员。这是毛泽东自1932年10月宁都会议后，重新获得军事领导职务。

> **"长征"一词首次出现**
>
> 二渡赤水后，红军总政治部于2月23日发布《告黔北工农劳苦群众书》，其中说："我工农红军从西转移作战地区，长征到川贵边地域，消灭了贵州军阀侯之担白军全部，推翻了贵州军阀绅粮的封建统治，解放了黔北的工农及一切干人。"据现有资料，这是红军实行战略转移后，首次在文件中出现"长征"一词。

为打破国民党军的合围，中革军委命令红9军团向遵义以北活动，吸引川军向东并钳制之。中央红军主力向西开进，准备突袭位于仁怀、鲁班场一线的敌周浑元纵队。可是屡次寻战，未获有利战机。红1军团首长林彪、聂荣臻建议，进攻打鼓新场的黔军。

3月10日，中共中央负责人在遵义县枫香镇苟坝开会，讨论林、聂的建议。会上，大家都赞成打，唯独毛泽东坚决反对。他认为打鼓新场虽然只有敌军1个师，但地形易守难攻，而且四周分布着国民党中央军两个纵队和滇军、川军。如打，必然形成攻坚，对红军不利，并表示，如果坚持要打，他即辞职。

两种意见相持不下，张闻天决定进行表决。结果一表决，通过了打的意见，并同意毛泽东辞职。上任不到一周的毛泽东，面临再度失去军事指挥权的处境。会议决定，由周恩来起草进攻命令，第二天早晨下达。周恩来后来回忆

这场争论说:

　　从遵义一出发,遇到敌人一个师守在打鼓新场那个地方,大家开会都说要打,硬要去攻那个堡垒。只毛主席一个人说不能打,打又是啃硬的,损失了更不应该,我们应该在运动战中去消灭敌人嘛。但别人一致通过要打,毛主席那样高的威信还是不听,他也只好服从。但毛主席回去一想,还是不放心,觉得这样不对,半夜里提马灯又到我那里来,叫我把命令暂时晚一点发,还是想一想。我接受了毛主席的意见,一早再开会议,把大家说服了。

激战鲁班场(局部)　李武　周福先　油画　220cm×150cm　2016 年　中国中共党史学会艺术专业委员会藏

军委电台侦察到的敌情证明，毛泽东的判断是正确的，各路国民党军正向打鼓新场开进。3月11号，中革军委下达《关于我军不进攻新场的指令》，避免了可能因为攻坚而造成的损失。

事后，毛泽东感到军情瞬息万变，指挥需要集中，不能那么多人集体讨论，举手表决。因而提议，成立一个军事指挥小组。中共中央根据这一建议，决定成立周恩来、毛泽东、王稼祥三人军事小组，也称"新三人团"，全权指挥作战，周恩来为团长。

3月15日上午，中央红军向位于鲁班场、三元洞地带的敌周浑元纵队发起进攻，以调动敌人，控制赤水河上游渡口，便于下一步机动。可是，敌军3个师猬集一团，红军攻击数小时，未能奏效。在各路援敌纷纷赶来并企图夹击红军的形势下，毛泽东决定，放弃进攻鲁班场之敌，转兵西进，寻求新的机动。

3月16日，中央红军从茅台及附近地区再次西渡赤水河（三渡赤水），向古蔺、叙永方向前进。

四渡赤水

红军三渡赤水后，蒋介石判断红军又要北上渡江，即令各路国民党军急进川南，严防死守，同时加强泸州东西的长江防线，欲聚歼红军于长江南岸的古蔺地区。蒋介石认为，"以如许大兵包围该匪于狭小地区，此乃聚歼匪之良机"，"剿匪成功，在此一举"，若再不能歼灭红军，"何颜再立于斯世"。

就在各路敌军向川南奔集之际，中央红军以红1军团的1个团伪装主力，大张旗鼓地向古蔺前进，吸引敌军向西；主力则掉头向东，以迅速隐秘的行动，于3月21日晚至22日，经太平渡、二郎滩、九溪口等地再次东渡赤水（四渡赤水）。

红军又一次东渡赤水河，使蒋介石感到迷惑。他一面调集部队加强遵义守备，防止红军再次攻城；一面命令何键加强乌江防守，阻止红军东进。3月24日，他亲自飞抵贵阳督战，企图在遵义地区将红军"一网打尽"。

根据敌情，中央红军以红9军团伪装主力佯攻北边的长干山、枫香坝，以吸引敌军向北；主力则长驱南下，从鸭溪、白腊坎之间突破敌人的封锁线，冒着狂风暴雨急进至乌江北岸的沙土、安底地区。3月31日，中央红军在江口、大塘、梯子岩等处南渡乌江，进至息烽西北地区。

至此，中央红军跳出了敌人的包围圈，将几十万敌军甩在了乌江以北地区。刘伯承后来说：

> 遵义会议以后，我军一反以前的情况，好像忽然获得了新的生命，迂回曲折，穿插于敌人之间，以为我向东却又向西，以为我渡江北上却又远途回击，处处主动，生龙活虎，左右敌人。我军一动，敌又须重摆阵势，因而我军得以从容休息，发动群众，扩大红军。待敌部署就绪，我们却又打到别处去了。弄得敌人扑朔迷离，处处挨打，疲于奔命。

打出生孩子的时间

四渡赤水期间，女红军陈慧清在行军途中突然临产。此时，敌人的追兵正在赶来，难产的婴儿却迟迟出不来。负责断后的红5军团军团长董振堂闻讯，命令部队顶住敌人的进攻，务必打出一个生孩子的时间。当孩子终于在震耳欲聋的枪炮声中来到人世时，有的战士抱怨：为了一个孩子，让一个团去打阻击，值得吗？董振堂听了大声说："我们今天革命打仗，不就是为了他们的明天吗！"慷慨激昂的话语，说明了红军打仗的意义，震撼了战士们的心灵，也激发了他们的斗志。

四渡赤水之战，中央红军在毛泽东等指挥下，根据变化了的敌情灵活变换作战方向，巧妙调动敌人，在赤水河两岸敌重兵集团之间往返穿插，以"走"调动敌人，为"打"创造战机；以"打"甩开追敌，为"走"开辟道路，从而牢牢掌握了战场的主动权，跳出了数十万国民党军的包围圈。这不仅是红军战争史上以少胜多的经典战例，也被毛泽东本人视为其军事指挥生涯的"得意之笔"。

红军在四渡赤水战役中飘忽不定、行踪莫测的灵活战术，也使各路敌军无可奈何，印象深刻。滇军说，红军是曲线运动，难以捉摸；川军说，红军是太极图形，神出鬼没；黔军认为，红军是磨盘战术，出奇制胜；国民党中央军说，红军拐个弯，我们跑断腿。蒋介石则哀叹：这是国军"追剿"以来的奇耻大辱。

四渡赤水出奇兵(局部)　邵亚川　油画　800cm×300cm　2016年　中国国家博物馆藏

夜路上的灯笼

红军的无线电破译水平在中央苏区时就达到敌发我收、敌通我通的高超水平，军委二局局长曾希圣和破译科的曹祥仁、邹毕兆被称为"破译三杰"。长征途中，军委二局破译了国民党军大量情报，为党中央正确决策和粉碎敌人的围追堵截作出重要贡献。毛泽东曾说，有了军委二局，我们在长征路上好比打着灯笼走夜路。

假借蒋介石之名发电调敌，就是军委二局在长征中的奇功之一。

中央红军四渡赤水后，于3月29日进至乌江北岸的安底、沙土等地，准备南渡乌江。此时，军委二局从破译敌军的电报中获悉，湘军第53师在向乌江南岸的息烽以北地区开进，中央军周浑元、吴奇伟纵队的主力4个师正向乌江北岸追击而来，距红军仅半天路程。一旦敌人发现红军渡江，南岸之敌必将堵截，北岸之敌也会向红军猛追。如此，红军将陷入被敌南北夹击、背水而战的危险境地。

红军领导人连夜商量对策。军委二局局长曾希圣提议，利用我军所掌握的国民党军密码和电文格式，假借在贵阳的蒋介石之名，给周浑元、吴奇伟发电报，以阻止红军西进黔西为由，让他们加速经泮水向新场前进。这样，可以避免敌我两军在安底、沙土一带遭遇。大家觉得这个办法可行，因为蒋介石经常朝令夕改，越级指挥，这份电令应该不会引起敌人怀疑。

二局当即拟定电文，以蒋介石近日使用的密码发出。之后，曾希圣坐镇侦察台紧跟敌人的行踪，发现周浑元、吴奇伟果然照办。红军因此避免了一场可能的遭遇战，顺利南渡乌江。

叶剑英后来谈到红军四渡赤水前后的调敌穿插时说："局外人看来非常神奇，但我们十分清楚，很重要的一条，是靠军委二局军事情报的准确及时。如果没有绝对准确及时的情报，就不容易下这个决心。"

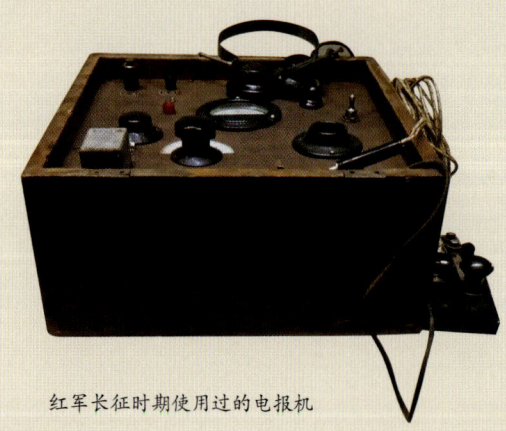

红军长征时期使用过的电报机

钱壮飞牺牲

中央红军南渡乌江前后,党的情报战线传奇人物、"龙潭三杰"之一的钱壮飞不幸牺牲。钱壮飞,浙江吴兴(今湖州)人,1896年出生,1926年加入中国共产党。他根据党的指示打入国民党特务机关,取得国民党中央组织部党务调查科(中统前身)主任徐恩曾的信任,为党提供了大量情报。1931年4月,在获知中共中央政治局候补委员、负责特科行动的顾顺章被捕叛变的消息后,钱壮飞立即设法报告了党中央。周恩来果断采取措施,转移中央机关和有关负责同志,使敌人将"共产党中央一网打尽"的企图破产。周恩来后来多次说,要不是钱壮飞同志,我们这些人都会死在国民党反动派手里。长征途中,钱壮飞失踪牺牲。长期以来,一直不清楚他牺牲的具体情况。后根据有关部门多次调查掌握的情况判定,钱壮飞是在躲避敌机轰炸时掉队,在追赶部队途中,遭反动民团杀害。如今,金沙县修建了钱壮飞烈士陵园和事迹陈列室,以纪念他为革命作出的重要贡献。

钱壮飞雕像

巧渡金沙江（局部） 张漾兮 油画 300cm×188cm 1951年 中国国家博物馆藏

三、巧渡金沙

> 中央红军南渡乌江后,为进一步调动国民党军,兵临贵阳,威逼昆明,示形于东而击于西,使敌人疲于奔命,从而顺利渡过金沙江,实现了北渡长江、前往川西的战略目标,取得战略转移的决定性胜利。

兵临贵阳

中央红军南渡乌江后,为进一步调动敌人,乘虚进军云南,以一部兵力佯攻息烽,主力进至扎佐、狗场地区,前锋直逼贵阳,一度进至距贵阳仅 20 公里的清镇。正在贵阳督战的蒋介石闻讯大惊,因为当时贵阳及其附近地区总共只有 4 个团兵力,城内的守军还不到 2 个团。他的侍从室主任晏道刚回忆称,蒋"彻夜不安"。为防万一,蒋介石急令第 2 路"追剿"军各纵队火速赶到贵阳增援,同时命令守城部队赶修城防工事,死守机场,并准备了轿子、马匹和向导,准备随时逃跑。在滇军孙渡纵队从大

弄染结盟

1935年4月中旬，红军进入贵州镇宁县弄染地区。这里是布依族、苗族聚居区，山势险峻。布依族武装首领陆瑞光控制着方圆几十公里地区，对红军心怀疑惧。红3军团首长彭德怀、杨尚昆亲自登门向他宣传共产党救国救民的主张和民族平等政策，揭露国民党反动派和地方军阀制造民族矛盾的险恶用心。陆瑞光解除了顾虑，与彭德怀、杨尚昆签订了共同反蒋协定，并向红军提供了一批粮食物资，帮助安置了部分红军伤病员。红军赠送陆瑞光一些武器，还留下营长方武先等12名指战员，帮助陆瑞光开展革命斗争。在陆瑞光护送下，红军从该地区顺利通过。此即长征中的"弄染结盟"。

弄染结盟是红军长征途中与少数民族首领订立的第一个协定，这是党的民族政策在长征中取得的重要成果之一。1937年年初陆瑞光不幸被反动派杀害，1989年贵州省人民政府追认他为革命烈士。

定急行军200公里赶到贵阳后，蒋介石才稍觉放心。

在部署威逼贵阳的行动时，毛泽东说："只要能将滇军调出来就是胜利。"当各路敌军纷纷奔向贵阳"救驾"时，中央红军为进一步造成敌人的错觉，又进至开阳东南的清水江西岸，并以一部兵力在清水江上架设浮桥，摆出要东渡清水江、前往湘西与红2、红6军团会合的架势，以迷惑敌人。

蒋介石果然上当，命令湘军3个师到黔东堵截；令桂军一部在清水江以东防堵；并令刚刚赶到贵阳及其以北地区的滇军孙渡纵队和周浑元、吴奇伟纵队分三路继续向东追击，企图在清水江以西"聚歼"红军。

乘着各路敌军特别是滇军被东调，云南境内敌军兵力空虚之机，4月8日，中央红军兵分两路，从贵阳和龙里间突破敌人防线，穿过滇军留下的缺口，以每天60公里的速度一路向西急进。4月18日，中央红军顺利渡过北盘江。蒋介石在清水江西岸"聚歼"红军的计划又告落空。

这期间，奉命在乌江以北单独活动、掩护主力南渡乌江的红9军团，以积极的行动牵制敌人，取得老木孔战斗胜利，一举击溃国民党军5个团，之后进至黔西水城地区，与主力南北呼应。

威逼昆明

4月24日，中央红军进入云南。

在云南，红军遇到一个困难——没有详细的地图。全军仅有一份云南全省略图，地点路线很不准确，甚至连金沙江渡口在哪里都不清楚，这给部队行军增添了不少麻烦。

恰在此时，红军先头部队在进军途中截获了敌人的一辆军车。车上满载着国民党云南省政府主席龙云送给中央军薛岳部的火腿、白药、普洱茶等云南特产，还有20份十万分之一比例的云南省军用地图，这为红军提供了很大帮助。龙云原本是准备用飞机运送这些东西的，因飞行员生病，临时改为汽车运送，没想到落入红军手中。指战员们兴奋地说："三国时刘备入川，有张松献图；这回我们红军入滇，则有龙云献图。"毛泽东也高兴地说："我们正为没有云南地图而犯愁的时候，敌人就送上门来了，真是解了燃眉之急！""从一定意义上说，这一战绩比在战场上缴获的武器还重要，可谓巧获呀！"

红军西进云南后，蒋介石判断红军主力会经平彝（今富源）北上，去与红9军团会合，然后或渡金沙江或转赴黔西，再进入川南，北渡长江。他急电各路国民党"追剿"军迅速向宣威、威宁集结，以"围歼"红军于滇黔边界。然而，往返奔波的国民党军已经疲惫不堪，士气低落，行动缓慢。

为进一步调动敌人，中革军委命令红9军团由水城向滇东北的宣威方向行动，吸引各路敌军往北；中央红军主力则继续大踏步西进，相继占领马龙、寻甸、嵩明，前锋直逼昆明。蒋介石围歼红军于滇黔边的计划再次成为泡影。

红军威逼昆明，云南全境震动。由于滇军主力已经被蒋介石调走，昆明及其周边兵力空虚。龙云为保住昆明，急令滇军孙渡纵队迅速回援昆明，并令各地民团火速向昆明集中。这样一来，滇北各地和金沙江南岸的防御力量大大削弱。

4月28日晚，军委

贺子珍奋不顾身救伤员

红军在奔袭云南途中，遇到敌机轰炸。做过截肢手术的钟赤兵在担架上无法动弹，而抬他的担架员和警卫员都负伤了。当敌机又一次俯冲投弹时，贺子珍不顾自己的安危，从隐蔽处一下子冲出来扑到钟赤兵身上，用身体护住了他。爆炸过后，钟赤兵安然无恙，贺子珍却遍体鳞伤，昏迷过去。醒来后，经医生检查发现，贺子珍身上共有17处伤口。在当时情况下，医生只能取出浅表的弹片，那些深入体内的弹片则永远留在了她身上。

纵队在鲁口哨、水平子一带宿营。当晚,中共中央、中革军委负责人召开会议,研究部署下一步的行动。会议决定,乘尾追之敌距我尚有三四天路程、金沙江沿岸敌人兵力空虚之机,迅速抢渡金沙江。第二天,中革军委发出《关于野战军速渡金沙江转入川西建立苏区的指示》,指出:

> 由于两月来的机动,我野战军已取得西向的有利条件,一般追敌已在我侧后,但敌已集中七十团以上兵力向我追击,在现在地区我已不便进行较大的作战机动;另方面金沙江两岸空虚,中央过去决定野战军转入川西创立苏维埃根据地的根本方针,现在已有实现的可能了。因此政治局决定,我野战军应利用目前有利时机,争取迅速渡过金沙江,转入川西,消灭敌人,建立起苏区根据地。

根据指示,中央红军分成左中右三路,向金沙江畔疾进。

巧渡金沙

金沙江位于长江上游,从海拔五六千米的昆仑山之巴颜喀拉山南麓、横断山脉东麓奔腾而下,一泻千里,水流湍急,难以徒涉。这是中央红军长征中遇到的又一道天堑。把守渡口的川军把渡船都掳往北岸,严防红军渡江入川。

为顺利渡过金沙江,中革军委指示各部队加强政治工作:"关于渡江转入川西的政治意义,应向干部及战士解释,使全军指战员均能够以最高度紧张性与最坚强意志赴之,应克服疲劳与不正确情绪,行军中应争取少数民族,携带充足粮食,注意卫生及收容掉队。"宣传部门还编写了歌曲,以激励士气:

> 金沙江流水哗哗响,
> 常胜的红军来渡江,
> 不怕它水深河流急,
> 更不怕山高路又长,

我们真顽强,

战胜了困难,

克服一切疲劳,

下决心我们要渡江

……

为争取时间,左纵队红1军团第4团的先头分队,化装成执行任务的国民党"中央军",于5月1日赶到禄劝。国民党禄劝县县长亲自出城,热情迎接"中央军"入城,并把龙云交办的全部军粮款项给了他们。第4团轻取禄劝后,又袭取了武定和元谋两县,直奔金沙江畔的元谋龙街渡口。

按预定计划,红1军团要从龙街过江。但此处江宽水急,架桥困难,军团主力遂奉命赶往皎平渡过江。为迷惑敌人,留下少数部队继续在此架设浮桥,摆出渡江姿态。龙云根据飞机侦察到的情况,判定龙街是红军的过江点,一面令滇军主力火速前往,一面派飞机进行轰炸。孙渡则对媒体声称,将把红军"追至江边解决",并把红军没有架成的浮桥,说成是被"完全炸毁了"。飞行队长因此得到了蒋介石的1万元奖金。

与此同时,赶到会东洪门渡口的右纵队红3军团,也因船少水急,除留1个团继续在此过江外,军团主力转往皎平渡过江。

中央纵队先头分队干部团第3营和总部工兵营一部,奉命抢占禄劝皎平渡渡口。在军委参谋长刘伯承率领下,他们化装成国民党军,以一昼夜急行军100公里的速度,于5月3日赶到皎平渡。刘伯承与宋任穷带着几名警卫人员来到区公所,一个胖区长赶紧出来迎接,说"上峰来了命令,要烧船封江"。刘伯承说,

> 《一个通信战士的回忆》
>
> 遵义会议后,中央红军进行了著名的四渡赤水战役。无线电1、6分队密切配合,同各军团保持了不间断的无线电联络,在战役期间,及时收发了300多份电报,其中由朱总司令亲自签发的电报就有200份以上,可靠地保障了毛主席、朱总司令对部队的调动和指挥,为粉碎敌军的围追堵截,发挥了重要作用。
>
> ——罗若遐

(下页)抢渡金沙江(局部)　宗其香 中国画 282cm×134cm 1959年 中国国家博物馆藏

红军在长征途中用过的被单 中国国家博物馆藏

我们也是来执行这个任务的,船烧了没有?胖区长解释说刚刚收到公文,还没来得及烧。刘伯承答,我们来办吧。并详细询问了河宽、流速、水深及防守兵力的情况,随后大声说,我们是红军,你带我们去找船,如果船发生问题,唯你是问。就这样,红军缴获了江边的两条船,又在群众帮助下找到4条船。刘伯承电告朱德:皎平渡有船6只,每日夜能渡1万人。军委纵队5日可渡完。

经过动员,36名船工自愿帮助红军。红军从优付给报酬,除每人每天有5块银元工钱外,还提供6顿饭,餐餐有肉。船工们从未见过这么好的军队,竭尽全力帮红军渡江。

从5月3日至9日,凭着6条木船,人歇船不歇地昼夜来回摆渡,2万多中央红军顺利渡过金沙江。当敌人大队人马赶到江边时,红军早已远走高飞,追敌只能望江兴叹。

这期间,担任后卫掩护任务的红5军团,在军团长董振堂指挥下,于团街附近连续打退追敌1个师的三次进攻。干部团第3营过江后,连夜翻山20公里,抢占北岸的通安镇,打退赶来阻击红军的川康边防军第1旅2个营。他们的英勇战斗,对主力安全渡江起了重要保障作用。

奉命单独活动的红 9 军团,在黔西地区忽东忽西、时南时北地兜圈子,以灵活的战术牵制敌军,掩护主力行动。完成任务后,从会泽以西的树节、盐井坪地区渡过金沙江,并沿西岸警戒敌人,掩护主力在会理地区集结休整。不久,与主力胜利会合。

渡过金沙江后,红 5 军团"猛进"剧社排演了黄镇等人创作的活报剧《破草鞋》,热情歌颂红军巧渡金沙江的重大胜利,讽刺敌人追击千里,只捡到几只红军扔掉的破草鞋之无奈。指战员们看了,乐得捧腹大笑。

从四渡赤水到北渡金沙江,是中央红军长征途中最惊心动魄和精彩的军事行动。在毛泽东等的指挥下,中央红军充分发挥运动战特长,声东击西,避实就虚,纵横驰骋于川滇黔广大地区,灵活地穿插于国民党军重兵集团之间,调动和打击敌人,从而顺利渡过金沙江,摆脱了几十万国民党军的围追堵截,实现了中共中央确定的渡江北上战略方针,粉碎了蒋介石围歼红军的企图,取得了战略转移的决定性胜利。

聂荣臻长征时用过的左轮手枪 中国国家博物馆藏

四川凉山彝海

四、彝海结盟

> 中央红军进入西康后，中共中央政治局在会理召开扩大会议，巩固遵义会议的成果，中央红军正确执行党的民族政策，得到少数民族群众帮助，顺利通过大凉山彝族区，为强渡大渡河争取了宝贵时间。

会理会议

中央红军北渡金沙江后，进入西康会理地区，以一部兵力围攻会理城，主力就地转入休整。

休整期间，中共中央政治局在会理城郊的铁厂召开了扩大会议。这个会，因为林彪的一封信而引起。

遵义会议后，毛泽东指挥红军声东击西，大步进退，机动灵活地转战，跳出了几十万敌军的包围。但是连续的行军作战，使部队十分疲劳，有些人不理解，产生了埋怨情绪。聂荣臻回忆：

> 在中央领导层中，泛起一股小小的风潮，算是遵义会议后一股小小的余波。遵义会议后，教条宗派主义者们并不服气，暗中还有不少活动。忽然流传说毛泽东同志指挥也不行了，要求撤换领导。

红1军团军团长林彪也认为：毛泽东指挥红军不走"弓弦路"，尽走"弓背路"，这样下去会把部队拖垮。他写信给中央，要求撤换毛泽东对红军的领导指挥，并要政治委员聂荣臻在他写的信上签名。聂荣臻拒绝签名，也不赞成林彪上送此信，但林彪仍单独签名上送了。

会理会议上，周恩来批评了林彪的错误主张，肯定了毛泽东的军事指挥。毛泽东也对林彪说：你是个娃娃，你懂什么？在这个时候，直接跟敌人硬顶不行，绕点圈子，多走点路，这是必要的。

会议总结了遵义会议后红军广泛实施机动作战的经验，批评了林彪要求改变中央领导的严重错误，强调要维护遵义会议后确定的政治领导和军事领导的团结，并决定，中央红军继续北上，强渡大渡河，去与红四方面军会合。

5月14日，中央红军放弃围攻会理城，主力沿会理至西昌大道北进。途经德昌时，刘伯承给昔日的部下、负责守城的川康边防军第16旅旅长许剑霜写信，追述旧谊，晓以大义，促其勿与红军为敌。许率部略示抵抗后撤走，红军顺利占领德昌。之后，刘伯承又致信在西昌以南防守的彝族军官邓秀廷，说明红军只是路过，不与彝民为敌，彝民打枪我不还击，但路是一定要过的。邓秀廷早知刘伯承是川中名将，自己不是对手，下令所辖彝兵不准开枪。

红军绕过西昌，于20日攻占礼州。次日凌晨，红军先头部队进入冕宁城。在中共地下党员陈野萍和廖志高发动下，冕宁群众热烈欢迎红军。在红军帮助下，中共冕宁县工委、革命委员会和抗捐军相继成立，领导当地群众开展革命斗争。

随后，中央红军经冕宁泸沽地区，兵分两路北进，准备通过彝族聚居区，强渡大渡河。中革军委决定，以红1军团第1师第1团及方面军直属工兵连组成先遣队，刘伯承为司令员，聂荣臻为政治委员，率先向大凉山彝族聚居区进军。

彝海结盟

长期以来，彝族群众深受汉族反动统治阶级欺压，对汉人怀有敌意，不允许汉人进入他们的居住区。为了顺利通过大凉山彝族区，红军总政治部发布《关于争取少数民族工作的训令》，要求指战员们正确执行党的民族政策。训令强调指出：

> 野战军今后的机动和战斗，都密切地关联着争取少数民族的问题。这个问题之解决，对于实现我们的战略任务，有决定的意义。因之，各军团政治部必须立即把这个问题提到最重要的地位。

进入彝族区时，红军还以总司令朱德的名义发布《中国工农红军布告》：

> 中国工农红军，解放弱小民族；一切彝汉平民，都是兄弟骨肉。
> 可恨四川军阀，压迫彝人太毒；苛捐杂税重重，又复妄加杀戮。
> 红军万里长征，所向势如破竹；今已来到川西，尊重彝人风俗。
> 军纪十分严明，不动一丝一粟；粮食公平购买，价钱交付十足。
> 凡我彝人群众，切莫怀疑畏缩；赶快团结起来，共把军阀驱逐。
> 设立彝人政府，彝族管理彝族；真正平等自由，再不受人欺辱。
> 希望努力宣传，将此广播西蜀。

这份布告总共26句，156个字，言简意赅，通俗易懂，可以让彝族群众清晰了解共产党和红军的政策主张。其中第一次提到"万里长征"，成为之后专指红军战略转移的代称。

5月22日，红军先遣队从冕宁县大桥镇出发，进入大凉山彝族区。听说汉族军队又来了，一些彝民把山涧上的独木桥拆毁，把溪水里的石墩搬开，隐藏在山林里的彝民不时挥舞着土枪、长矛出现，甚至放冷箭、打冷枪。红军只能边行军，边砍树架桥，修整通路，艰难前进。工兵连连长王耀南回忆：

红军和彝族兄弟　许章
雕塑　44cm×70cm×156cm　1959
中国国家博物馆

我们刚走进离巴马房不远的一个山谷里，突然听到远处几声枪响，随着几个彝民朝我们跑来。他们手里拿着土枪、长矛、弓箭等向我们挥舞，拦住我们前进的道路。

不一会儿，彝民们几个人围住我们一个人，开始动手抢我们的武器和工具。当几个彝民挤到我身边时，通信员小刘立刻上前挡住他们。可又高又大的彝民没费什么劲，就把小刘按倒在地，用脚踩住他，连枪带衣服抢个精光。我真没想到他们会这样对待我们，一气之下，拔出了手枪，打开了枪机……猛然间，我想起了党的政策、军队的纪律、上级的命令，每个党员、每个干部、每个红军战士都要执行，这是起码的觉悟，我怎么能带头违犯纪律呢？我看到指导员罗荣同志虽然也被扒得精光，但他赤着身子还在大声喊："总部命令，不准开枪！"

红军严明的纪律、友好的态度和耐心的说明，改变了一些彝民的偏见。对红军比较友好的沽鸡（基）家支首领小叶丹，与红军总参谋长刘伯承见面后相谈

刘伯承授予小叶丹的军旗
中国人民革命军事博物馆藏

彝海结盟（局部）　　吕书峰　中国画　800cm×300cm　2016年　中国国家博物馆藏

甚欢，提出要与刘伯承歃血为盟，结拜兄弟，刘伯承欣然同意。于是，两人在彝海边进行了庄重的结拜仪式。刘伯承还代表红军宣布，将小叶丹的武装改编为红军，授予一面写着"中国夷民红军沽鸡支队"的旗帜，并向他们赠送了一些武器、弹药。

红军对彝族同胞的尊重友好，赢得了彝族同胞的信任。在小叶丹和彝族群众

带路护送下,红军于 5 月 23 日顺利通过彝族聚居区,打破了蒋介石利用彝汉民族隔阂阻止红军前进的企图,为强渡大渡河争取了宝贵时间。彝海结盟成为民族团结的佳话,流传至今。1941 年,小叶丹被军阀杀害。小叶丹的妻子遵照丈夫的遗嘱,精心保存了刘伯承赠送的旗帜。1951 年冕宁解放后,她把这面旗帜献给了人民政府。这面旗帜现珍藏于中国人民革命军事博物馆。

五、跨越天堑

> 中央红军通过彝族区后,以顽强的意志昼夜行军,以英勇的战斗创造了强渡大渡河、飞夺泸定桥的奇迹,再一次跨越北上途中的天堑,打开前进的通道。

强渡大渡河

大渡河发源于青海,是岷江最大的支流,水深流急,自北向南流入石棉县境后,在安顺场突然折向东行。两岸高山耸立,险峻陡峭;河中激浪翻卷,险滩密布。除了上游泸定县有一座铁索桥外,过河只能用船渡。太平天国时期,翼王石达开的部队,就是被清军追击到大渡河边的安顺场时,因无法渡河而全军覆没。

蒋介石得悉红军到达大渡河畔,立即由重庆飞往成都,部署兵力,准备在大渡河畔围歼红军。他一面命令尾追红军的国民党军迅速渡过金沙江,分路夹击红军,迫使红军向大渡河靠

(左页)中国工农红军强渡大渡河纪念馆 新华社记者摄

强渡大渡河（局部） 李如 油画 190cm×150cm 2016年 中国人民革命军事博物馆藏

1936年美国记者埃德加·斯诺（左三）拍摄的参加大渡河之战的部分战士

近；一面命令堵截红军的部队迅速集结于大渡河北岸，搜集并销毁一切渡船，企图凭借天险，将红军消灭于大渡河之南。

中央红军先遣队红1军团第1师第1团接到强渡大渡河的命令后，冒着大雨急行军160多里，于5月24日赶到大渡河南岸的安顺场，消灭守敌2个连并缴获一只渡船，控制了渡口。

团长杨得志把突击渡河的任务交给了1营。营长孙继先决定，由2连组成突击队。突击队的勇士们，每人携带一支冲锋枪、一把大刀、一支短枪、五六个手榴弹和作业工具，精神抖擞，整装待发。

5月25日上午7时，强渡大渡河战斗开始。在军团炮兵营和团机枪连的火力掩护下，1营营长孙继先指挥2连连长熊尚林率领突击队分两批乘船向对岸驶去。在船工帮助下，战士们冒着枪林弹雨奋力划行，战胜惊涛骇浪，冲破重重火网，终于登上对岸。敌人拼命向冲上滩头的红军扔手榴弹和滚雷，战士们利用又高又陡的石阶死角作掩护，向敌人猛烈扫射。经过激战，红军击溃了守敌，控制了渡口，在敌人的大渡河防线上打开缺口，开辟了北上通道。强渡大渡河，也因此成为红军长征史上的著名战斗。

飞夺泸定桥

大渡河水深流急，不便架桥。红军找到的 4 只渡船，仅有 1 只是好的，其余 3 只尚需修理。全军数万人马，如仅凭这几只渡船过河，耗时太久。此时，敌军已经渡过金沙江，正向大渡河方向急进。为抢在敌人追兵赶到前迅速渡过大渡河，中革军委决定，迅速夺取上游的泸定桥。部署是：红 1 师及干部团为右纵队，归刘伯承、聂荣臻指挥，继续在安顺场渡河，而后循大渡河左岸前进；大部队为左纵队，循大渡河右岸向泸定桥疾进，夺取该桥。

从安顺场到泸定桥约有 320 里，山路蜿蜒难行。左边是高入云霄的峭壁，右边是波涛汹涌的大渡河。5 月 27 日拂晓，左纵队先头部队红 4 团在团长黄开湘（又作王开湘）、政治委员杨成武率领下，以"和敌人抢时间，和敌人赛跑，坚决完成任务"的坚强决心，冒着风雨，击溃川军阻拦，昼夜兼程向泸定桥疾进。成仿吾的回忆录说：

> 天是这样黑，伸手不见掌，雨又不断地下，路滑泥泞，大家不断跌跤。走不多远，对河的敌人点起火把了，他们想赶在我们前面到达泸定桥。情况紧迫，我们也立即点火，并告诉各连队，如果敌人隔河相问，就答复是刚被我们消灭的某师某团某营的。这样走了二三十里路，雨更大了，对岸的那条火龙忽然灭了，大概是"双枪兵"不走了。我们利用这机会，更加速前进。指战员都全身湿透，三五步一跌，但是由于疲劳已极，还有人站着打瞌睡的，险些跌下河去。于是干脆解下了绑腿，一条一条地接起来，前后拉着走。

17 勇士还是 18 勇士？

强渡大渡河战斗后，红 1 军团政治部编印的《战士报》在报道中表彰突击队的 17 勇士：二连连长熊尚林；二排排长罗会明；三班班长刘长发，副班长张表克，战士张桂成、萧汉尧、王华亭、廖洪山、赖秋发、曾先吉；四班班长郭世苍，副班长张成球，战士萧桂兰、朱祥云、谢良明、丁流民、陈万清。

几十年后有人提出：营长孙继先是随第二批突击队渡河的，应该是 18 勇士。1955 年，孙继先被授予中将军衔。当被问到此事时，他表示自己算不算勇士没必要争论。革命战争年代牺牲了无数先烈，许多人连名字都没留下。应该说，长征路上英勇战斗的红军战士人人都是英雄，个个都是勇士。

（下页）飞夺泸定桥（局部）　刘国枢　油画　180cm×133cm　1957 年　中国人民革命军事博物馆藏

5月29日晨，红4团赶到泸定桥西桥头，消灭了桥西守敌，占领了西岸阵地。

泸定桥是川康要隘，横跨于奔腾咆哮的大渡河上，桥东是群山环抱的泸定县城。桥长约103米，宽近3米，由13根碗口粗的铁索组成。中间9根铁索平行系于两岸，上铺木板，作为桥身；两边各有2根铁索，作为桥的栏杆和扶手。人行桥上，桥身晃晃悠悠，桥下波涛汹涌，令人心惊目眩。在红军到达之前，敌人已经破坏了桥上的木板，这更增添了夺桥的困难。成仿吾说：

桥面上的木板已经被敌人弄走了，只剩下一些光光的铁索。敌人约两个团，不停地向我们射击。敌人以为我们无论如何过不去，很骄傲地叫嚷："你们飞过来啊！缴枪给你们！"我们的战士大声回答："只要你的桥，不要你的烂枪！"

侦察完地形、敌情之后，红4团立即组成由第2连连长廖大珠为队长，22名共产党员、共青团员和积极分子为成员的突击队，做好夺桥准备。

当天下午4点，夺桥战斗开始。全团司号员齐声吹响冲锋号，所有武器一齐向对岸开火。军号声、枪炮声、喊杀声，震天动地，响彻山谷。22名突击队员手持冲锋枪或短枪，背挂大刀，腰缠12颗手榴弹，冒着敌人密集的枪弹，攀缘着铁索向对岸冲去。3连连长王有才率领的第二梯队紧跟在后，他们除携带武器外，每人还抱着一块木板，一边铺桥，一边前进。

突击队快到对面桥头时，敌人突然放起火来，企图以此阻挡红军进攻。烈焰烧着了桥头的亭子，火势迅速向外蔓延。突击队员们不顾一切继续往前冲，踏过火焰，歼灭守桥之敌，掩护后续部队冲入城内。这时，左岸的右纵队经过急行军也赶到桥东，有力地配合了红4团的夺桥战斗。经英勇奋战，红军将泸定守敌2个团歼灭大半，残敌逃跑。黄昏时分，红军完全控制了泸定桥，占领了泸定城。

在夺桥战斗中，一位英姿飒爽的女红军，高声唱起《马赛曲》，激励战士们奋勇战斗。唱歌的人名叫蔡畅，曾留学法国和苏联，是我党最早的女党员之一，中国妇女运动的先驱和卓越领导者。在中央苏区时，她的歌声就深受大家喜爱；长征途中，她的歌成了战士们休息时的保留节目。大战在即，伴着大渡河震天的涛声，蔡畅又大声唱起《马赛曲》。虽然她用法语演唱，战士们听不懂歌词，但那高亢嘹亮的歌声，给战士们很大鼓舞。这一场景，让很多人难以忘怀。

部队过桥时，有些马不敢上桥，一匹马还掉了下去，影响部队通行速度。朱德立即指示各部队，"干部要切实掌握渡河的秩序，务必使部队尽快通过"，要求将不敢上桥的马蒙上眼睛拉过去，并指示部队，每隔10分钟检查一次桥板，踩坏的地方要及时修复，以便后续部队通过。

在精心组织指挥下，至6月2日，中央红军主力全部由泸定桥渡过大渡河。蒋介石使"朱、毛成为石达开第二"的妄想又一次破灭。为掩饰自己的无能，蒋介石通令给刘文辉记大过一次，指责其对金沙江、大渡河沿岸的碉堡封锁线修筑"一味敷衍，实未遵办"，致使红军"自由渡过"。殊不知，兵熊熊一个，将熊熊一窝；统帅无能，累死三军。就凭此事，即可看出蒋介石的心胸和格局，更不用说，在运筹帷幄、调兵遣将方面，他根本不是毛泽东的对手。

下半夜2点钟了，刘伯承坚持让聂荣臻和杨成武陪他到泸定桥上走走。从桥东走到桥西，又折回桥中间，俯视着激流滚滚的大渡河，刘伯承用力在桥板上连跺三脚，感慨地说："泸定桥！泸定桥！我们为你花了多少精力，费了多少心血！现在我们胜利了！我们胜利了！"

> **勇士壮举青史永存**
>
> 红军飞夺泸定桥的壮举闻名于世，勇士们大无畏的英雄气概青史永存。然而22名突击队员却只有5人留下姓名，他们是2连连长廖大珠、2连指导员王海云、2连支部书记李友林、2连副班长刘梓华、3连支部书记刘金山。
>
> 多年后，时任红4团党总支书记的罗华生将军回忆说，当年的22名勇士，是他亲自到2连挑选出来的。挑人的标准是，凡是干部，包括连长、指导员、党支部书记及排长，首先要挑出来。曾经是战斗英雄的，比如在渡乌江战役中立过功的，平时作战勇敢的，也挑出来。挑选出来的人，必须是共产党员、共青团员，起码也要是入党入团积极分子。突击队的任务是2连连长廖大珠抢下来的，就由他担任了突击队队长。这说明，革命战争年代，党员干部冲锋在前是人民军队的光荣传统之一。

六、翻越雪山

中央红军强渡大渡河后,为突破国民党军的堵截追击,中共中央决定,翻越雪山向北前进,尽快与红四方面军会合。红军指战员克服重重困难,经过艰难跋涉,胜利翻越了长征途中第一座大雪山——夹金山。

泸定会议

军委纵队渡过大渡河后,中共中央负责人于5月31日晚在泸定召开会议,讨论渡过大渡河后的形势和任务。鉴于红军前有川军杨森部和邓锡侯部的堵截,后有国民党军薛岳部的追击,会议提出,应尽快与进入岷江地区的红四方面军实现会合。为此决定,红军避开人烟稠密地区,向北翻越雪山。同时决定,由中央政治局委员、红军总政治部地方工作部部长陈云前往上海,恢复白区的党组织,并设法与共产国际取得联系。

6月2日起,中央红军兵分3路向天全、芦山前进。途经

(左页)过雪山(局部) 吴作人 油画
200cm×280cm 1951年 中国国家博物馆藏

陈云与《随军西行见闻录》

《从东南到西北》 中国国家博物馆藏

泸定会议后，陈云在天全县灵关小学教员、中共地下党员席懋昭护送下，经天全、荥经、雅安、成都到达重庆，又在刘伯承的弟弟刘叔禹帮助下，乘轮船，于7月上旬抵达上海。在寻找地下党的关系和等候去苏联的一个多月间，陈云开始用"廉臣"为笔名，以一名被俘国民党军医的口吻，撰写《随军西行见闻录》。此书最终在莫斯科完稿，并于1936年3月在法国巴黎《救国时报》上连载，之后在莫斯科出版单行本，并很快传回国内。1937年4月，上海丁丑编译社在北平秘密出版《外国记者西北印象记》一书，将《随军西行见闻录》作为附录收入。之后，该书又以不同名称多次出版，如《从江西到四川行军记》《从东南到西北》等。

《随军西行见闻录》第一次生动细致地介绍了当时鲜为人知的中国工农红军长征，引起世人对红军长征的高度关注和赞誉，读者对此书予以充分肯定。如《从江西到四川行军记》刊印前言中说，"中国红军从江西到陕北之二万五千里的行军，是一件全世界绝无仅有的事件，他们历尽艰险，尝透种种困难的滋味，终于建立了新的根据地。""本书是巴黎出版的一种比较写实的记载"，"我们自己很客观地认为这本书是比较好的"。不少国民党统治区的青年，因为读了这本书而奔赴延安，走上革命道路。这本由长征亲历者最早撰写的记述红军长征的著作，不仅对宣传长征起了重要作用，也成为研究长征的珍贵史料。然而，《随军西行见闻录》的作者"廉臣"究竟是谁，很长时间内并不为人所知。直到1985年，纪念遵义会议召开50周年，《红旗》杂志重新全文刊登《随军西行见闻录》时，才明确指出"廉臣"就是陈云。

荥经县境时，部队艰难地翻越了海拔2100多米、竹树丛生、没有道路的泡桐岗。红3军团第13团担任先头部队，一路披荆斩棘，从遮天蔽日的密林中，艰难地为大部队开出前进的道路。连日大雨，遍地泥泞，经过一整天的行军，红军仍没有翻过山去。傍晚宿营时，根本没有一块干燥的地方可以躺下休息，更找不到干柴和清水。指战员们吃着雨水浸泡的干粮，喝着茶缸积盛的雨水，背靠着大树露宿了一夜。泡桐岗是红军长征途中最难走的路段之一，毛泽东后来告诉斯诺："在这个山峰上，有一个军团损失了三分之二的牲畜，成百上千人倒下去后，再也没有起来。"所以，毛泽东、陈云、谢觉哉、张爱萍等人在回忆中不约

老林之夜　黄镇

红军爬雪山时自制的棕背心

红军长征过雪山时用过的脚马子
中国国家博物馆藏

黄镇和《长征画集》

黄镇，安徽枞阳人，1909年出生。曾就读于上海美术专科学校和新华艺术大学。1931年参加红军，1932年6月加入中国共产党。先后任红5军团政治部文化科科长、军委纵队政治部宣传科科长等职，参加了长征。

1938年，作家阿英（钱杏邨）收到24幅反映红军长征的漫画照片。当时正值《西行漫记》出版，阿英便以《西行漫画》为名出版了这组漫画，听说照片是参加过长征的萧华转来，便将作者署名为萧华。后来得知作者不是萧华，却不知是谁。1958年，人民美术出版社借用阿英珍藏的底本，以《长征画集》为名，重新出版该漫画集，封面上未署作者姓名。

1938年上海风雨书屋藏版《西行漫画》
中国国家博物馆藏

直到1961年画集作者之谜才解开。那一年，黄镇偶然得到一本《长征画集》。"当我翻开《长征画集》第一页时，画上的形象使我激动不已……一页页下去，好像又走上了艰苦的二万五千里长征的行程。"他还回忆："当时，什么印象深刻，触动了自己的感情，就画下来，放在身上的书包中。长征两万五千里，我画了整整一路，大概也有四五百张，现在留存下来的就是这24张。""在长征艰苦的行程中，许多难忘的场面、动人的事迹、英雄的壮举，我仅仅做了一点勾画，留下一点笔迹墨痕。"

1962年，人民美术出版社再次重印这本画册，第一次在封面上署上了黄镇的名字。

而同地提到了这个令他们难忘的地方。黄镇有感于在泡桐岗的艰难行军，创作了漫画《老林之夜》（后改名《泡桐岗之夜》）。

行军途中，部队突然遭到国民党军飞机轰炸，一枚炸弹就落在离毛泽东不远的地方。警卫班长胡昌保飞身扑上去，猛地将毛泽东推开，自己却不幸中弹牺牲。毛泽东眼含热泪，抱起胡昌保，将他平放在地上后，用自己的毛毯轻轻盖在他的遗体上，战士们悲痛地将烈士就地掩埋。

翻越夹金山

6月8日，中央红军一举突破国民党的芦山、宝兴防线，占领天全，来到夹金山脚下，准备翻越征途上的第一座大雪山——夹金山。

夹金山，海拔4100多米，一上一下，要走70多里山路。山上终年积雪，空气稀薄，气候变化无常，有"神山"之称。当地的歌谣唱道："夹金山，夹金山，鸟儿飞不过，人不攀。要想越过夹金山，除非神仙到人间。"

红军指战员大多来自南方，缺乏爬雪山的常识和经验。加上在奔袭云南时天气较热，很多指战员把破烂的棉衣"轻装"了，现在只能穿着单衣爬雪山。

6月12日，红军指战员们沿着泥泞狭窄的崎岖山路，在阴冷透骨的雾气中，开始翻越夹金山。毛泽东、周恩来等领导和战士们一起步行爬山，周恩来边走边叮嘱战士们，千万不要在山上休息，走不动了要一个拽着一个走，不能坐下。

杨成武回忆了这一艰难的过程：

> 九时许，队伍浩浩荡荡地沿着河旁的小路，向夹金山麓进发了。来到山下，气温骤降，脚下的路冻得梆硬，木棍着地发出"咯咯"的响声。我们一鼓作气，爬上山腰。举目环视，险峻情景，使人触目惊心。左面是深厚松软的雪岩，右面是陡立险峻的雪壁，路中间是晶亮硬滑的积雪，一不小心就会滑下雪岩，越陷越深。先头班用刺刀在雪上挖着脚踏孔，后面的就手拉手，踏着他们走过的脚印，谨慎地前进。行进间不时地响起惊喊声，喊声处，立刻就有成群

翻越夹金山（局部） 孙立新 油画 350cm×260cm 2017年

　　的人用木棍、绑腿帮助掉进雪岩的同志往上爬。被救出来的人，很快拍打干净身上的雪块，又继续前进。

　　山上雾霾弥天，时浓时淡，人行其中，宛如腾云驾雾。山风卷着雪花，漫天飞舞。单薄的军衣，抵挡不住风雪的吹打，脸上、身上像被无数把尖刀刮着。我们浑身哆嗦，牙齿打战，就是把所有能披的东西都披在身上，也无济于事。越往上爬，空气越稀薄，呼吸越困难。人们头晕腿酸，一步一停，一步一喘。这时候，要是有谁停步坐下，就会永远起不来。因此，每人都拼尽全身力气，

万水千山·《沁园春》诗意　赵华胜　中国画

千里雪·周恩来同志在长征路上　赵华胜　中国画

红军过雪山（局部）　艾中信　油画　275cm×100cm　1957年　中国人民革命军事博物馆藏

互相搀扶着，同残酷无情的大自然搏斗。将到山顶，突然下起一阵冰雹，核桃大的雹子劈头劈脑地打下来，打得满脸肿疼，我们只好用手捂住脑袋向前走。

经过长途跋涉的战士们，很多人脚上的草鞋都已磨烂，冰碴划破了他们的双脚，殷红的鲜血渗透裹脚的破布，在雪地上留下斑斑血迹。对于身体强壮的年轻战士来说，翻越雪山都是极大挑战，而对那些伤病员和年龄大、体质弱的老红

军和女红军而言,则更是难上加难。时年 58 岁的徐特立,在中央红军长征队伍中年龄最大。他原是湖南著名教育家,是毛泽东在长沙第一师范求学时的老师。"四一二"反革命政变后,徐特立毅然在白色恐怖中加入中国共产党,并参加南昌起义,后到中央苏区工作。他和 51 岁的谢觉哉、49 岁的董必武以及林伯渠,被称为"长征四老"。从中央苏区出发时,组织上给他们配备了骡马。但一路上,他们或是把马让给伤病员骑,或是让马帮大家驮行李,自己坚持步行。林伯

长征四老(局部) 张谷良 中国画 90cm×180cm 2005年

渠在行军中，总是随身带着一盏小马灯。女红军李坚真回忆说："他的小马灯从不个人占用，一定要把光亮照给大家。他不仅是在险隘难行的路上，举灯照耀着，让同志们走过去，还交代后面的同志要注意险路。"为此，黄镇专门画了一幅素描"长征中的老英雄"，表现的就是提着马灯的林伯渠。翻越夹金山时，"四老"挂着木棍，不惧艰难，一步步向前进，实在没有力气了，就拽着马尾巴往上爬。女红军刘英、蔡畅和刘群先等人，也都是拽着马尾巴，好不容易才登上山顶的。刘群先俏皮地说："行军中骡马比老公好。"

红军指战员们靠着革命英雄主义的精神、坚韧不拔的毅力、战友之间的团结互助，于18日全部翻越了冰雪覆盖的夹金山。此时，先头部队已经与红四方面军胜利会师。

董必武保存谢觉哉长征时用的毛毯
中国国家博物馆藏

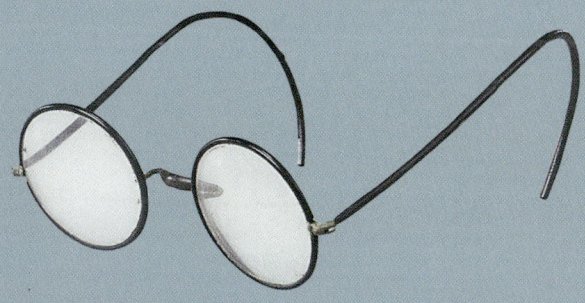

谢觉哉长征时戴的眼镜
中国国家博物馆藏

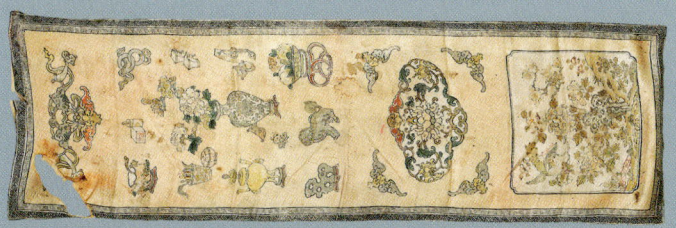

徐特立在长征中保存的绢画
中国国家博物馆藏

红军到川北(初稿) 刘国枢 油画 193cm×138cm 1957年 中国人民革命军事博物馆藏

第四章
强渡嘉陵踏征途

红四方面军主力从鄂豫皖苏区转战到川陕边界地区后,创建了新的苏区。之后,打破国民党川军的多路围攻,发展壮大了苏区和部队。1935年3月,为执行"川陕甘计划"并策应中央红军,红四方面军发起嘉陵江战役,踏上艰难曲折的万里长征路。

四川省通江县沙溪乡的红四方面军石刻标语

一、川陕风雷

> 红四方面军在川陕边界地区广泛发动群众,开展土地革命,大力创建苏区。川陕边界革命风雷激荡,贫苦百姓纷纷加入红军。红军连续取得反"围攻"作战胜利,川陕苏区发展成为全国第二大苏区。

创建川陕苏区

1932年10月,中共鄂豫皖中央分局率红四方面军主力2万余人越过平汉(平指北平,即今北京;汉指汉口)铁路西行,一路艰苦转战,于12月上旬进入陕南。途中,鄂豫皖革命军事委员会改称西北革命军事委员会,张国焘仍任主席。

红四方面军到达陕南时,蒋介石正在集中兵力准备发动对中央苏区的第四次"围剿",来不及对红四方面军组织新的进攻。陕南地区国民党的统治力量较为薄弱,当地共产党组织和群众热烈欢迎红军,积极提供情报,担任向导,送粮

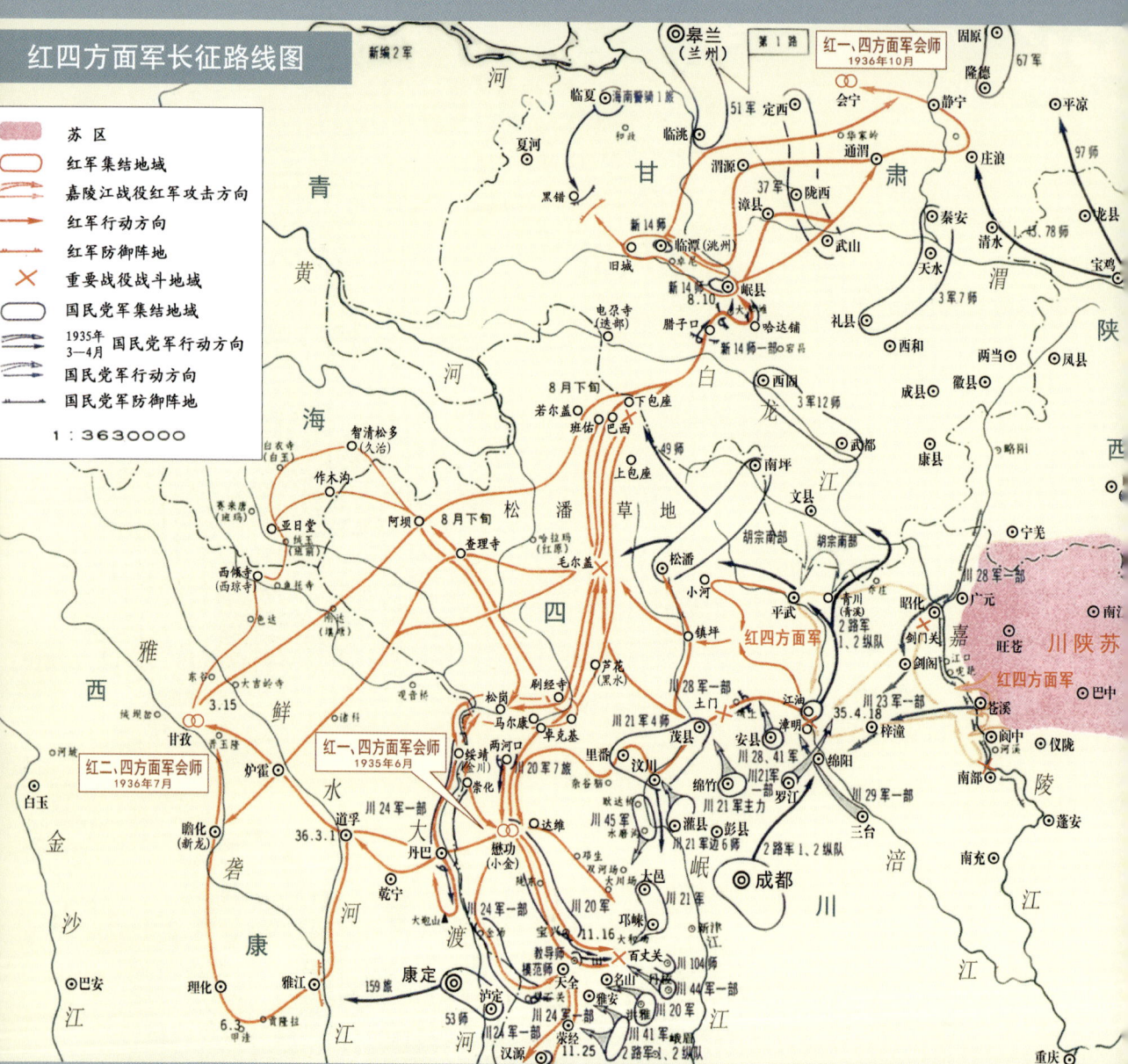

红军第四方面军长征初期序列表
(1935年4月—6月)

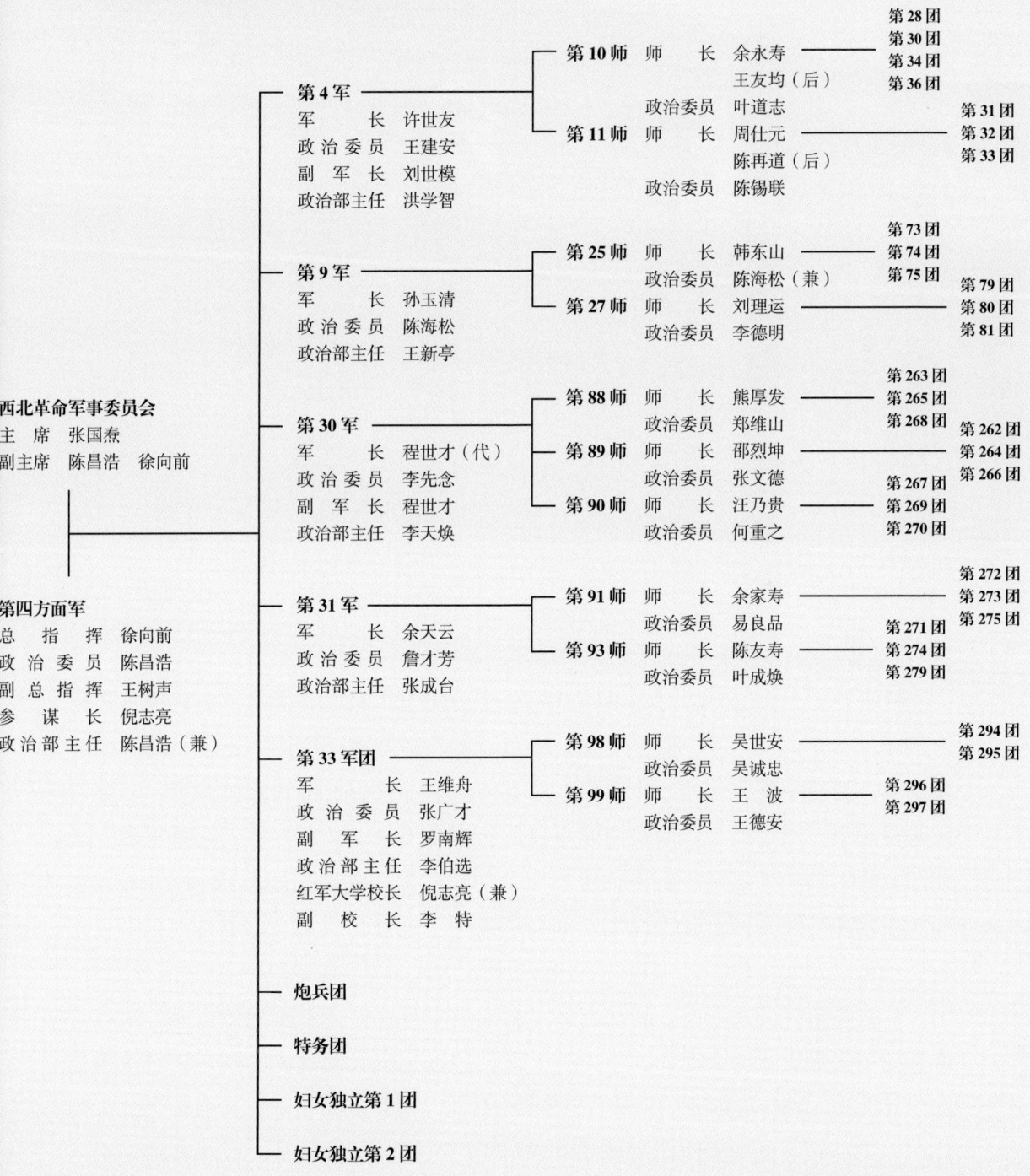

四川省通江县至诚镇的红四方面军石刻标语

送草。红四方面军在此得到休整,并准备建立根据地。

就在各项工作展开之时,红四方面军获悉四川军阀正在混战,川北敌人兵力空虚。那里山大林深,物产丰富,地势险要,回旋地区广阔。由于军阀横征暴敛,人民反抗意愿强烈。中共川东军委书记王维舟领导的川东游击军,一直在坚持斗争,影响很大。而陕南连年歉收,粮食极缺,大军久驻,必有困难。红四方面军领导人决定,到条件更加有利的川北去建立根据地。12月15日,部队在西乡县钟家沟召开团以上干部会议统一了思想,决定立即翻越大巴山,前往川北。

时值隆冬,天寒地冻。红四方面军指战员顶风冒雪,不顾疲劳饥寒,艰难地翻越川陕鄂边界的大巴山,于12月18日占领通江县北部的两河口,进入川北。部队分三路迅速展开,25日占领通江县城,宣告成立川陕省革命委员会。之后,又占领了巴中和南江县城以及通南巴三县绝大部分地区。红军在通南巴地区广泛发动群众,建立共产党组织和革命政权,组建群众武装,实行土地革命。当地群众热情支持红军,积极参加红军。1933年2月,中共川陕省委和川陕省苏维埃政府宣告成立,以通南巴为中心的川陕苏区初步形成。经过3000余里的长途转战和英勇战斗,饱尝无后方依托之苦的红四方面军终于有了新的根据地。

打破敌人"围攻"

红四方面军迅速占领通南巴地区的行动,震动了国民党当局。2月中旬,蒋介石任命的川陕边区"剿匪"督办、第29军军长田颂尧,调集了38个团近6万兵力,分三路对川陕苏区和红四方面军发动围攻,企图乘红军立足未稳,一举消灭。

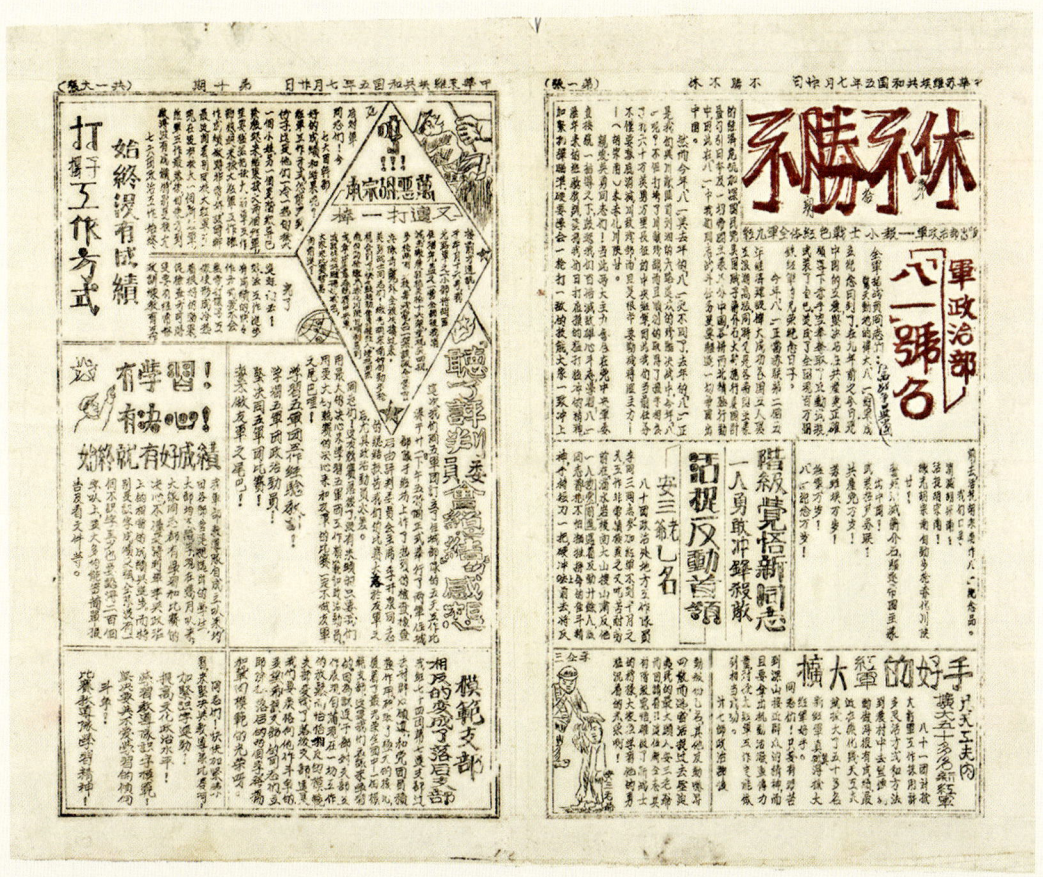

红九军政治部出版的《不胜不休》战士小报 中国国家博物馆藏

面对强敌压境，红四方面军根据川北地区山高路险、易守难攻的地势特点，实行"收紧阵地"的积极防御方针，经 4 个月顽强奋战，至 6 月上旬，胜利打破敌人围攻，共毙伤俘敌 2.4 万余人，缴获大批武器弹药。战后，红四方面军由 4 个师扩编为 4 个军，即第 4、第 9、第 30、第 31 军，总兵力由入川时的不到 2 万人，壮大到 4 万余人。

8 月至 10 月，抓住敌人新的进攻尚未开始之机，红四方面军连续发起仪（陇）南（部）、营（山）渠（县）、宣（汉）达（县）三次进攻战役，歼敌近 2 万人。川陕苏区扩大到东起城口近郊，西临嘉陵江沿岸，南迄营山、达县，北至陕南镇巴、宁羌（今宁强），纵 200 余公里，横 250 余公里的广大地区，总面积 4.2 万余平方公里，人口约 500 万，成为仅次于中央苏区的全国第二大苏区。宣达战役期间，川东游击军改编为红四方面军第 33 军，红四方面军发展到 5 个军 8 万余人。

川陕苏区如火如荼的革命斗争局面，使国民党统治者感到了威胁。10 月，蒋介石任命的四川"剿匪"总司令刘湘，纠集川军各部共 110 多个团约 20 万兵力，向川陕苏区发动规模更大的"六路围攻"，企图彻底消灭红军，摧毁苏区。

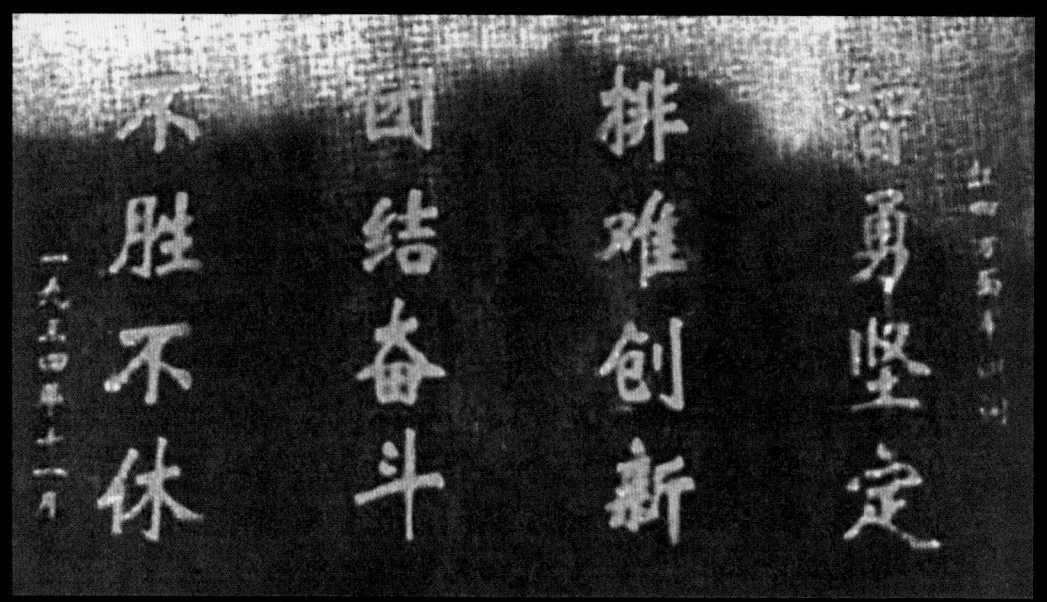

红四方面军十六字军训训词

11月16日，刘湘下达总攻击令。

红四方面军继续采取积极防御、诱敌深入的"收紧阵地"方针，通过节节抗击，不断消耗敌人，使敌人的四期总攻均告破产。1934年8月上旬，已经退到苏区后部的红四方面军，战线缩短，兵力集中，而敌人疲态倍现，补给困难，抓住有利战机，红四方面军发起全面反攻，至9月下旬，胜利粉碎了敌人的"六路围攻"。

历时10个月的反"六路围攻"作战，红四方面军以伤亡2万人的代价，毙伤俘敌8万余人，缴获各种枪3万余支（挺）、炮100余门。这一胜利，沉重打击了四川军阀的反动统治，极大地鼓舞了川陕人民的革命热情，也锻炼并增强了部队的斗争精神和顽强意志。

> 反"六路围攻"期间，苏区贫苦青年妇女踊跃参军参战。红四方面军组建了妇女独立团，医院等后勤部门也吸收了大批女战士。为保卫苏区，女红军们勇敢地运送弹药粮食上火线，全力救护伤员，表现了坚强无畏的斗争精神。

战后，红四方面军在通江毛浴镇召开党政会议，表彰反"六路围攻"中战功突出的部队，并制定了"智勇坚定、排难创新、团结奋斗、不胜不休"十六字训词，以激励指战员进一步发扬在长期革命斗争中形成的优良作风。

确定"川陕甘计划"

10月12日，蒋介石抵达西安，亲自策划组织"川陕会剿"。国民党军在川陕苏区周围集中了200个团以上的兵力，企图以稳扎稳打、筑碉封锁、步步为营、南北夹击的战术，消灭红四方面军。

面对敌人的"会剿"，红四方面军于11月中旬在巴中清江渡召开军事工作会议，总结反"六路围攻"的经验，讨论制定新的斗争方针和行动计划。

会议分析形势认为，经过反"六路围攻"作战，红军和苏区军民的对敌斗争经验更加丰富，斗争勇气更加旺盛，胜利信心更加坚定，这为争取新的胜利准备了有利条件。但是，长时间的反"围攻"作战，也使苏区土地荒芜，粮食匮乏，这是必须面对的现实。会上，红四方面军总指挥徐向前提出了他经过深

四川省通江县川陕革命根据地红军烈士陵园

徐向前（局部）　陈永生　油画　150cm×200cm　2016年
中国中共党史学会艺术专业委员会藏

思熟虑后形成的"川陕甘计划"，基本思想是：依托老区，收缩战线，发展新区。具体内容是：以"川陕会剿"的主力胡宗南部为主要打击目标，重点夺取甘南，将川陕苏区扩大到川陕甘地区，创造新的发展基础，以打破敌人"会剿"。经过反复讨论，会议通过了这一计划。

会后，红四方面军进行了为期3个月的大规模整训，提高了部队的军政素质，为迎接新的战斗做好了准备。

准备西进

这期间，红四方面军领导人一直密切关注着中央红军的动向，并通过电台不断向中共中央报告情况。转战中的中共中央和中央红军也积极保持与红四方面军的联系。遵义会议后，中共中央将会议内容向红四方面军领导人作了简要通报。

1935年1月22日，中共中央、中革军委致电红四方面军，要求红四方面军"迅速集结部队完成进攻准备，于最近时期实行向嘉陵江以西进攻。至兵力部署及攻击目标，宜以一部向营山之线为辅助方向，而以苍溪、阆中、南部之线为主要方向"，以配合中央红军北渡长江，进入四川。

就在当天，红四方面军为执行"川陕甘计划"，集中18个团兵力打响广昭战役，目的是占领广元、昭化，以利向甘南发展。由于敌人凭坚固守，红军攻城未克，歼敌一部后，于月底结束战役行动。

此时，中央红军已转战至川黔边地区。西北革命军事委员会在旺苍坝召开紧急会议，研究中央来电。会议认为：迎接中央红军是当务之急，决定收缩东线部队，集中主力西渡嘉陵江，策应中央红军。

为迷惑调动敌人，创造西渡嘉陵江的有利条件，红四方面军于2月3日发起陕南战役，攻占了宁羌、沔县（今勉县）和阳平关等地，歼敌4个多团。国民党军误以为红军将向陕甘进军，急忙调整部署，向川陕边境增兵。红四方面军成功地将敌人注意力吸引向北后，于2月中旬回师川北，积极进行西渡嘉陵江的各项准备。

然而，此时情况却发生了新的变化。2月16日，中革军委致电红四方面军通报：由于受到国民党军的堵截，中央红军未能北渡长江，"军委决定我野战军改在川滇黔边广大地区活动，争取在这一广大地区创造新的苏区根据地，以与二、六军团及四方面军呼应作战"。

这份电报实际上解除了红四方面军西渡嘉陵江、配合中央红军北渡长江的任务。红四方面军总部研究后决定，为继续贯彻"川陕甘计划"，仍在苍溪、阆中之间西渡嘉陵江，向川甘边发展，并策应中央红军在川滇黔边的行动。

为扫清渡江作战的后顾之忧，红四方面军于3月上旬发起仪陇、苍溪战役，共歼敌5个团，控制了北起广元、南至南部县城（除阆中城外）的嘉陵江东岸地区，为渡江作战创造了有利条件。

回顾这一阶段的行动，红四方面军总指挥徐向前说：

> 我军忽北忽南，敌人摸不清我们的真正意图。我们则利用这一机会，勘察地形，训练部队，隐蔽造船，加紧进行渡江作战的准备工作。

二、强渡嘉陵

> 红四方面军成功强渡嘉陵江，占领嘉陵江以西的大片地区，为向川甘边发展创造了有利条件，也从战略上配合了中央红军的行动。

强渡嘉陵江

嘉陵江是四川的四大河流之一，起源于陕西凤县代王山的东峪河，由北至南，从广元起汇入白龙江，一泻千里，直下长江。两岸山峦耸立，江面宽阔激荡，中上游出没于高山峡谷之间，水深浪急，堪称天堑。

国民党川军田颂尧和邓锡侯两部，在嘉陵江西岸北起广元、南至南部县境的江防沿线，配置了52个团的兵力，并修筑了众多坚固的防御工事，控制了江中所有船只，严防红军西渡。

为保证渡江作战的胜利，红四方面军进行了周密的战前准备。总指挥徐向前亲率有关人员翻山越岭，沿嘉陵江东岸实地勘察，行程近200公里，详细了解地形、水文和川军防御兵力

（左页）阆中古镇，强渡嘉陵江渡口之一

强渡嘉陵江 雕塑 位于阆中红军烈士纪念园

配备等情况，为夺取嘉陵江战役胜利提供了重要保证。根据敌军的防御特点和兵力配备，红四方面军总部决定，集中主力，实施多路而有重点的突破：以苍溪、阆中之间的塔子山一带作为主要突破点，同时在苍溪城上游的鸳溪口和阆中城以北的涧溪口等地进行多点强渡。突破成功后，以穿插迂回战术消灭守敌，夺取要点，向敌纵深发展。

嘉陵江的苍溪、阆中段，江面虽宽，却是敌人江防力量的薄弱环节，仅有田颂尧部3个团防守。该部屡遭红军打击，士气低落，毫无斗志。主渡点塔子山一带，水势平缓；塔子山雄峙东岸，便于红军居高临下发挥火力，掩护强渡；对岸前沿是一片平滩，有利于红军抢滩登陆。一旦强渡成功，红军便可在嘉陵江以西广大地区打开战场，为向甘南发展创造条件。红四方面军上下投入了紧张的强渡江河训练，并提出"打过嘉陵江，迎接党中央"的口号以激励士气。在苏区群众帮助下，因陋就简赶造了大批渡船。

红四方面军石刻标语

3月28日晚，嘉陵江战役开始。按照预定部署，第30军居中，第31军在右，第9军在左，三支大军像三把钢刀，直插嘉陵江西岸。

茫茫夜幕中，担任主攻的红30军第88师第236团2个营，分乘50多只小船划向对岸，直到距西岸20多米时，敌人才发觉。乘敌人火力还未全部展开，红军设在塔子山上的数十门迫击炮和几十挺重机枪吐出猛烈的火舌，压制住敌人火力。突击部队迅速抢滩登岸，全歼守敌，并控制了各渡江要点。第88师另2个团紧接着投入渡江战斗，攻占了飞虎山、高城山、万年山等制高点，掩护后续部队过江。右翼第31军一部从苍溪以北的鸳溪口强渡成功，一举攻占敌险要阵地火烧寺。左翼第9军从阆中以北的涧溪口强渡成功，随后攻占阆中城，守敌溃逃。

苍溪县"红军渡"雕像

突破剑门关

红军第1梯队成功渡江后,迅速发展攻势。第2梯队红4军也很快从苍溪过江,投入战斗。各部队向敌纵深发展,左翼红军歼敌3个团并攻占南部县城,中路红军攻占剑阁,右翼红军迅速向剑门关推进。

4月2日拂晓,红30军第88师、红31军第93师和第91师一部,分别进抵剑门关下,从东、西、南三面包围了剑门关。

剑门关位于横亘在剑阁、昭化之间的剑门山上,扼川陕大道,突兀高矗,峥嵘雄奇,自古就是兵家必争之地,有"一关失,半川没""打下剑门关,犹如得四川"之说。这里也是邓锡侯江防部署的支撑点,工事坚固。为阻挡红军的进攻,邓锡侯派他的亲信刁文俊率3个团依托险要地势及预构的集团工事在此防守,并犒赏4万银元激励士气。敌人扬言:"你红军过得了江,不一定过得了关。"

指挥攻打剑门关战斗的,是红四方面军副总指挥王树声。他根据剑门山南缓北陡的地形,决定从南往北打,避开正面,打敌侧后。红军经激战,首先扫清了剑门关外围的敌人据点,将守敌逼入主峰阵地。

当天中午,红军冒雨向敌主峰阵地发起猛攻。红31军进攻隘口东侧的敌军

阵地，红30军第88师进攻隘口西侧的敌军阵地。敌人依托山险拼命顽抗。红军进攻部队在方面军总部迫击炮营和机枪火力的掩护下，前赴后继，勇猛冲锋，多次与敌展开肉搏。经半日激战，全歼守敌3个团，攻克了被敌人吹嘘为"插翅难飞"的天险剑门关。次日，红军乘胜攻占昭化，再歼敌1个团。

至此，敌人的嘉陵江防线完全被红军摧毁。嘉陵江西岸北起广元、南至南部的广大地区均为红军控制，嘉陵江战役第一阶段胜利结束。

横扫涪嘉

红军一举突破川军的嘉陵江防线，蒋介石大为震怒，下令将第29军军长田颂尧"撤职查办"，副军长孙震记大过一次，暂代军长职务，以"戴罪图功"。同时，命令川军各部稳定战线，守住阵地，伺机反攻。

乘敌慌乱之际，红四方面军转入嘉陵江战役第二阶段作战，集中兵力，歼灭位于涪江和嘉陵江之间梓潼、江油地区的敌第28军邓锡侯部，并寻机向川甘边界发展。红军各部队以日行百里的速度昼夜兼程，先头部队很快进抵涪江东岸。

涪江是嘉陵江一大支流，江面虽不及嘉陵江宽阔，但正值桃花汛期，水流很急，无法徒涉。敌人掠走和毁掉了沿江所有船只，并在对岸构筑了工事，严密防守。

4月10日，红9军先头部队在群众支援下，将打谷用的拌桶捆在一起作为渡江器材，成功强渡涪江，歼灭了对岸守敌，抢占了南塔坡等制高点，为后续部队开辟了登陆阵地。随后，红军包围了江油，前锋逼近中坝。

江油，位于成都盆地的西北边缘，枕山靠水，经济富庶，战略地位重要。县城所在的武都镇，临江靠山，城墙坚固。南边约20公里的中坝，历史上是川陕甘三省粮油、药材的集散地，素有"小成都"之称。正因为江油、中坝地位重要，邓锡侯派其精锐1个旅在江油县城凭坚固守；以2个旅，据守中坝并沿江构筑防守工事；其本人坐镇绵阳，随时策应。江油被围后，邓锡侯即率10个团，在飞机掩护下，经中坝向江油大举增援。邓锡侯在川军中有"能战"之名，出发时曾自负地问同僚："本帅率领10余团，亲出一战，你看如何？"

根据敌情，红四方面军以1个师继续围困江油；集中主力秘密进抵江油以南

(左页)剑门关关楼

围点打援

"围点打援",也称"围城打援",是红军常用的战法之一。红军缺乏重武器,弹药也不足,不宜攻打敌人防守严密的坚固城池,所以常用"围点打援"战术来消灭敌人有生力量:以一部兵力围城困敌,迫使其他敌人出兵增援。红军集中优势兵力,或设伏于敌人援兵的行进途中,或乘敌军在运动中寻机打击。用此战法,红军多次取得重大胜利。江油战斗,即是围点打援的成功一例。

的塔子山(南塔坡)、鲁家梁子一带隐蔽集结,准备打援。4月14日,邓锡侯部进入红军的预设阵地,隐蔽在各山头上的红军立即发起攻击。敌人仗着武器精良和纵深配备拼命反扑,企图打开前进之路。红军顽强抗击,喊杀声震彻山谷。激战至15日,邓锡侯部全线溃退,红军歼敌4个团,俘敌3000余人。邓锡侯丢盔弃甲逃回绵阳,一时间成为笑柄,整个川军的士气大受打击。

4月21日,红四方面军胜利结束了历时24天的嘉陵江战役,总计歼敌10多个团,约1万人,攻克阆中、南部、剑阁、昭化、梓潼、青川、平武、彰明(今属江油市)、北川9座县城,控制了东起嘉陵江、西迄北川、南起梓潼、北抵川甘边界,纵横近150公里的广大地区,为实现"川陕甘计划"创造了极为有利的条件。

撤离川陕苏区

就在红四方面军取得嘉陵江战役胜利的情况下,留守后方的张国焘未与在前方指挥作战的红四方面军领导人商量,率红33军和苏区党政军机关、地方武装等撤出苏区,陆续转移至嘉陵江以西地区。"依托老区,发展新区"的"川陕甘计划"因此而失去支点。很多红四方面军高级干部对此都有过评论。时任红88师政治委员的郑维山说:

1935年4月21日,红四方面军举行的嘉陵江战役胜利结束。这一胜利,破坏了敌人"川陕会剿"计划,我方面军主力占领平武、青川、梓潼、北川广大地区,威胁绵阳、成都。当时,川西只有敌邓锡侯部队驻守,兵力空虚,北面的胡宗南部和东面的刘湘部,都一时赶调不及。这为我方面军实现向甘肃南部发展,创造了有利条件。

但就在徐向前总指挥率领我四方面军主力攻打彰明和江油中坝等地，横扫涪嘉流域敌人的时候，留在后方的方面军领导人张国焘，却对革命形势作了极其悲观的估计，擅自放弃川陕根据地，指挥东线红军和后方机关"大搬家"，跟着渡江西进。

时任红9军第25师师长的许世友说：

我军强渡嘉陵江战役的胜利，打乱了敌人的"川陕会剿"计划，形势十分有利于我军继续向甘肃南部地区发展。然而，张国焘却片面地夸大敌人可能发动新的"围剿"的严重性，看不到川陕根据地能够坚持和发展的有利条件及其战略意义，荒谬地作出"与其被敌人赶走，不如主动搬走"的逃跑主义的结论，擅自决定放弃川陕根据地。……当主力部队攻占了嘉陵江以西地区后，他便率后方机关全部撤离了根据地，使广大军民艰苦奋斗两年多所取得的胜利成果毁于一旦。

红四方面军总指挥徐向前对放弃川陕苏区也深为遗憾。他说：

我们在前面打，后面可就搬了家，放弃川陕根据地。那时张国焘在剑阁，陈昌浩在旺苍坝地区，搞一锅端，大搬家。我打电话左催右催，提议把南边的部队向北集中，迂回碧口，抄胡宗南的后路，进取甘南。但张国焘死活不吭气，叫人干着急。部队只好就地发动群众，补充兵员、给养，待命行动。后来他说，那时他正注视中央红军的动向，对西出或北出，下不了决心。这样一拖拖了个把月，使我们打胡宗南的计划流产了。川陕甘计划未能实现，非常失策，是关系整个革命命运的问题。如果当时实现了这个计划，我军将能得到更大补充，中央红军北上就有了立脚点，形势会不一样的。

4月下旬，国民党军占领了嘉陵江东岸地区并封锁了嘉陵江渡口。因此，从嘉陵江战役起，红四方面军实际上开始了战略转移。

江油青林口黄公祠的红军标语

千佛山战役纪念碑

三、西进岷江

> 嘉陵江战役后,红四方面军突破国民党军设置的北川河谷防线,西进岷江流域地区,占领松潘、理番(今理县)、茂县地区,形成与中央红军会师的有利态势。

"川陕甘计划"的改变

红四方面军取得嘉陵江战役胜利后,主力集中于涪江流域的江油、中坝一带休整,连同从川陕撤出的党政机关及部队,共约10万人。

蒋介石为防止红四方面军在嘉陵江和涪江之间建立新的根据地,调兵遣将,企图对红四方面军实施东西堵截,南北夹击。具体部署是:以尾追红四方面军的刘湘主力王缵绪部13个旅为右路纵队,沿涪江东岸向彰明、两河口等地进攻;以邓锡侯和孙震两军各一部为左路纵队,由涪江西岸向中坝、江油进攻;以胡宗南部由甘南的碧口、文县南下,进逼青川、平武,阻止红军北上；以邓锡侯和唐式遵第21军各一部，守备昭化至阆中的嘉陵江一线，防止红军东返；以新编第6师李家钰部，防守阆中及其以西地域，防止红军南下。各路敌军在涪江地区形成包围圈，企图"围歼"红军。

就在红四方面军取得嘉陵江战役胜利前后，中央红军四渡赤水，南渡乌江，经贵州入云南，准备渡过金沙江，进入川西地区。中央红军的战略方针由之前的在川滇黔边建立根据地，调整为在川西建立根据地。

严峻的敌情和中央红军战略方针的变化，使在涪江地区休整的红四方面军面临两个任务：一是打破敌人的合围；二是策应中央红军北上。

4月下旬，红四方面军在江油附近召开高级干部会议，讨论行动方针。张国焘在会上说，撤离川陕苏区是为了迎接中央红军北上。他提出：两军会合后要在

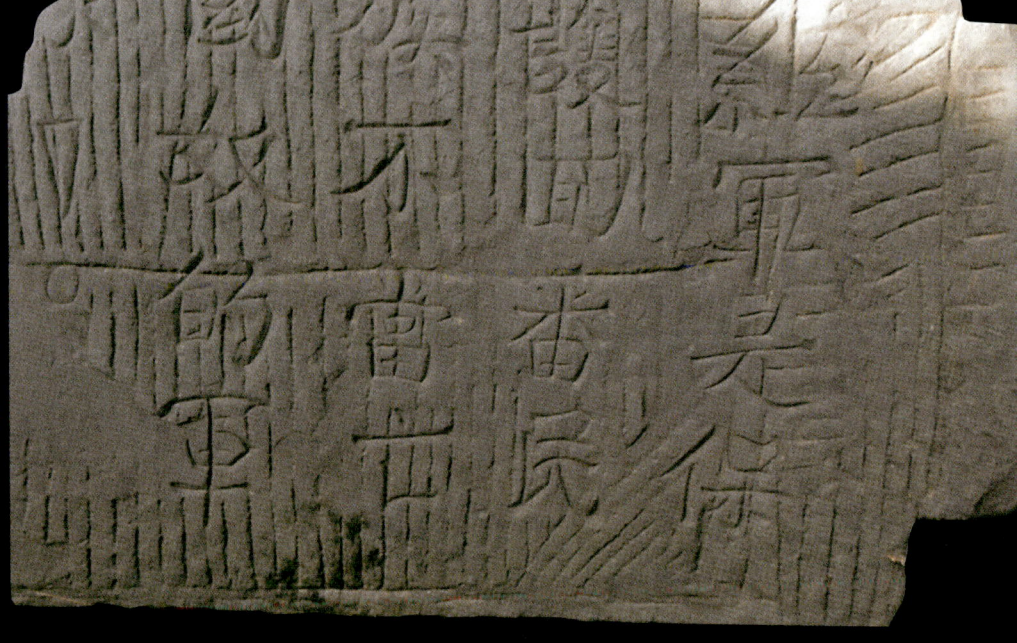

"红军是保护回番民族不当亡国奴的军队！"石刻标语

川西北地区建立新的根据地，赤化四川、西康、陕西、甘肃、青海等省。因此，红四方面军首先要占领北川、茂县、理番（今理县）、松潘一带，背靠西康，作为立足点。根据张国焘的意见，会议决定：以北川一带为据点，向川西北、甘南、西康东部地区发展。这就将清江渡会议决定的"川陕甘计划"，改变为向川康边发展。

依照这一决定，红四方面军制定了《开展与巩固松理茂赤区》的计划，准备首先突破邓锡侯部在土门、北川河谷设置的防线，继而在岷江上游的松潘、理番、茂县、懋功（今小金）、汶川地区打开局面，为下一步发展创造条件。部队中开展了西进的思想动员，提出了迎接党中央，与中央红军会师等口号，并进行了整编。随后，各部队相继从彰明、中坝、青川、平武等地撤出，分路向岷江流域进发。

"苏维埃政府是为回番民族谋利益的政府"石刻标语

突破北川河谷

从涪江流域西进松理茂地区，唯一的通道是北川河谷。河谷以南耸立着伏泉山、千佛山、观音梁子等高山，山峰陡峭，东西蜿蜒五六十公里，是南扼川西平原、北控北川河谷的天然屏障，地势十分险要。邓锡侯以3个旅布防于此，防止红军南下成都平原，并企图阻止红军西进。

为打开西进之路，红四方面军于4月底发起土门战役。计划首先夺取伏泉山、千佛山和观音梁子等地，控制北川河谷，并造成进攻成都之势以调动敌人，进而突破土门要隘，主力挥师西进。

根据计划，红30军第88师、第89师先后攻占伏泉山和墩上；红9军、红30军主力抢渡湔江，攻占大垭口。之后，各路红军直逼敌千佛山阵地。

千佛山主峰海拔近3000米，是北川河谷南侧的最高点。突兀高耸的峰顶有一座佛祖庙，左右是万仞绝壁，半山腰有一天然石洞，人称"天门洞"。川军豢养的土匪"金堂帮"门下的"剿共"自卫团等帮会武装在此据守，配合川军阻挡红军前进。

为拿下千佛山，红30军第88师和红9军第25师各一部，从千佛山东侧向西分两路向敌发动夹攻。红88师发动了数次正面仰攻，均因地势不利未达目的，于是决定奇袭。5月10日傍晚，红88师以1支精干的小分队，携带短枪、大刀、手榴弹，在向导苟玉书带领下，乘夜暗由"天门洞"侧后的悬崖攀缘而上，突然出现于守军身后，乘敌不备将其一举歼灭，从而拿下了"天门洞"。后续部队一鼓作气攻上山顶，占领主峰佛祖庙。

与此同时，第9军第25师以猛烈攻势，占领千佛山的西大垭口，歼敌1个团。第4军、第31军则在千佛山东侧击退增援的川军。这样，从漩坪、伏泉山到墩上、千佛山的阵地连成一线，通往北川河谷的道路皆被红军控制。红四方面军总指挥徐向前亲率第9军、第30军主力，翻山越岭，直插土门。

土门位于北川河谷中段，是东达北川、西进茂县的咽喉要地，地势易守难攻。防守土门的，是邓锡侯部第5师副师长陶凯指挥的7个多团。陶凯曾在江油中坝战斗中领教过红军的厉害，为守住土门，他下令设立三道防御阵地，每道阵地重叠配备迫击炮和机枪等武器，形成密集的交叉火力网。

红军经过周密侦察，集中第9军、第30军和第31军各一部，分左、中、右三路，于5月14日拂晓向土门发起总攻。徐向前亲临前线指挥，战况十分激烈。在红军勇猛攻击下，守敌溃逃。红军于当日占领土门、干沟，并乘胜追击，第二天占领了茂县。

土门失守，蒋介石十分恼火，严令刘湘重整旗鼓，趁红军立足未稳发起反攻，夺回伏泉山、千佛山阵地，重新封锁土门，阻止红四方面军西进。于是，刘湘集中邓锡侯、孙震、王缵绪等部的30个团，于5月18日发起反扑。

面对川军的反扑，红四方面军副总指挥王树声亲自指挥部队，坚守在伏泉山、千佛山、土门一线，抗击来犯之敌。红军指战员连续打退敌人多次进攻，重创敌军，掩护党政军机关和后续部队顺利通过北川河谷。6月中旬，王树声率部逐次撤出阵地，至7月中旬全部离开该地区。

土门战役，是红四方面军西进岷江流域的一次重要战役，为打开西进通道，红军与约20个旅的敌军在北川河谷反复争夺，歼敌1万余人，冲破敌人的防线，并牢牢控制西进岷江流域的通道，为与中央红军会师提供了保障。同时，此役吸

土门战役遗址

红四方面军女战士长征离家时母亲给的包袱皮
中国国家博物馆藏

引和牵制了14万川军,一定程度上减轻了中央红军的压力。川军前线"总指挥"邓锡侯后来说:"这一战役时间如此之长,制约川军这样大的兵力,在历史上实属罕见。"

　　土门战役后,红四方面军进入松潘、理番、茂县地区。这一带是藏族、羌族、回族等少数民族杂居地区。为正确开展少数民族群众的工作,红四方面军制定了《关于少数民族工作须知》,强调指出:"回、番民族是中华民族之一,他们具有丰富的革命力量,是我们反对帝国主义国民党的民族革命战争中的一个有力的支柱,将他们组织起来,领导起来,参加革命战争,是我们每一个布尔什维克党员和苏维埃红军干部的主要任务之一。"《须知》要求红军指战员尊重少数民族风俗习惯，努力学习少数民族语言文字，深入开展少数民族群众工作，大力宣传党的民族宗教政策和红军的宗旨纪律，积极发动贫苦百姓起来斗争，帮助这些地区建立革命政权与武装，努力打开新的斗争局面。

此时，长征中的中央红军已经渡过金沙江，进入川康地区，正在经会理、冕宁向北进军。两军会合，指日可待。红四方面军总部在部队中深入进行思想动员，号召广大指战员积极筹集慰问品，热情欢迎中央红军老大哥。

历经浴血征战，饱尝千辛万苦，两大主力红军的会合即将到来！激动与喜悦之情在红四方面军上下洋溢。

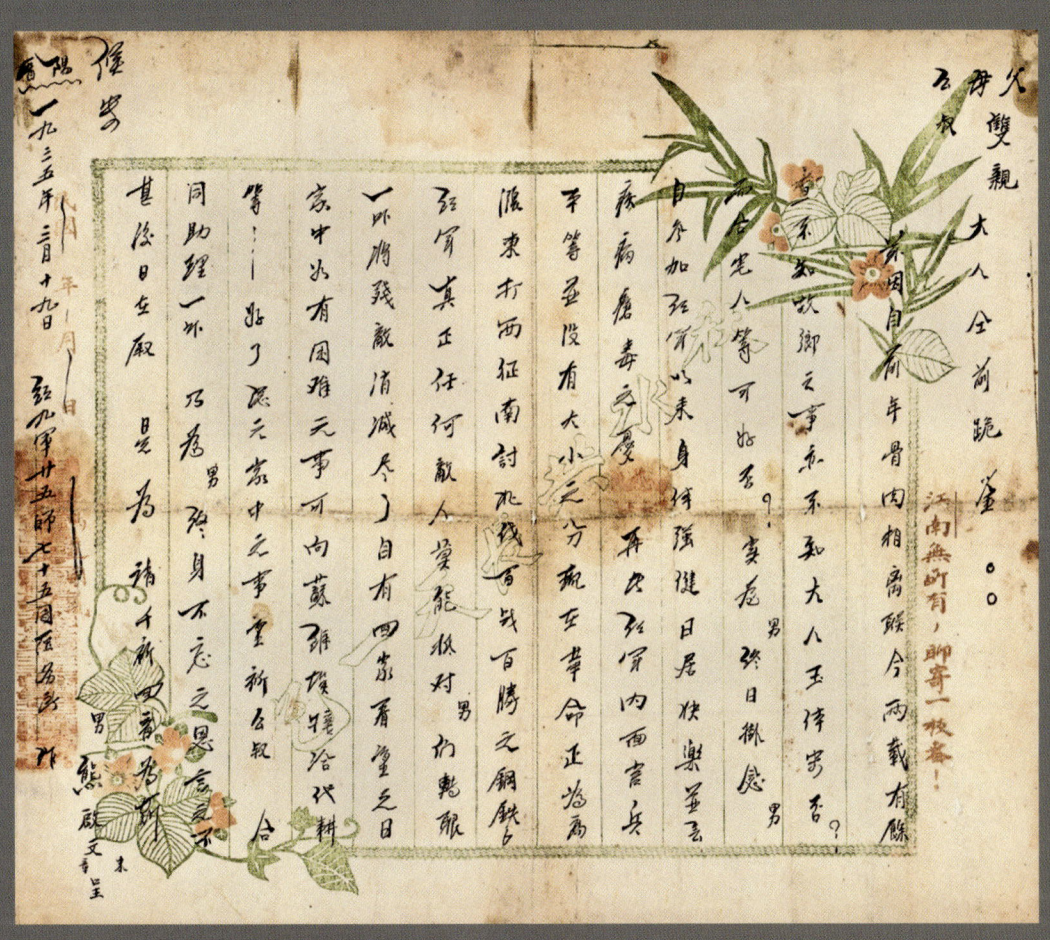

红四方面军第九军熊启文写给父母及幺叔的信 中国国家博物馆藏

速写长征——向北？向北！（局部）　洪涛 雕塑 2014年 中国美术馆藏

第五章
坚定北上志不移

1935年6月，中央红军与红四方面军在川西北的懋功胜利会师。中共中央政治局在两河口召开扩大会议，正确制定了北上创建川陕甘根据地的战略方针，可是张国焘拒不执行中央决议。中共中央坚定执行北上战略方针，率红一方面军主力先行北上。

一、懋功会师

> 位于夹金山北麓的懋功，原本寂寂无闻，然而，因为中央红军和红四方面军在这里胜利会师，使它成为永载史册之地。

意外相遇

1935年6月12日，中央红军翻越夹金山的先遣队红1军团第2师第4团，在懋功东南的达维，与前来迎接的红四方面军先头部队红9军第25师第74团相遇了。对于这个意外的惊喜，杨成武记忆深刻：

> 忽然，山风送来了一阵很微弱的呼声，我们屏息细听，还是听不清楚字句。于是我们加速前进。渐渐地，这声音越来越大，仿佛听见是"我们是红军！"红军？真的是红军？我正在半信半疑，一个侦察员飞奔过来，他边跑边喊：
> "是红四方面军的同志呀！"

（左页）达维会师纪念碑

达维会师桥（局部） 高虹 油画 92cm×53cm 1975 年 中国人民革命军事博物馆藏

"红四方面军的同志来了！"

与此同时，山下也传来了"我们是红四方面军"的清晰喊声。顿时，响起了一片欢呼，震得山谷抖动。万想不到就在这个夹金山下，会见了我们日夜盼望的亲人——红四方面军的同志！

我们蜂拥而下，同四方面军同志紧紧握手，热泪夺眶而出，长时间地沉醉在欢乐中。二百多天，一万多里征战，我们遭遇到的是敌人的层层堵击和想象不到的重重困难。此刻突然和另一红军主力，最亲密的同志会合了，我们怎么能不激动！怎能不欢欣若狂！

看似意外的喜相逢，实则是红四方面军主动接应。早在5月中下旬，红四方面军就开始进行迎接中央红军的准备工作，红30军政委李先念和红9军军长何畏各率一部共5个团，由岷江地区西进，扫清大、小金川一带的敌人，策应并迎接中央红军。同时，部队深入进行两军会师的思想动员，并大力开展筹集和捐献慰劳品等活动。徐向前还专门指示李先念，从部队抽调一批炊事员，带上粮食、盐巴、炊具，待两军会师后，补充到中央红军去，帮助他们解决吃饭的问题。

红9军第25师师长韩东山率先头部队首先从汶川出发，昼夜兼程向懋功疾进。一路大小20余战，翻越海拔4500多米的虹桥雪山，进占两河口和抚边后，于6月8日攻占懋功县城，随后进抵夹金山下的达维镇，打开了会师的通道。

为确保两军会师的安全，韩东山派红74团团长杨树华率该团第3营向夹金山搜索前进，扫清残敌。杨树华率部进至巴朗地区时，遭到预先设伏于此的川军突然袭击。红军指战员们英勇奋战，击溃敌人，扫清了会师的障碍，但营长陈玉清等60余人英勇牺牲。他们用生命和热血，为两军胜利会师提供了保障。

雪山之下的意外相逢，使大家欣喜若狂，双方相互问候，彼此热情拥抱。是啊，经历了艰难困苦的长途跋涉后，两支兄弟部队终于走到了一起，这怎能不令人兴奋呢？在达维村举行的篝火晚会上，大家纵情地唱着，跳着，久久不愿散去。

先头部队会师的消息，通过电波迅速传递到两个方面军的总部。喜讯传开，群情振奋。双方领导人即互相致电，热烈庆贺两军胜利会师。

6月17日，毛泽东、朱德、周恩来、张闻天等中央领导人翻过夹金山，到达达维。韩东山率部队列队迎接。

当晚，在达维镇寺庙附近的坡地上，举行了两军会师联欢会。联欢会由周恩来主持，韩东山代表红四方面军发言，对中央红军的到来表示热烈欢迎，表示今后要在党中央领导下，坚决完成党交给的任务。毛泽东、朱德也相继讲话。据韩东山回忆，毛泽东在讲话中说：

> 这次会师具有伟大的历史意义，是红军战斗史上的重要一页。是中华苏维埃有足够战胜国民党反动政府和完成北上抗日任务力量的表现。

今天胜利会师了，我们红一、四方面军是一家人，要在党中央领导下，为彻底消灭蒋介石反动派，赶走日本帝国主义而共同奋斗！

接着，中央红军的剧团表演了精彩的文艺节目，尤其是在演唱《红军两大主力会合歌》时，晚会的气氛达到了高潮。这首歌的歌词是时任《红星报》主编陆定一即兴创作的，曲作者是崔音波。歌词大气磅礴，旋律欢快明亮，既表达了两大主力红军胜利会师的喜悦心情，又指明了会师的重要意义。歌词是：

两大主力军邛崃山脉胜利会合了，
欢迎四方面军百战百胜英勇兄弟！
团结中国苏维埃运动中的力量，唉！
团结中国苏维埃运动中的力量，
坚持赤化全四川！
万里长征经历八省险阻与山河，
铁的意志血的牺牲换得伟大的会合！
为着奠定赤化全国巩固的基础，唉！
为着奠定赤化全国巩固的基础，
高举红旗向前进！

后来，红军三大主力会师时，歌词稍做修改，又成了三军《会师歌》，在部队中广泛传唱。

懋功会师

6月18日，毛泽东等中央领导人从达维到达懋功。李先念率红88师主力出城8里，列队欢迎。

当晚，在一座法式天主教堂的东厢房里，毛泽东等中央领导人与李先念等亲切交谈。谈话中，中央领导人对红四方面军的英勇战绩予以充分肯定，并对红四

小号手　肖琁　杨发育
雕塑　49cm×32cm×104cm
1959年　中国国家博物馆藏

方面军全体指战员表示诚挚慰问。毛泽东打开地图，就当地的气候、地形、群众的生活条件等情况一一进行了询问。

深入调查研究，是毛泽东一贯的工作作风。详细询问各方面的情况，说明他此时正在思考全局性的大问题——如何确定两军会师后的战略方针。

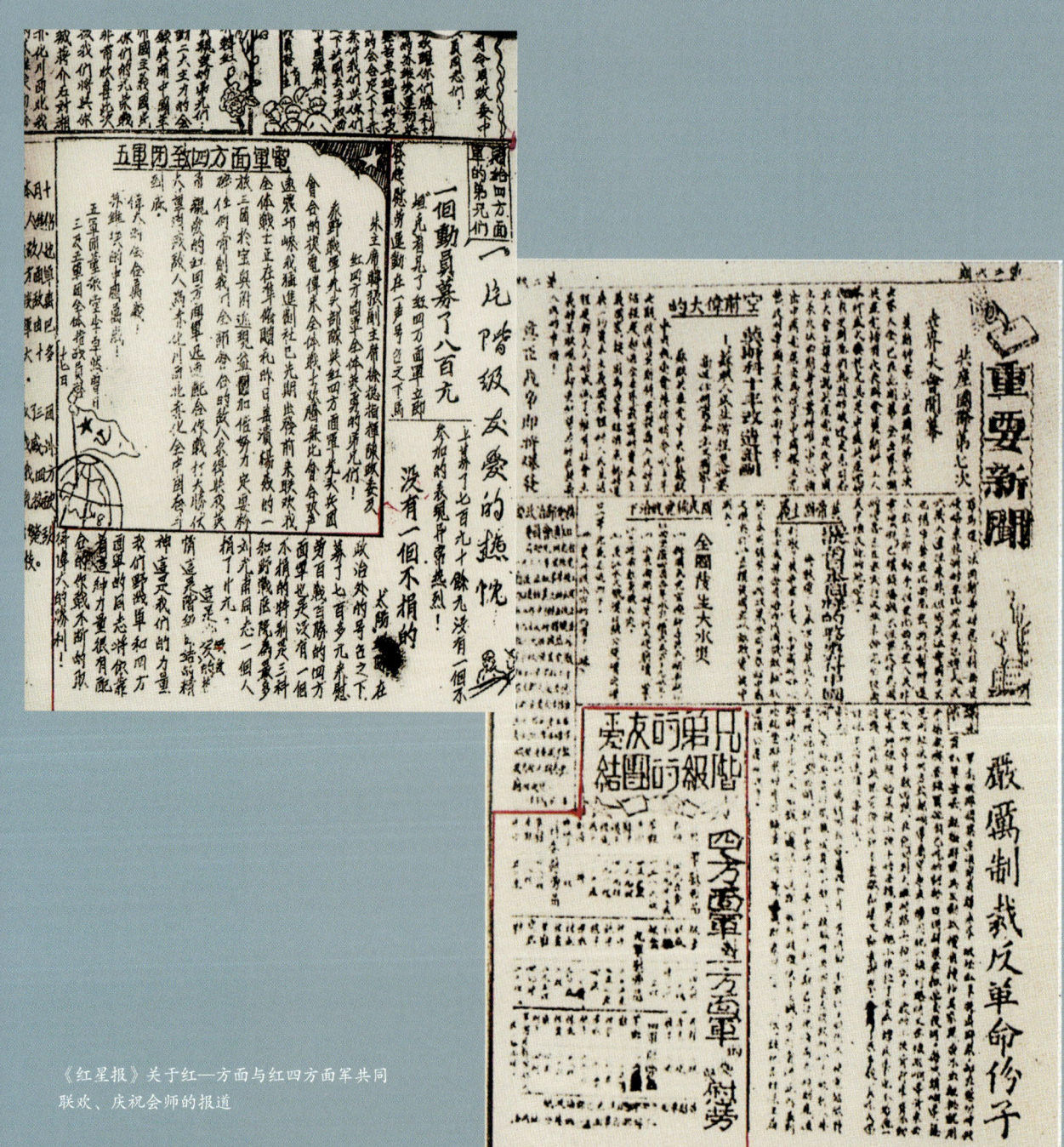

《红星报》关于红一方面军与红四方面军共同联欢、庆祝会师的报道

懋功会师后，两支兄弟部队之间开展了互相慰问活动。李先念见聂荣臻没有乘骑，主动送给他一匹骡子。红四方面军第9军司令部把珍贵的十万分之一比例的四川地图，送给中央红军第9军团司令部。红四方面军派出马队、牦牛队，把大批衣服、鞋袜、毛毯等物品送到中央红军驻地。中央红军虽长途转战，物资匮乏，指战员们也尽可能地捐钱捐物，以表达对红四方面军战友的深情厚谊，"'太阳'纵队的三科和野战医院捐款最多，仅刘光甫一人就捐了20元。"

两支兄弟部队还开展了互访、互学活动。红四方面军的文艺骨干较少，中央红军中最受欢迎的"明星"李伯钊就到红30军去教指战员们唱歌。李伯钊能歌善舞，在长征途中带领宣传队积极开展宣传活动，唱歌跳舞、编剧演戏，对激励士气和发动群众起了很大作用。

6月21日，中央红军在懋功召开干部同乐会，红四方面军驻懋功部队的干部应邀全部参加。"猛进"剧社和"火线"剧社进行了精彩的表演。边章武的京调和李伯钊的舞蹈，博得了大家的阵阵掌声。两天后，两支红军的篮球队又进行了友谊比赛。《红星报》评论说：球艺虽由于双方的长期行军与作战而表现着生疏，但活跃的精神、英勇的表演，处处都显示出百战百胜的红色健儿的大好身手。

总之，此时的懋功到处可以见到欢庆会师的喜悦笑脸，到处可以听到欢呼胜利的激扬歌声，到处可以看到欢迎战友的标语口号。大家满怀希望，憧憬着美好的未来。

特殊的见面

懋功会师时，徐向前正在前线指挥作战，未能见到彭德怀。部队到达黑水后，彭德怀给徐向前发报，约定双方在维古河渡口见面。可是渡口的桥被破坏了，两人只能隔河相望。彭德怀写了张纸条："我带三军团之一部，在此迎接你们"，绑在石头上抛到河对面。徐向前也用同样方式传来纸条，"我是徐向前，很想见到你！"大家笑称此为"飞石传书"。

电话线架好后，徐向前与彭德怀约定第二天在维古河上游相见。然而，这里的铁索桥也被破坏了。正在两人隔河相望时，一位老乡坐着挂在铁索上的箩筐，从河对面滑到了徐向前面前。徐向前见状立即坐进箩筐，用脚猛蹬一下滑向了对岸。彭德怀快步上前，把徐向前从箩筐中扶出来，两双手紧紧地握在了一起。大家笑称此为"溜索见面"。

中央政治局决定

一、在一四方面军会合后，我们的战果方针是首先主力向北进攻，在运动战中大量消灭敌人，首先取得甘肃南部，以创造川陕甘苏区根据地，使中国苏维埃运动放在更巩固更广大的基础上去争取中国西北各省以至全中国的胜利。

二、为了实现这一战略方针，在战役上必须首先集中主力侵破加，向松潘及其以北地区主动，消灭胡敌，向甘南前进。

三、必须派出一个支队向洮河以东，控制这一地带，使我们将来能够向东发展于甘肃东南及陕南西者的广大地区有利的向东发展。

四、大小金川流域在军事政治经济条件上不利于大红军的活动与发展，但必须下小部分兵力去发展游击战争，使这一地区成为川陕甘苏区之一种。

三、为了实现这一战略方针必须坚决反对逃跑退却以及保守偷安停止不动的倾向，这些在目前创造川陕甘苏区新的斗争中的主要危险，但须绝对保持战役部署的秘密。

六月廿八日（关于逃跑）

二、确定方针

> 中央红军和红四方面军会师时,正值日本帝国主义向华北步步进逼的严重时刻。中共中央根据国内形势变化,制定了集中红军主力,北上川陕甘地区,建立抗日的前进阵地,领导和推动全国抗日救亡运动的正确方针。

两河口相会

懋功会师后,如何确定两大主力红军下一步的战略方针,是亟待解决的大问题。然而,在这个关键问题上,张国焘与中共中央之间存在明显分歧。

中共中央综合分析国内形势的变化及所处环境条件后决定,放弃原定在川西北建立根据地的计划,继续北上,到川陕甘地区建立根据地,以推动全国革命形势的发展。张国焘却认为,红军应该向西退却,到人烟稀少的川康边地区去,以避开国民党军强大的军事压力。

为了统一认识，确定方针，中共中央电邀张国焘见面商决。6月22日，中共中央进驻懋功附近的两河口，在此等待张国焘和红四方面军领导人到来。

6月25日，张国焘等人从茂县骑马前来两河口。毛泽东、张闻天、周恩来、朱德等中央领导人从驻地步行3里多，到路口迎接。午后，天空下起了雨。欢迎的人群，身上都被雨水淋湿了。可是大家全然顾不上这些，充满期待地望着路的尽头。忽然，远处出现了几个快速移动的黑点，有人喊："来了！来了！"顿时，欢呼声响成一片。

只见泥泞的小路上，张国焘骑着一匹白马飞驰而来，身后紧跟着几十匹高头大马，马背上是全副武装的警卫。看见政治局成员集体站在路边迎候，张国焘立即下马，跑上前去与他们一一握手拥抱。彼此寒暄之后，一行人相携走进欢庆会师的会场，早已集结在那里的红军指战员立即欢呼起来。朱德首先致辞欢迎，张国焘随后致辞答谢，台下不断响起暴风雨般的掌声和此起彼伏的口号声，气氛十分热烈。

红军两大主力的会师，使集结在这一地区的红军兵力达10多万之众，为打破国民党军进攻，开创中国革命的新局面创造了有利条件。尽快确定下一步的行动方向，是关系红军和中国革命前途命运的头等大事。然而，当得知中央红军的兵力已不足3万人时，张国焘的脸色变了，两军实力的差距使他的野心急剧膨胀。

确定北上方针

6月26日，中共中央政治局在两河口召开扩大会议，讨论两大主力红军会师后的战略方针问题。

会上，周恩来首先代表中共中央作目前战略方针的报告。他回顾了中央红军长征后战略方针的几次变化，指出目前制定战略方针，就是要解决"在什么地区创建根据地"的问题，并从地域是否便于机动、群众条件是否便于发展和经济条件是否有利三个方面，说明红军的前进方向应该是"川陕甘"，"如陷在懋、松、理，就没有前

> 周恩来分析说：回头向南不可能，敌人已占领夹金山以南地区；向东过岷江，敌人在东岸有130多个团，对我不利；向西北是广漠的大草原，条件更艰难；可走的只有一条路，就是转向甘肃。

两河口会议会址

途",目前要迅速向松潘同胡宗南部作战,这样才能向北突破。周恩来还强调,两个方面军部队大,要特别坚决地实行统一指挥,靠统一意志来克服困难。

周恩来报告完毕,毛泽东、张国焘、朱德、博古、张闻天等人相继发言,对周恩来的报告表示赞同。然而,张国焘在发言中虽然表示同意中央关于在川陕甘建立根据地的方针,却又提出南下的主张,认为目前的敌人主要是胡宗南和刘湘,其他都是配角。如果向南往成都打,这些敌人是不成问题的。实际上,他是在拐弯抹角反对北进。担任会议记录的刘英回忆说:"在讨论时,张国焘明里不好反对打松潘,实际上又不愿当先锋。他怕四方面军同胡宗南碰,要保存实力。"

经过3天充分讨论,6月28日,中共中央政治局通过《关于一、四方面军会合后的战略方针的决定》,明确指出:

在一、四方面军会合后,我们的战略方针是集中主力向北进攻,在运动战中大量消灭敌人,首先取得甘肃南部,以创造川陕甘苏区根据地,使中国苏维

两河口会议　沈嘉蔚　油画　308cm×184cm　2016年　中国人民革命军事博物馆藏

周恩来　凯丰　李富春　張國燾　鄧發　王稼祥　林伯渠

从左至右：刘少奇、聂荣臻、彭德怀、毛泽东、刘伯承、洛甫（张闻天）、林彪、博古、朱德、周恩来、凯丰、李富春、张国焘、邓发、王稼祥、林伯渠

埃运动放在更巩固更广大的基础上，以争取中国西北各省以至全中国的胜利。为了实现这一战略方针，在战役上必须首先集中主力消灭与打击胡宗南军，夺取松潘与控制松潘以北地区，使主力能够胜利向甘南前进……为了实现这一战略方针，必须坚决反对避免战争退却逃跑，以及保守偷安停止不动的倾向，这些右倾机会主义的动摇是目前创造新苏区的斗争中的主要危险。

梦笔山（局部）　何孔德 崔开玺 张文源 油画

6月29日，中央政治局常委会议决定，增补张国焘为中革军委副主席，陈昌浩、徐向前为中革军委委员，以加强两大主力红军的统一指挥，为共同北上提供组织保证。

同日，中革军委制定《松潘战役计划》，决心集中两大红军主力，乘国民党军胡宗南部初到松潘、立足未稳、碉堡构筑尚未完成之机，坚决迅速地攻占松潘，消灭胡宗南部，打开北上甘南的通道。

战略方针之争

两河口会议后，中共中央、中革军委即率中央红军从懋功一带北上，先后翻越梦笔山、长板山、打鼓山、拖罗岗（即仓德梁子）等多座大雪山，先头部队于7月16日攻占靠近松潘的毛儿盖。

这一路十分艰苦。雪山连亘，雨雪无常，道路泥泞，空气稀薄，加上是藏区，受到反动当局的欺骗恐吓，藏民大多躲避起来了，部队无处购买粮食，很多部队连青稞、红薯都难以为继，一天只能勉强凑合一顿。

中央红军出发后，张国焘却按兵不动，理由是"宜速决统一指挥的组织问题"。他向中共中央提出改组充实红军总司令部的建议，推荐陈昌浩任总政治委员，还鼓动一些人向中央提出，"请国焘任军委主席"，并给予"独断决行"的权力。张国焘称：如果不能"集中军事领导"，就"无法顺利灭敌"。

中共中央拒绝了张国焘的无理要求，但为了团结两个方面军共同北上，于7月18日决定，任命张国焘为红军总政治委员，朱德仍为总司令；陈昌浩任中革军委常务委员，博古任红军总政治部主任。

7月21日，中革军委决定，成立前敌总指挥部，徐向前任总指挥，陈昌浩任政治委员，并规定："前方一切作战部队统归其统率。"同时决定，中央红军第1、3、5、9军团，依次改为第1、3、5、32军；红四方面军各军番号不变。抽调中央红军一批干部到红四方面军任职；红四方面军抽调3个建制团共3700人支援中央红军。这一举措有利于两大主力红军的交流和团结，促进了部队建设的加强。

同日，中革军委下达《松潘战役第二步计划》，重新进行兵力部署，命令各部队于7月28日前在松潘外围完成集结。张国焘这才开始调动部队北上。

可是，此时敌情已经发生了不利于红军的变化。国民党军胡宗南部在松潘地区完成集结，并基本完成堡垒线的构筑，控制了由松潘北去的大道；薛岳部和川军也从东南方向压来，红军进攻松潘的先机已经丧失。10多万红军集中在人烟稀少、粮食奇缺的少数民族地区，处境非常困难。在这种情况下，中共中央和中革军委被迫决定，放弃松潘战役计划，部队经草地北上。

红军翻越过的打鼓雪山

> 部队行至黑水、芦花一带时，沟谷里的青稞已呈淡黄色，勉强可以吃了。在几近绝粮的情况下，红军总部决定部队在此割麦十天，同时派人四处寻找藏民，按当地粮价付给现款。红军上至总司令朱德，下至炊事员、饲养员，一齐动手割麦、打麦，暂时缓解了缺粮的困难。

8月3日，中革军委制定《夏洮战役计划》，决定红军主力向西攻占阿坝，再向北进入甘南。同时决定，将两大红军混合编成左、右两路军。朱德和张国焘率领由红四方面军第9、31、33军和中央红军第5、32军及军委纵队一部组成的左路军，以马塘、卓克基为中心集结北上；前敌总指挥徐向前、政治委员陈昌浩率领由中央红军第1、3军和红四方面军第4、30军及军委纵队一部、红军大学等组成的右路军，以毛儿盖为中心集结，首先占领包座、班佑地区，再向夏河前进。中共中央随右路军一起行动。

8月4日至6日，中共中央政治局在毛儿盖附近的沙窝召开扩大会议，通过《中央关于一、四方面军会合后的政治形势与任务的决议》，重申北上战略方针，指出"创造川陕甘的苏区根据地，是放在一、四方面军前面的历史任务"；强调"必须在一、四方面军更进一步的加强党的绝对领导，提高党中央在红军中的威信"；"必须在部队中坚决反对各种右倾机会主义的动摇"，"一切有意无意地破坏一、四方面军团结一致的倾向，都是对于红军有害，对于敌人有利的"。会议否决了张国焘提出的增补红四方面军9人为中央政治局委员的意见，决定增补徐向前、陈昌浩、周纯全为中央委员，何畏、李先念、傅钟为候补中央委员，陈昌浩、周纯全为中央政治局委员；任命陈昌浩为红军总政治部主任，周纯全为副主任。决定恢复红一方面军番号，成立红一方面军总司令部，周恩来任司令员兼政治委员。

沙窝会议后，红军左、右两路军分别准备北上。左路军向阿坝地区开进，右路军向班佑、巴西（乡名，属若尔盖县）地区开进。中央根据所了解的情况，改变了原定红军主力从阿坝北上的计划，决定左路军从阿坝到班佑向右路军靠拢，共同北上甘南。

张国焘虽然在沙窝会议上表示同意中央的北上方针，内心却并没有放弃向西退却的想法。回到左路军后，他即提出以红军主力西出阿坝，向青海、宁夏、新疆退却的主张，这与中央的北上战略方针背道而驰。8月15日，中共中央致电张国焘指出，"不论从敌情、地形、气候、粮食任何方面计算，均须即时以主力从班佑向夏河急进"，"班佑以北粮、房不缺，因此，一、四方面军主力均宜走右路。左路阿坝，只出支队，掩护后方前进"，并指出，"目前应专力北上，万不宜抽兵回击抚边、理番之敌"。但左路军后续部队却迟迟未动。

这时，周恩来由于劳累过度病倒了，持续的高烧使他昏迷数日。中央政治局于8月19日决定，由毛泽东负责军事工作。

8月20日，中共中央政治局在毛儿盖召开会议，通过《中央政治局关于目前战略方针之补充决定》，重申两河口会议确定的北上战略方针。决定指出："目前将我们的主力西渡黄河，深入青、宁、新僻地是不适当的，是极不利的"，"这种方针是错误的，是一个危险的退却方针"。毛泽东在会上指出，"向东还是向西是一个关键问题"，应积极向东，向陕甘边发展；目前应集中主力走包座至岷州①一线。会议调整了夏洮战役部署，决定以右路军为北进主力。会后，中共中央致电朱德、张国焘，通报会议精神，要求左路军"并力东进"，与右路军共同北上。

从懋功会师到毛儿盖会议的两个多月里，中共中央和张国焘就战略方针和发展方向问题进行了反复讨论和争论。主要原因，是张国焘对革命前途的悲观失望和个人野心的急剧膨胀。朱德分析：

> 当时他（指张国焘）愿意北上，又不愿意北上的原因，就是想争官坐……，到了毛儿盖后，他悲观失望了，他感觉革命没有前途，拼命想往西，到西藏、青海，远远的去躲避战争，他却不晓得，在那里人口稀少，地理条件虽然好，只想取巧，采用脱离群众的办法。他最错误的观念是想到一个偏僻最落后的地方去建立根据地。中央完全否决了他这些意见，中央决定还是北上。

---

① 即岷县。

三、草地行军

> 毛儿盖会议后,右路军兵分两路北上,征服茫茫草地,取得包座战斗胜利,打开进军甘南的门户。

艰难的跋涉

位于川西北的松潘草地,是青藏高原和四川盆地的连接地段,纵横 300 公里,面积约 1.52 万平方公里,平均海拔 3500 米以上。草地上有大片的沼泽,盘根错节的水草覆盖于沼泽之上,稍不留神,人就会陷入其中,难以自拔。

中共中央和中革军委极为重视经草地北上的准备工作,先后下达一系列指示,要求部队进行深入细致的思想动员和充分的物质准备。各部队积极采取措施,组织征粮,收购青稞,炒麦磨面,缝制御寒衣物,尽可能做好准备。

8 月是草地最美的季节,绚丽的鲜花多姿多彩。美国作家索尔兹伯里形容说:"夏日里,一望无际的草地是一张鲜花织成的魔毯。"然而,正是这张迷人的魔毯,吞噬了无数久经沙场

(左页)寂静的草地(局部)　伍必端 水彩 68.5cm×44cm 1981 年 中国美术馆藏

的红军战士，使这里成为长征中非战斗减员最多的地方。

部队进入草地后，经常雨雾弥漫，连向导都难以辨清道路，有时艰难行进几个小时后，却发觉又回到了原地。草地上的天气变化无常，刚才还晴空万里、烈日炎炎，转眼就雷电交加，暴雨夹着冰雹扑面而来。部队休息时，衣衫单薄的指战员们只能就地而卧或坐着打盹，有一块油布用树枝架起来遮遮风雨，就算是极好的条件了。不仅如此，在一望无际的草地上行进，稍不留意，就会陷入沼泽而身亡。邓颖超就曾身陷泥潭，差点牺牲。《邓颖超传》记述：

过草地的第一天，天降大雨，雷电交加，邓颖超骑的马受惊了，离开队伍，一下子掉进沼泽地。她从马上摔下来，双脚陷进泥潭里。她一动也不敢动，不然会愈陷愈深。前面的队伍已经走很远，叫也叫不应，后面的队伍没到。此时，只有在多年革命斗争中多次遇危不乱、遇事不惊的沉着和镇静，支撑着她

草地铁流（局部）　罗奇　油画　80cm×30cm　2016 年

的身体。她就这样小心翼翼地在沼泽中兀立着。很久很久，后面的同志走来了，一看是邓颖超赶紧把她小心翼翼地慢慢拉出来。她骑的那匹马却已被泥潭吞没！

　　粮食困难更是直接威胁着红军指战员的生命。过草地前，中央决定，成立刘少奇任主任的筹粮委员会，想方设法筹集粮食。可是，川西北高原人烟稀少，物产匮乏，根本无法满足数万大军的粮食所需。草地行军预计需要六七天，而部队最多只筹集到 3 天的口粮。行程未半，已经断炊。首长们忍痛杀掉自己的坐骑，以供战士们果腹。但是杯水车薪，无法根本解决缺粮的困难，野菜、草根就成了大家的主要食物。实在没有可吃的了，就煮皮带、马鞍充饥，甚至从人畜粪便中寻找没有消化的青稞、麦粒。

　　彭德怀率领的红 3 军负责殿后。前面的部队还可以挖野菜充饥，后卫部队连野菜也无处可挖。眼看战士们由于饥饿而倒下，彭德怀心情十分沉重。他下

悲壮的场面

班佑河畔有座赭红色的大理石纪念碑，这是为纪念数百名红军烈士而建的。1935年8月下旬，红3军第11团过了班佑河，走出草地70多里后，彭德怀命令团政治委员王平，带一个营返回去接应尚未过河的七八百人。王平带着战士们赶到班佑河边时，隔河看见这些战士背靠背坐着。他大声呼喊却没人回应，便涉水过河去接应。走到跟前才发现，这些战士都已经停止了呼吸。因为饥饿寒冷导致的体力极度透支，他们坐下休息后再也没能站起来，牺牲在即将走出草地之时。王平默默地看着这些战士，泪水夺眶而出。这悲壮的场面，永远留在了他的记忆中。这是有记载的红军长征过草地时牺牲人数最多的一次，征途之艰辛可见一斑。

令，把全军仅剩的6头牲口全部杀掉，以解燃眉之急，其中包括他的大黑骡子。老饲养员说什么也不让杀那头大黑骡子，说大黑骡子一路上驮伤病员，驮粮食枪支，过湘江时还把军团部的文件和药品驮过江，是立了大功的。彭德怀耐心地说："我也舍不得咯，现在连野菜都没有吃的，只有杀了牲口，才能走出草地，只要人在，牲口，敌人会送来的。"在他坚持下，牲口全部被杀了。军部留了一点杂碎，肉全部分给了部队。

虽然是夏季，但草地夜间的气温不到10摄氏度。寒冷、饥饿和长途跋涉造成的体力极度虚弱，使许多战士长眠于草地。

红1军第2师第4团党支部的青年委员郑金煜是个作战勇敢、工作积极的红小鬼，江西石城人，16岁就入党了。他行军走在前头，柴火拣重的背，还抽空做宣传工作，唱好听的山歌，讲精彩的故事，非常惹人喜欢。特别是他一路上小心翼翼地把火柴藏在贴身处，使大家在寒冷的夜晚可以点燃篝火取暖，这给团政委杨成武留下了深刻印象。可是，饥饿寒冷使郑金煜很快病倒，他发着高烧坚持行军，渐渐掉队了。杨成武知道后，把自己的马让给他骑，但他身体太虚弱了，根本坐不住，卫生员就把他绑在马背上。草地行军的第四天，郑金煜断断续续地对杨成武说：

我不行了，感谢你对我的照顾。我知道党的事业一定会胜利，革命一定会胜利！……我确实不行了，我看不到胜利那一天了。

杨成武的眼泪夺眶而出，旁边的战士也泣不成声。就在走出草地的前一天，17

（下页）过草地（局部）　李焕民 版画 90.5cm×70cm

岁的郑金煜在风雨交加中永远闭上了双眼!后来,作家王愿坚根据他的事迹,创作了短篇小说《七根火柴》。

草地无情人有情,当生与死的考验毫不留情地摆在面前时,战士们都毫不犹豫地把生的希望留给他人,把死的危险留给自己。

红3军团有个连队,先后牺牲了9名炊事员。炊事班班长姓钱,副班长姓刘,还有一名老炊事员姓王,其余6人连姓都没有留下来。征途中的炊事员非常辛苦,行军时要肩挑背扛必需的炊具,到了宿营地要安灶、生火、煮饭、烧水。因此,每天休息时间比一般战士少很多。爬雪山时,他们提前烧好生姜辣子水让战士们御寒;过草地时严重缺粮,他们想方设法寻找能吃的东西给战士们充饥,自己却忍着饥饿坚持行军。为减轻负重,连长劝他们舍弃那口大铜锅,但他们说什么也不同意,坚持背着大铜锅行军,以便战士们能在宿营时吃口热食,喝口热水。饥寒交迫和长途行军的艰辛疲劳,使多名炊事员倒在雪山草地和行军途中。当部队终于到达陕北时,这个连从江西出发时的9名炊事员已全部牺牲。而这个连的战士,除了战斗牺牲外,没有一人因饥饿而减员。

红军炊事员　嵇信群　雕塑
112cm×40cm×50cm
1959年　中国国家博物馆藏

最后，大铜锅落到了司务长谢方祠的肩上。

在艰苦的草地行军中，红军指战员患难与共、生死相依。周恩来在过草地前就病倒了，连日高烧，生命垂危。彭德怀命令参谋长萧劲光，宁可扔掉一些装备，也要组织人把周恩来抬出草地。萧劲光下令埋掉几门迫击炮，组成担架队，抬着周恩来行军。陈赓自告奋勇当担架队队长，兵站部部长兼政治委员杨立三坚持参加抬担架，他们硬是把周恩来抬出了草地。19年之后的1954年，时任中央军委财务部部长的杨立三因病去世。身为国务院总理的周恩来亲自为他抬棺送葬，并动情地说："是杨立三把我从鬼门关抬出来的，我要送他一程。"

夜幕降临时，草地上会燃起一堆堆篝火，红军指战员们背靠背，围着篝火坐在一起，靠火苗和体温抵御草地的寒夜。经过7天6夜、260多里的艰苦跋涉，右路军终于走出草地，看到了胜利的曙光。

包座战斗

8月底，走出草地的右路军各部队分别到达班佑和上、下包座地区。

位于松潘西北部的上、下包座，是红军北上甘南的必经通道，彼此相距数十里，包座河从中穿过。在此把守的国民党军胡宗南部，修筑了众多碉堡，并备有大批粮食，构成了坚固的防御阵地。蒋介石得知红军走出草地后，给胡宗南下达手令，要他务必全力阻止红军北上，迫使红军退回草地，以利聚歼。胡宗南急令所部第49师，由漳腊星夜向包座增援。

攻占包座，开辟前进通道，成为红军右路军走出草地后的当务之急。

攻打包座的任务由右路军中的红四方面军第30军、第4军承担。8月29日，战斗打响。红30军一部向驻守包座以南大戒寺之敌发起进攻，红4军一部进攻包座以北求吉寺的守敌。虽然红

王友钧血洒包座

王友钧，湖北广济（今武穴市）人，中国共产党党员。1911年出生，1930年参加红军，从战士一步步成长为师长。他擅长指挥夜战，经常率部队夜摸、夜袭，神出鬼没，出敌不意，屡建战功，是红四方面军有名的"夜摸将军"。多年后，徐向前、许世友仍为这位优秀指挥员过早牺牲而深感惋惜。

包座大捷(局部)　孙浩　油画　300cm×180cm　2006年　中国人民革命军事博物馆藏

军刚刚走出草地,体虚力乏,可是面对敌人,依然勇猛顽强,丝毫看不出是一支刚刚经历了千辛万苦的疲惫之师。战士们用手榴弹、刺刀和大刀片同敌人厮杀,尽管面黄肌瘦,但喊杀声惊天震地,斗志激昂旺盛。经过3天激战,红军歼灭包座守敌和援军第49师大部,共毙伤俘敌师长以下4800余人,缴获1500余支枪和大批弹药、粮食、牛羊等急需物资。

在战斗最激烈的时刻,打红了眼的红4军第10师师长王友钧,端起机枪,架在警卫员肩上,向敌猛烈扫射,掩护部队进攻,不幸中弹牺牲,年仅24岁。

包座战斗的胜利,不仅使刚刚走出草地的红军得到了急需的物资补充,更重要的是,粉碎了蒋介石把红军逼回草地的企图,打开了进军甘南的门户,为实现中共中央北上抗日的战略方针创造了极为有利的条件。

蒋介石得知包座丢失、红军胜利北进后,不由扼腕叹息:"六载含辛茹苦,未竟全功。"

叶剑英向中央汇报张国焘要求南下的电报　沈尧伊　连环画

四、先行北上

> 包座战斗后,刚遭红军打击的国民党军胡宗南部持重不出;东北军于学忠部远在陕甘交界处,甘南敌人兵力空虚。右路军在班佑、巴西、包座一带等候左路军到来,以便共同北上。

风波再起

从巴西、包座到甘南的西固(今舟曲)、岷州(即岷县),仅需5天路程,沿途多为汉族居住区,路大、粮多、房多。可是,张国焘到达阿坝后,却迟迟不动。经中央一再致电催促和徐向前、陈昌浩致电劝告,他才于8月30日开始率部向班佑行动。但刚走了两天,又以噶曲河涨水无法徒涉和缺少粮食无法过草地为由,命令所部停止前进。

9月1日，徐向前、陈昌浩、毛泽东联名致电朱德、张国焘，说明甘南敌人力量薄弱，希望左路军迅速向右路军靠拢，"集中主力从武都、西固、岷州之间向北打出，必能争取伟大胜利"。然而，张国焘却复电中共中央，公开反对北上，并称"决于明晨分三天全部赶回阿坝"，要求已过草地的右路军也返回松潘。9月5日，他又命令在卓克基等地的左路军部队停止北上。

这一行为，严重违背中央的战略方针。朱德因此与张国焘发生激烈争执。当时的参谋陈明义回忆说：

在总部的一个帐篷里，张国焘和他的秘书长黄超同朱总吵，要朱总同意南下，态度很激烈。当时我是总部一局一科的参谋，不知道他们吵得对不对，但总觉得他们用这样态度对待总司令不对。张国焘还煽动个别人员给朱总施加压力，但朱总一直很镇静，他说他是一个共产党员，要服从中央，不能同意南下。

> 噶曲河离班佑很近，只要走三、五天就可以与毛主席、党中央会合。但是，张国焘却借口河水上涨，说部队过不去，在噶曲河停滞不前。朱总司令到河边看了看，便叫我去试一试河水深浅。虽然当天下了一点雨，河水涨了一点，但是，我骑马蹚过了河又返回来，最深的地方也不过齐马肚子，队伍是完全可以通过的。朱总司令看到这种情况后，多次提出要部队过河北上。可是，一天，两天，三天过去了，张国焘总是按兵不动。
>
> ——朱德的警卫员潘开文

9月8日9时，徐向前、陈昌浩致电张国焘，请示："总的行动究竟如何？"并表示"我们意以不分散主力为原则，左路速来北上为上策"。同日，张国焘电令徐向前和陈昌浩："右路军即准备南下，立即设法解决南下的具体问题。"同时又电令左路军中红四方面军驻马尔康部队，"飞令"已经北上的军委纵队移至马尔康待命，并企图"将其扣留"。

9月8日22时，周恩来、张闻天、博古、徐向前、陈昌浩、毛泽东、王稼祥7人联名致电张国焘等，指出："目前红军行动，是处在最严重关头，须要我们慎重而又迅速地考虑与决定这个问题。"电报指出，"左路军如果向南行动，则前途将极端不利"，希望张国焘"立下决心，在阿坝、卓克基补充粮食后，改道北进"。

但张国焘执意坚持其"乘势南下"的错误主张，于9月9日致电徐向前、陈昌浩并转中共中央，再次表示反对北上，坚持南下。中共中央当天复电张国焘，恳切指出南下的不利因素，劝其尽快率部北上。

张国焘一意孤行，不顾中央一再劝告，当天又电令陈昌浩率右路军"南下，彻底开展党内斗争"，企图分裂和威胁中央。前敌指挥部参谋长叶剑英看到电报后，立即报告毛泽东。毛泽东同张闻天、博古及病中的周恩来、王稼祥紧急磋商后，一致认为说服张国焘北上已无可能，甚至可能会出现严重的后果，遂果断决定连夜率红1、红3军立即北上。

先行北上

9月10日凌晨2时，北上红军开始出发。当叶剑英以"打粮准备南下"的名义，带着军委纵队和一份十万分之一比例的甘肃省地图赶来时，毛泽东高兴地说："哎呀，剑英同志你来了，好！好！"后来，毛泽东多次引用"诸葛一生唯谨慎，吕端大事不糊涂"的诗句，赞扬叶剑英的这一功绩。

这时，红四方面军副参谋长李特骑马赶到，大喊"不要跟机会主义分子北上"，命令红四方面军部队掉头返回。有的同志上去制止，毛泽东说，捆绑不成夫妻，他们要走让他们走吧，

中共中央关于北上方针绝对不应改变致张国焘等电

国焘同志并致徐、陈：

陈（指陈昌浩）谈右路军南下电令，中央认为完全不适宜的。中央现恳切指出，目前方针只有向北是出路，向南则敌情、地形、居民、给养都对我极端不利，将要使红军遭受空前未有之困难环境。中央认为北上方针绝对不应改变，左路军应速即北上，在东出不利时，可以西渡黄河，占领甘、青交通新地区，再行向东发展。如何速复。

中央
九月九日

叶剑英（局部）　张杰 油画 100cm×200cm 2016 年
中国中共党史学会艺术专业委员会藏

以后他们自己会回来的。

得知中央率红一方面军部队单独北上的消息后，徐向前和陈昌浩感到很意外，心情很沉重。这时，红四方面军前面的部队打电话来请示是否要拦阻。陈昌浩征求徐向前意见时，徐向前说："哪有红军打红军的道理！要听指挥，无论如何不能打！"陈昌浩接受了徐向前的意见，命令前面部队不能打，避免了红军内部的一场冲突。

俄界会议

中共中央率红一方面军主力先行北上的当天，发布了《中共中央为执行北上方针告同志书》，指出目前的形势完全有利于我们，无论如何不应该再退回原路。红军南下是没有出路的，南下是绝路。号召红四方面军指战员坚决拥护中央的战略方针，迅速北上，创造川陕甘新苏区。

9 月 11 日晚，中共中央率红 3 军、军委纵队等部到达甘肃迭部县的俄界

（今高吉），与先期到达的红1军会合。当天22时，中共中央再次致电张国焘，令其立即率左路军北上，向班佑、巴西开进。张国焘又一次拒绝了中央的命令。

9月12日，中共中央在俄界召开政治局扩大会议，通过了《关于张国焘同志的错误的决定》。决定指出：张国焘反对中央北上战略方针，坚持向川康边境退却的方针是错误的；张国焘与中央的争论，实质是由于对目前政治形势与敌我力量对比估计上有着原则的分歧，夸大敌人的力量，轻视自己的力量。中央号召红四方面军的干部、战士团结在中央周围，同张国焘的错误倾向作斗争，促其北上。为教育争取张国焘，这一决定只传达到中央委员，未向全党公布。

俄界会议还决定，将红1、红3军及军委纵队合编为中国工农红军陕甘支队，以彭德怀为司令员，毛泽东为政治委员；成立由毛泽东、周恩来、彭德怀、林彪、王稼祥组成的"五人团"，领导军事工作。

会议根据情况的变化，决定今后的行动方针是：经过游击战争，打通同国际的联系，整顿和休养兵力，扩大红军队伍，首先在与苏联接近的地方创造一个根据地，将来向东发展。

9月13日，中共中央率红1、红3军及军委纵队从俄界、罗达（今洛大）地区出发，按照既定的战略方针，坚定不移地继续北上。

中共中央关于左路军立即北上给张国焘的指令

国焘同志：

（一）中央为贯彻自己的战略方针，再一次指令张总政委立即命令左路军向班佑、巴西开进，不得违误。

（二）中央已决定右路军统归军委周副主席恩来同志指挥，并已令一、三军在罗达、俄界集中。

（三）立即答复左路军北上具体部署。

中央
九月十一日二十二时

俄界会议 沈尧伊 连环画

北上军号（局部） 刘仑 中国画 264cm×143cm 1981年 广东美术馆藏

第六章
北上抗日勇当先

红色起点（局部）　郭子良　中国画　123cm×240cm　2021 年

继中央红军战略转移后，鄂豫皖苏区的红军第 25 军，高举"北上抗日第二先遣队"旗帜，踏上战略转移的征途。这支人数最少的长征红军，战胜沿途数十倍敌军的围追堵截，创建了鄂豫陕苏区，壮大了部队。为策应主力红军北上，红 25 军再上征途，率先到达陕北，被誉为"北上先锋"。

一、由豫入陕

> 红四方面军主力转移后,红25军在鄂豫皖苏区顽强坚持了两年反"围剿"斗争。为保存有生力量,争取新的发展,根据周恩来的指示,决定战略转移。奋战突破国民党军围堵,实现了进军陕南的预期目标。

坚持反"围剿"

红25军是1931年10月在安徽六安麻埠建立的,随后编入红四方面军。1932年10月,红四方面军主力转移后,中共鄂豫皖省委决定,重建红25军,坚持反"围剿"斗争。

红25军重建时,仅7000余人,而国民党军20万重兵仍在继续"围剿"鄂豫皖苏区。敌人采取了疯狂的杀光、烧光、抢光政策,叫嚣要"砍尽大别山的树,挖尽共产党的根","完全肃清"红军。

红25军与苏区人民团结奋战,以"树也砍不完,根也挖

红25军长征时序列表

(1934年11月)

第25军 ———————— 第223团
　　　　　　　　　　　第224团
军　　　长　程子华　　第225团
政治委员　吴焕先　　　手枪团
副军长　　徐海东
参谋长　　戴季英
政治部主任　郑位三

不尽,留得大山在,到处有红军"的顽强精神坚持斗争。其间,省委又组建红 28 军,共 3000 余人,与红 25 军呼应作战。不久,红 28 军主力编入红 25 军。

1933 年 5 月,国民党军以 10 万兵力,对鄂豫皖苏区发动第五次"围剿"。中共鄂豫皖省委采取内线单纯防御的方针,使红 25 军损失严重。被敌分割在皖西的红 25 军一部,于 10 月与当地武装合编重建红 28 军。敌人惊呼:"剿共""剿共",越"剿"越多。一个 25 军没剿灭,又剿出一个 28 军。

1934 年 4 月 16 日,红 25 军和红 28 军在商城豹子岩会师,红 28 军再次编入红 25 军。整编后,徐海东任军长,吴焕先任政治委员,全军 3000 余人。

6 月下旬,蒋介石任命的鄂豫皖三省"剿匪"副总司令张学良制定 3 个月"围剿"红军的计划,声称要将红军"完全扑灭,永绝后患;彻底肃清,以竟全功"。红 25 军针对东北军人地生疏、士气低落的弱点,于大范围运动中寻机歼敌,先在罗山县长岭岗战斗中,一举歼敌第 115 师 5 个营,气得张学良撤了该师师长之职;继而远程奔袭太湖县城,歼敌 1 个旅,缴获大批战利品,全军指战员每人发到一把雨伞。经常露宿野外的指战员们高兴地说:"一把伞就是一间房啊!"11 月 8 日,红 25 军在光山扶山寨打垮敌 10 个团的突然袭击,歼敌约 4000 人。张学良 3 个月"剿灭"红军的计划化为泡影。

决定战略转移

虽然红 25 军在反"围剿"斗争中取得不少胜利,但面临的形势不容乐观。敌人的兵力数十倍于红军,构建了堡垒林立、公路纵横的封锁网,苏区不断被压缩分割,红军兵源枯萎,衣食困难。是继续在鄂豫皖苏区坚持斗争,还是实行战略转移,需要尽快作出抉择。

扶山寨战斗后,时任粤赣军区代参谋长的程子华受中革军委副主席周恩来派遣,从中央苏区辗转到达鄂豫皖苏区,带来中共中央给鄂豫皖省委的文件和周恩来关于实行战略转移的指示。程子华回忆:

1934 年 6 月,中央军委副主席周恩来同志和我谈话,他说:当前在鄂豫皖

地区，敌人用碉堡、封锁线，以"驻剿"和"追剿"部队对我交替攻击、堵击、追击，把我根据地压缩分割成小块。根据地缩小了，红军不断伤亡，难以得到人力、物力的补充。如果继续削弱，以至被消灭，那么根据地也就没有了。出路是什么呢？他说：中央决定红军主力要作战略转移，建立新的根据地。这样，部队才能得到发展。把敌军主力引走了，减轻鄂豫皖根据地的压力，留下的部分武装就能长期坚持，也就能够保存老根据地。周副主席讲如何建立新区时指出：根据地要选择在敌人力量较为薄弱的地方；我党在群众中有较大的革命影响，或者是那里的群众容易争取；地形要便于我军作战；另外，还应该有比较丰足的粮食和其他物质条件。

11月11日，中共鄂豫皖省委在光山县花山寨召开常委会议，根据中央指示和面临的形势，决定立即率红25军实行战略转移，以平汉铁路以西的桐柏山区或豫西伏牛山区为转移目的地。转移时，以"中国工农红军北上抗日第二先遣队"名义行动。

会议根据徐海东的建议，决定由程子华任红25军军长，徐海东改任副军长，吴焕先仍任政治委员。程子华提出，中央是派他来任参谋长的，他不当军长，但省委没有采纳他的意见。

花山寨会议还决定，省委常委高敬亭留下组建新的领导机构并重建红28军，在鄂豫皖边坚持斗争。之后，红28军在太湖凉亭坳第三次重建，约1000人，高敬亭任政治委员（未设军长），在广大群众支持和游击队配合下，依托大别山区坚持游击战争。

红25军在鄂豫皖苏区独立坚持了两年反"围剿"斗争，歼灭和钳制了大量国民党军，对其他地区的红军起了重要配合作用。花山寨会议根据中共中央指示，适时作出战略转移的正确决定，使红25军从此走上了新的发展道路。

花山寨会议后，红25军立即进行战略转移的各项准备：一是整编部队，撤销师一级建制，军部直辖第223、第224、第225团和手枪团，以适应机动转战需要。二是在全军深入进行政治动员，讲明"打远游击"和"创建新苏区"的意义，坚定指战员的信心。三是实行轻装，减少不必要的辎重行李，保证部队的

花山寨会议（局部）　邱琳　油画　165cm×142cm　2021年

红25军军部旧址——何氏祠

灵活性。四是妥善安置不能随军行动的重伤病员。五是每人准备3天干粮、2双草鞋。

1934年11月16日,在中共鄂豫皖省委领导下,红25军2980余人高举"中国工农红军北上抗日第二先遣队"旗帜,从河南罗山县何家冲出发,踏上战略转移的征途。

当晚,部队以秘密迅疾的行动,从信阳城南东双河和柳林之间的敌军结合部越过平汉路,突出敌人包围圈,取得战略转移第一步胜利,随后向桐柏山区前进。

鏖战独树镇

桐柏山区位于豫鄂边界处,离平汉路和汉水较近,红军回旋余地较小;国民党军40多个团麇集于附近,红军不易立足。中共鄂豫皖省委决定,率红25军继续向豫西的伏牛山区转移,相机创建根据地。

豫西地区豪绅地主势力较强,围寨林立。寨墙上架设着土炮,四周深沟环绕。寨内有豪绅地主豢养的武装,有的枪支多达数百。为减少行军阻力,红25军大力宣传共产党的抗日救国主张,同时严格规定:不打土豪、不进围寨,所需粮草一律照价购买。这使大多数围寨保持了中立,红军得以较快通过。

中共鄂豫边工委发动沿途群众大力支援红军,为红军提供敌情、传递消息、担任向导、收容伤员等,工委书记张星江还亲自给部队带路,为红25军提供了很大帮助。

11月26日,红25军到达许(昌)南(阳)公路附近,穿过公路即是伏牛山东麓。为阻止红军进入伏牛山,国民党军第40军第115旅和1个骑兵团赶到方城、南召一线堵击;由东北军和上官云相部组成的"追剿纵队"5个支队和1个骑兵师在红军之后紧追。

这一天,恰逢寒流来袭,豫西大地风雪交加。衣衫单薄的红军指战员顶风冒雪急速前行,许多战士的草鞋被烂泥粘掉,光着脚在雪地上行走。下午1时许,先头部队红224团到达方城县独树镇附近,准备从七里岗穿越许南公路。

可是,敌第40军1个旅和骑兵团已提前到达,占领了七里岗一带有利地形。因为雪雾弥漫,能见度低,红军先头部队没有发现敌情。当红224团接近许南公路时,突遭敌人炮火的猛烈阻击。由于缺乏战斗准备,加上战士们手指冻

"儿童军"英勇出征

红25军是一支被共产国际称为"儿童军"的部队,指战员平均年龄不到18岁。长征出发时,年龄最大的三人是:27岁的军政治委员吴焕先,29岁的军长程子华,34岁的副军长徐海东。营团干部一般20出头,连排干部普遍不到20岁。战士年龄更小,不少人只有十二三岁。就是这样一支"儿童军",以大无畏的精神英勇踏上征途,打破数十倍敌军的围追堵截,夺取了长征的胜利。

(下页)独树镇转移(局部)　陈钰铭　中国画　240cm×200cm　2021年

僵、枪栓冻住，一时不能组织起有效反击，被迫向后撤退。敌军趁机发起冲锋，并从两翼实施包围，红25军面临被围歼的危险。

紧急关头，军政治委员吴焕先从后面跑步赶到阵前，一面指挥红225团冲到前面进行反击，一面高呼："同志们，就地卧倒，坚决顶住敌人！"政委的到来稳住了部队，战士们迅速趴在地上，利用地形地物进行反击。气势汹汹的敌人倚仗人多势众，又一次冲了上来。吴焕先从交通员身上抽出一把大刀，高呼着"同志们，现在是生死存亡的关头，决不能后退！共产党员跟我来"，不顾敌人的枪弹率先冲向敌人。受到鼓舞的战士们从雪地上一跃而起，紧随着他冲上前去，与敌展开白刃格斗。激战正酣时，副军长徐海东带领红223团跑步赶到，投入战斗。经过半日血肉搏杀，终于在傍晚时分打退进攻之敌。接着，红25军向七里岗之敌发起进攻，试图打开缺口，冲过公路。但因敌人火力猛烈，三次冲锋皆未奏效。

入夜后，雨雪交加。红25军首长决定连夜实行突围。指战员们不顾极度的饥饿疲劳和风雪浸衣的彻骨之寒，在地下党同志带领下，沿崎岖小道急行，从敌军结合部中穿过，继而越过许南公路，于第二天拂晓，进抵伏牛山东麓。

红25军长征中缴获敌人的皮包和望远镜
中国人民革命军事博物馆藏

银杏依旧·起点　邹东升　中国画　200cm×200cm　2021年

独树镇之战，是红25军长征之初关系生死存亡的一场恶战。由于军首长和全体共产党员在危急时刻奋勇当先，全体指战员顽强与敌鏖战，使部队转危为安。

"七仙女"上征途

红25军出发时,队伍中有7名女战士。她们是红军医院的护士周少兰、戴觉敏、余国清、田喜兰、曾纪兰、张桂香、曹宗楷。军部原本决定,给她们每人发8块银元,让她们回家另谋生计。但7名女战士找到军首长,坚决要求随部队出征。她们说,红军就是自己的家,离开了红军无家可归。她们的决心打动了军首长,被批准随队行动。

部队出发后,7名女战士白天紧跟部队行军,晚上宿营时忙着给伤病员清洗伤口,包扎换药,完全不顾疲劳。她们的细心照料减轻了伤病员的痛苦,大家亲切地称她们为"七仙女"。

在艰苦的征途中,军首长又一次动员这些女战士离队,各自找个可靠人家生活。但她们坚定地表示,决不离开部队,跟着党革命到底。转战中,曾纪兰、曹宗楷不幸牺牲。其余的"五朵金花",最终胜利到达陕北。

芳华 张译丹 中国画 238cm×149cm 2021年

秘密入陕

进入伏牛山区后，中共鄂豫皖省委发现，这里人烟稀少、地域狭窄，难以获得兵员和粮食补给；号称"内乡王"的豫西大地主别廷芳在这里建立了严密的反动统治，修建了大量围寨，凭险据守，群众被圈在寨中，红军很难进行发动群众的工作。加上国民党"追剿军"紧追不舍，尾随赶来。省委决定，继续西进，到陕西南部去开辟新区。

红25军马不停蹄，向西而去。

从伏牛山进入陕南，必须经过两个隘口：一是朱阳关，一是卢氏五里川。12月初，红25军到达卢氏后发现，敌军已控制入陕大道。前有堵击，后有追兵，情况危急。恰在此时，红25军遇到一个名叫陈廷贤的货郎小贩，在他的帮助下，红军探知了一条经大石河、文峪和卢氏城南进入陕西的隐秘小路。

12月5日，红25军派手枪团到朱阳关以东"号房子"，虚张声势，迷惑敌人；主力在陈廷贤带领下，沿着一条"七十二道水峪河，二十五里脚不干"的深山峡谷直插卢氏县城。当晚，乘卢氏城内守敌空虚，从城南与洛河之间的一条隘路迅速西进，避开堵击之敌，直奔豫陕交界的铁锁关（即箭杆岭）。

12月8日，红25军在箭杆岭击溃守关民团后，进入陕西雒南（今洛南）境内，实现了省委确定的转移计划。

货郎陈廷贤

陈廷贤，山西晋城人，是个在豫陕边区做小本生意的货郎，熟悉该地区的山沟峡谷、羊肠小道。红25军遇到他时，他爽快答应带红军走一条隐蔽的小路入陕，并谢绝了红军的报酬。新中国成立后，程子华、刘华清曾多方寻找陈廷贤，一直没有下落。直到1983年才得知陈廷贤的下落，但他因病不久离世。虽然陈廷贤始终不知道当年的红军一直在找他，但历史不会忘记为中国革命作出贡献的人。经中央军委批准出版的《中国工农红军第二十五军战史》中记载了货郎带路之事，纪念红军长征胜利60周年的专题片《北上先锋》中讲述了他的故事。程子华、刘华清曾深情地说："当年要不是陈廷贤带路，红25军就很难冲出重围。"

什麼是紅軍

紅軍是工人農人的軍隊。紅軍是蘇維埃政府指揮的軍隊。紅軍是共產黨領導的軍隊。紅軍到來將沒收地主階級的土地分配給農民，實行八小時工作制，驅逐帝國主義，建立工人農民管理政權的蘇維埃政府。

紅軍裡面不要束縛，指揮員（軍長的長這叫指揮員）士兵是平等的，指揮員之紅軍裡的待遇是一樣的，不過國民黨軍隊中的士兵也是窮人的出身，所以紅軍對待國民黨軍隊的俘虜士兵是不扣軍餉而宣言之紅軍是代表出路窮人的利益的。紅軍裡曲折的待遇是平等的。紅軍是代表工人農人貧民士兵的被壓迫人利益的。因為他們原來窮人的利益被地主資本家剝削，所以要打國民黨軍隊來解除窮人的痛苦。

紅軍到之地，歡迎群眾談話，歡迎群眾開聯席會，紅軍一到那地就說明窮人幫助窮人，免除一切捐稅，不交租不還高利貸。現在中國的紅軍總計有八九十萬，行動在十幾省的地方，大部的散播民眾軍隊的士兵到紅軍中來。

中國工農紅軍北上抗日先遣隊政治部

一九三四年十二月十日

紅軍的總司令是朱德同志。

红25军长征途中编写的宣传单《什么是红军》

二、创建新区

> 红25军在鄂豫陕边界地区广泛发动群众，建立革命政权，实行土地革命，开辟新的苏区，发展壮大了部队。

激战庾家河

红25军进入陕南后，国民党陕军第42师即以2个团正面堵截。红军在雒南三要司经激战击溃阻敌，翻越蟒岭，于12月9日到达庾家河（今属丹凤县）。

庾家河是秦岭深处的一个小镇，也是南北通商的必经之地，往来的商客多在此歇脚住宿，周围的山民逢集来此赶集，很是热闹。

红25军进入庾家河后，镇上"春永茂"药铺的掌柜杨春荣听信谣言，以为红军是"血脸红头发的怪物"，就躲到附近山林里去了，可偏又被红军抓住，还被认定是"土豪"关押起来。但红军经过调查，了解到他为人厚道，没有劣迹，很快就释放了他，并向他表示了歉意。这件事在小镇上引起很大反

响,百姓们都说,红军能分清好坏,不冤枉好人!

然而,这件事却让军政治委员吴焕先感到,应该让群众对红军有正确的认识和了解。当晚,他跟军政治部主任郑位三商定,由郑位三起草一份传单,说明什么是红军,以安定民心。第二天,《什么是红军》的传单就在街上贴了出来。"红军是工人农人的军队","红军是共产党领导的军队","红军一到那地就没收土豪的粮食东西分配给穷人,帮助穷人免除一切捐税"。几百字的传单,把红军的性质、宗旨、任务以及有关政策写得明明白白,末尾还十分自豪地说:

庚家河战斗　许宝中　油画　278cm×167cm　1996年　中国人民革命军事博物馆藏

"中国有红军已经八年了,现在中国的红军总计有八九十万①,行动在十几省的地方,大部的红军是在江西和四川。全国红军的总司令是朱德同志。"

通过这份传单,镇上的群众认识了红军。杨春荣主动拿出好几斗苞谷资助红军,后来还帮助掩护和治疗过红军的伤员。

---

① 此数不准确。因红25军与党中央和其他红军失去联系,并不了解全国红军情况。

12月10日上午，中共鄂豫皖省委在庾家河召开常委会议，决定以陕南为中心，创建鄂豫陕边新苏区；将中共鄂豫皖省委改为鄂豫陕省委，领导创建新区的斗争。

会议正在进行时，国民党军第60师3个团突然从鸡头关方向来袭。由于哨兵过于疲劳，疏于警戒，发现敌情时，敌先头部队已夺占东山坳口的有利地形，开始向红军发起猛攻。省委立即停止会议，军首长率领全体指战员向敌发起反击。

徐海东率领第223团，率先冲入敌阵，用刺刀、手榴弹与敌拼杀，硬是从敌人手里夺回了东山坳口。程子华、吴焕先等率第224、第225团夺取了坳口南北两侧的高地，配合第223团将敌人打退。激战中，一颗子弹从徐海东的左眼底下穿过，又从颈后飞出，徐海东当即昏迷。这是他一生中第9次负伤，也是最重的一次，4天4夜后才醒来。

这时，敌人2个团援兵赶来，再次向红军发起攻击。在敌我双方为争夺坳口和两侧高地展开的激战中，程子华也身负重伤，吴焕先指挥部队继续战斗。战士们子弹和手榴弹打光了，就用大刀砍，用枪托砸，用牙齿咬。经过20多次反复冲杀，终于将敌人打退。红军歼敌300余人，自身亦伤亡100余人。

庾家河战斗是关系红军能否在陕南立足的关键之战，红军以大无畏的气概打退了来犯之敌，为创建鄂豫陕苏区奠定了基础。

创建鄂豫陕苏区

鄂豫陕3省边界地区，主要指陕西南部的雒南、蓝田、商县、商南、山阳、镇安、柞水、洵阳（今旬阳）、宁陕，湖北西北部的郧西、郧县（今十堰市郧阳区）和河南西部的卢氏、淅川等县。这里北靠秦岭，南濒汉江，山大沟深，地势险要，回旋余地大，便于开展游击战。这里的人民备受反动统治阶级剥削压迫，反抗情绪强烈。渭华起义部队和红四方面军、湘鄂西红3军、陕甘红26军等部先后在这里活动，传播过革命思想，群众自发的反抗斗争持续不断。在这里创建苏区，既可与川陕红军、陕甘红军相配合，又可与鄂豫皖的斗争遥相呼应，有助于壮大革命声势。

当时，陕西是杨虎城的势力范围，他与蒋介石之间存在矛盾，故红25军入陕后，大部分国民党"追剿"军没有跟进入陕。杨虎城正忙着北攻陕甘红军，南拒川陕红四方面军，西与蒋介石嫡系朱绍良、胡宗南等部钩心斗角，无法集中更多兵力对付红 25 军。这为红 25 军创建新苏区提供了有利时机。

由于红 25 军军长程子华和副军长徐海东都身负重伤，省委书记徐宝珊也重病在身，因此，指挥行军、打仗和领导开辟新苏区的重任，都落在了军政治委员吴焕先肩上。

按照庚家河会议精神，吴焕先率领红 25 军在鄂豫陕 3 省边界地区采取大回旋机动，南下郧西，北返雒南，东到卢氏，西进蓝田，纵横驰骋，扫除反动民团，镇压土豪恶霸，将没收的大批浮财分给贫苦百姓。许多衣不蔽体，"白天钻草窝，晚上去干活"和"吃饭照影影，睡觉看星星"的贫苦百姓分到了衣物、粮食，他们切身感到红军是穷人的军队，从而积极支持和拥护红军。

根据当地情况，红 25 军决定首先在鄂陕边界创建苏区。通过组织群众，开展"抗捐、抗债、抗粮、抗夫、抗丁"的"五抗"斗争，建立了鄂陕游击师和"陕南抗捐第一军"，并一举攻克镇安县城。1935 年 1 月底，鄂陕边的第一块苏区在郧西、洵阳、镇安、山阳 4 县边界地区形成，红 25 军有了新的家。

红军占领镇安，让杨虎城十分震惊。他在增兵陕南的同时，不得不请蒋介石派兵援助。蒋介石命令驻豫之第 40 军 2 个团、驻鄂之第 44 师 3 个团前往陕西，配合陕军的 6 个团，对红 25 军发动"围剿"，企图乘红军立足未稳，一举歼灭。

面对强敌，红 25 军采取声东击西的灵活战法，调动敌人，创造战机，于 2 月上旬先后取得蔡玉窑、文公岭两战胜利，歼敌 3 个多营，并乘胜在陕东南的蓝田、商县、山阳、镇安、柞水 5 县边界地区开辟了第二块苏区。

2 月 19 日，中共鄂豫陕省委在郧西召开常委会议，总结入陕以来两个多月

红 25 军长征中使用的部分武器

> **秘密党员张汉民**
>
> 陕军警备第3旅旅长张汉民，是1925年入党的中共地下党员，长期在陕军中从事秘密工作，曾通过地下交通线，为红军提供情报、转运物资、护送人员等，做了大量工作。由于当时中共鄂豫陕省委与中共中央失去联系，不了解党在陕军中的兵运工作情况，误杀了张汉民。1945年中共七大上，张汉民被追认为革命烈士。

的斗争，决定尽快创建第三块苏区。同时决定，成立中共鄂陕特委和游击司令部，统一领导鄂陕边的斗争。

这时，红25军得知红四方面军发动陕南战役，前锋已达汉中，遂主动予以配合。2月下旬，部队由郧西一路西进，连克宁陕、佛坪两座县城，又在洋县华阳镇石塔寺击溃陕军警备第2旅2个团，准备经华阳与红四方面军取得联系。由于敌军防堵和红四方面军回师川北，未能实现。红25军即在华阳发动群众打土豪，成立革命委员会，建立游击队、抗捐军，开辟了鄂豫陕边的第三块苏区。

3月下旬，红军东返蓝田葛牌镇，陕军警备第3旅一直在后尾随。为解除后顾之忧，红25军于4月9日在葛牌镇以南的九间房设伏，将该敌大部歼灭，俘旅长张汉民以下1000余人。至此，打破国民党军第一次"围剿"。

4月18日，红25军一举攻克雒南县城。之后在豫陕边的雒南、商县、商南、卢氏4县边界地区创建了第四块苏区。5月初，中共豫陕特委成立，统一领导豫陕边的革命斗争；同时成立豫陕游击师，积极开展游击斗争。

至此，鄂豫陕苏区基本形成。

红25军入陕5个多月来，经过艰苦斗争，在鄂豫陕边开辟了人口近50万、耕地面积达90多万亩的新苏区，部队发展到3700多人，另有地方游击师、抗捐军2000多人，"工农武装割据"在鄂豫陕边呈现蓬勃发展之势。

威逼西安

鄂豫陕边革命斗争的发展，让国民党当局感到不安。蒋介石于4月20日下令，调集30多个团，由杨虎城统一指挥，对红25军发动第二次"围剿"，限令3个月内消灭红军。

为进行反"围剿"的准备，红25军于5月上旬在商县龙驹寨（今丹凤县城）进行了一周整训。其间，中共鄂豫陕省委书记徐宝珊病逝，吴焕先代理省委书记。

5月下旬，中共鄂豫陕省委在郧西召开会议，根据敌我兵力悬殊和陕南山大沟深、交通不便、敌军后方补给困难等情况，制定了"诱敌深入，先拖后打"的反"围剿"方针。红25军即由郧西北上商洛地区，吸引敌军向北之后，红25军转向东南，打下富水关，进占青山街，并远程奔袭荆紫关。

荆紫关位于豫鄂陕三省边界的河南淅川境内，有"一脚踏三省"之称，自古为南北交通要道。"追剿"红25军的国民党军第44师，在这里设立了临时后方补给站。红25军手枪团化装成敌军，经60多公里急行军，于6月16日抵达荆紫关，未费一枪一弹，通过敌外围警戒线，进至关下。守关之敌发现情况不对，急忙开枪阻击。手枪团因无长枪无法有效还击，被敌压在城下。关键时刻，徐海东率第223团跑步赶到，立即搭人梯强行攻城，很快占领全城，活捉敌第44师军需处处长，缴获大批军用物资，仅布料即达3000多匹，每个战士发到7身布料，解决了被装之需。这是红25军在鄂豫陕苏区第二次反"围剿"中的首个胜利。

7月2日，红25军在山阳县袁家沟口设伏，全歼尾追的陕军警备第1旅，毙伤俘敌旅长以下1700余人，缴各种枪1600余支，取得第二次反"围剿"的又一胜利。

7月中旬，红25军经商县杨家斜、蓝田石嘴子等地，北出终南山，歼灭蓝田焦岱、长安引驾回等地的民团后，前锋进至西安以南10多公里处的韦曲、杜曲等地，直逼西安。这一行动极大震惊了国民党当局，蒋介石发电报痛斥西安"绥靖"公署："区区之匪，至今尚不能歼灭，可知'进剿'不力，奉命不诚。兹再限期八月十五日以前肃清，如届时再不能遵令肃清，则唯该主管长官'纵匪'论罪。"本来准备由西安开往天水阻击红一方面军北上的东北军第51军也被迫停止行动。

至此，红25军打破了国民党军的第二次"围剿"，不仅巩固了鄂豫陕苏区，也积极策应了主力红军的行动。

> 徐宝珊，湖北汉川人，1903年出生。1926年加入中国共产党，1927年参加南昌起义。1929年到鄂豫皖苏区工作，历任中共黄安中心县委书记、鄂豫边特委和鄂豫皖省委委员、省委代理书记等职，是鄂豫皖革命斗争的重要领导人之一。在红25军战略转移途中，任中共鄂豫陕省委书记，为领导创建鄂豫陕苏区作出重要贡献。

前赴后继　尚可　中国画　200cm×210cm　2021年

三、北上先锋

> 红25军得知主力红军北上的消息后,从鄂豫陕苏区再次出发,西征北上,主动配合策应,并率先到达陕甘,先期结束长征。

沣峪口决策

红25军在威逼西安的行动中,从国民党报纸上得知,中央红军和红四方面军已经在川西会合并将继续北上。从撤离鄂豫皖苏区后,红25军即与中共中央失去联系。这个消息,对于红25军来说十分重要,也使他们又一次面临重大抉择。

恰在此时,原中共鄂豫皖省委的老交通员石健民从上海经西安找到红25军,带来中共中央数月前发出的文件和指示,以及中央红军和红四方面军已在川西会师并将继续北上的确切消息。

7月15日晚,中共鄂豫陕省委在长安县沣峪口召开紧急会议,讨论中央文件,研究下一步行动方针。根据中央文件精

红 25 军路过留坝时在农户后墙上留下的标语

神、报纸消息和敌情动态，会议研究决定，红 25 军立即前往陕甘，与陕甘红军会合，巩固陕甘苏区，集中力量消灭敌人，直接有力地配合主力红军，"创造新的伟大红军与准备直接与帝国主义作战的阵地"。

会议还决定，将鄂陕、豫陕两特委合并为中共鄂豫陕特委，统一领导鄂豫陕苏区地方武装继续坚持斗争。会后，立即在部队和苏区进行了紧急动员和部署。

中共鄂豫陕省委在远离党中央的情况下，正确作出前往陕甘苏区的重要决策，完全符合当时全国革命形势发展的要求，符合中共中央率领红军主力北上抗日的战略意图，反映了红 25 军指战员与主力红军会师的热切愿望。

再上征途

7 月 16 日拂晓，中共鄂豫陕省委率领红 25 军从长安沣峪口出发，再次踏上战略转移的征途。部队冒雨沿秦岭北麓西行，吴焕先对大家说："现在我们就像一枚攻过河的卒子，只能朝前进攻，不能往后退了！"

红 25 军出发后，国民党军即紧追而来，最近时相距仅 15 公里。为甩掉敌人，红 25 军南入秦岭，佯攻汉中，迷惑敌人，而后乘虚攻占留坝江口镇。部队在江口进行了西征的思想动员和物资准备，补充了兵力，全军 4000 余人。

7 月 31 日，红 25 军在凤县双石铺歼敌一部，俘敌少将参议一名，缴获一批

文件和报纸。报上有消息称:"朱毛部已越过六千米的巴郎山,向北进行","似有窥甘青交界之洮州、岷县、西固等处"。根据俘虏口供、缴获的文件和报纸消息,红25军判断主力红军正在北上,遂决定西进甘肃,威胁敌人后方,配合主力红军北上的行动。部队随后攻占两当县城,翻越麦积山,于8月9日一举攻占天水县城北关,歼敌一部并缴获一批军用物资。

红25军一路西进,连克数城,国民党当局大感疑惑。蒋介石连发数电,先是命令加强西安、宝鸡、汉中一线的碉堡封锁线,阻止红军进入甘肃;之后又命令各部组织兵力,在甘肃两当一带围歼红军。在8月10日的电令中,蒋介石称:"查徐海东匪西窜原因在策应朱毛,我军应采用内线作战要领,先以优势兵力迅速解决徐匪,再行以全力回击朱毛。"他命令薛岳部、王均部主力及陕军、东北军各一部,统归甘肃"绥靖"公署主任朱绍良指挥,"不分省界,向匪穷追,不灭不止"。由于敌人集中兵力"追剿"红25军,正在北上的主力红军一定时期内减轻了压力。

为了更积极地策应主力红军,红25军决定向

红74师坚持鄂豫陕边游击战争

红25军转移后,为坚持鄂豫陕苏区的革命斗争,中共鄂豫陕特委将苏区地方武装合编组成红军第74师。从1935年7月至1936年12月,红74师在特委领导下,在鄂豫陕边顽强坚持游击斗争,活动范围达24个县境,进行了大小上百次战斗,打破敌人三次围攻,部队从700余人发展到1700余人。1937年1月,红74师与红15军团在陕西商县胜利会师。

放牛娃争当红军

红25军在柞水期间,一群放牛娃找到驻红崖寺的红25军军部,领头的年轻人说,他们要找吴焕先。哨兵不让他们进去,彼此就嚷嚷起来。

吴焕先闻声出来,问他,为什么要找吴焕先?

年轻人回答说:"我们认识。"可他分明没认出眼前的吴焕先。哨兵一看,扑哧笑了。

年轻人一愣,仔细分辨后喜出望外地说:"你就是吴政委,我认得你!"可吴焕先却认不得他。

年轻人连忙说:"吴政委,我叫明道和,是73师的,你给我们讲过话。你说,红军好比一把扎紧的扫把,要把敌人扫个落花流水。每个战士就是一根青翠竹子,只有扎成扫把才有力量。"

吴焕先说:"是,这话是我说的。可你怎么会在这里?"

明道和即把来龙去脉告诉了吴焕先。

原来,他是红25军第73师的战士,1932年冬随红四方面军主力转移时,因病掉队,乞讨流落到柞水。病好后因找不到部队,当了放牛娃。这回听说红军来了,他对一起放牛的小伙伴说:"我这只离了群的孤雁,要归队去了!"还告诉大家,红军打土豪分田地,是专为穷苦百姓谋利益的军队。小伙伴们一听,都跟着一起来了。

吴焕先听了很高兴,把这十多个放牛娃编成一个班,让明道和当班长。这些放牛娃后来成长为坚强的战士,多数人为革命英勇牺牲。据介绍,明道和是1944年牺牲的,那时他已是连长了。

(右页)红军小战士(局部) 于文江 中国画 134cm×144cm 2021年

敌纵深发展。8月11日，部队北渡渭河，进占秦安县城。14日，进逼静宁县城，把横贯陕、甘的交通大动脉西（安）兰（州）公路拦腰切断。国民党军围堵红军的部署因此被打乱。

过回民区

8月15日，红25军进至静宁县城以北的兴隆镇、单家集（今属宁夏）等地休整。

这一带是回民聚居区。由于长期受到反动统治阶级压迫剥削，加上敌人的造谣欺骗，回族群众对汉人心怀戒备。听说红军要来了，胆小者都逃往山里躲避起来。

红25军对正确处理民族关系的重要性早有认识。在创建鄂豫陕苏区时，就提出要注意"回回民族中的工作"。进驻兴隆镇前，军政治委员吴焕先专门制定了"三大禁令、四项注意"，并要求指战员们严格执行。

进入兴隆镇后，吴焕先邀请当地知名人士和阿訇一起座谈，向他们宣传共产

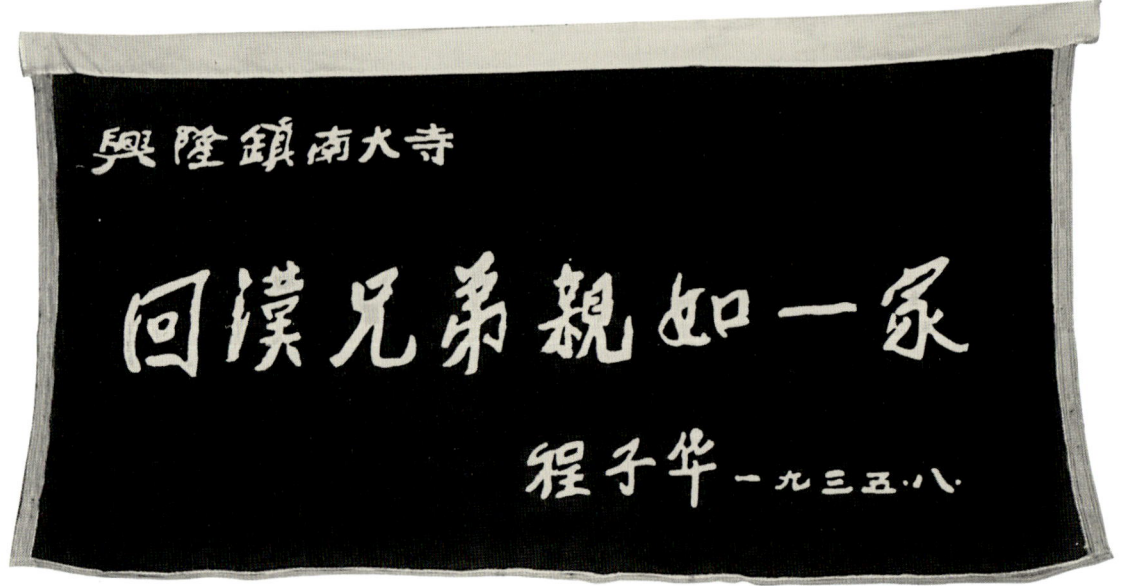

红25军军长程子华赠送给兴隆镇南大寺的锦幛

党的民族平等政策和团结抗日主张，说明红军只是路过，不征粮派款，不拉夫抓丁，解除了他们的顾虑。为表示尊重，红25军首长还拜访了当地清真寺，赠送了锦幛和礼品。清真寺的阿訇按照民族礼节隆重宴请他们，并回赠了一面绣着"劳苦功高"四个大字的锦旗和一群染成红色的羊。红军战士们严格遵守纪律，主动帮助群众扫院、担水，医护人员热情地为群众治病。军医院的钱信忠院长亲自为一位腹胀难忍的患者扎针，解除了他的痛苦。"红军好"的消息不胫而走，逃出去的群众纷纷回家，不少人主动为红军提供帮助。

> **三大禁令四项注意**
>
> 禁止驻扎清真寺，禁止打回族中的土豪，禁止在回民家中吃大荤。
>
> 注意回族的风俗习惯，注意要用回民水桶在井里打水，注意回避青年妇女，注意实行公买公卖和不准在回民面前说猪、骂猪。

红25军离开兴隆镇时，全镇男女老幼齐集街头，摆上香案，放上点心，敲锣打鼓为红军送行，十几名回族青年还主动要求参加红军。后来，红一方面军长征途经这里时，也受到回民群众热烈欢迎。毛泽东在陕北见到徐海东和程子华时，连夸红25军政策水平高，民族政策执行得很好。

由于一直没有主力红军的消息，省委决定，红25军在西兰公路一线再钳制敌人半个月，如接不到党中央和主力红军，就直接去陕北。

血战四坡村

8月17日，红25军从兴隆镇出发，沿西兰公路东进，攻克隆德县城，翻越六盘山，直逼平凉县城。

平凉是西兰大道上的重镇，也是国民党军第35师师长马鸿宾部的防区。他一面派兵向平凉增援，一面调集部队向泾川县城集中，企图将红25军逐出陇东。听说红25军都是些"娃娃兵"时，马鸿宾嚣张地说："对付这些小崽兵，我们要像老鹰抓小鸡那样，把他们消灭在平凉城下！"

为打击马鸿宾的气焰并继续钳制敌人，红25军绕过平凉县城，南渡泾河，沿西兰公路进至白水镇。8月20日傍晚，部队冒着大雨在马莲铺以东设伏，将

军魂——红25军军长吴焕先(局部)　张苊 油画 120cm×65cm 2021年

吴焕先,湖北黄安箭场河乡四角曹门村(今属河南新县)人,1907年出生,家境殷实。16岁时考入湖北麻城乙种蚕业学校,1924年在学校加入了中国共产主义青年团,1926年加入中国共产党。1927年秋,吴焕先参加领导黄麻起义,是鄂豫皖苏区和红军的主要创建人之一。为发动家乡群众起来革命,他烧掉了自家地契债据,对乡亲们说:"谁耕我家的田,这田地就归谁所有。"当地豪绅对他恨之入骨,扬言:"踏平箭场河,血洗四角曹门,灭吴焕先满门。"在反动派的屠刀和迫害下,吴焕先一家6人遇难,这更坚定了他革命到底的信念。在领导红25军和鄂豫皖苏区反"围剿"、率领红25军长征及开辟鄂豫陕苏区的斗争中,吴焕先建立了不可磨灭的重要功绩,在部队中享有很高的威望,被红25军指战员誉为"红25军之魂"。

追踪而来的马鸿宾部3个步兵营全部打垮，歼敌1个多营。在阵后督战的马鸿宾本人，险些被红军生俘。

这时，因连日暴雨，泾河水位猛涨，红25军再要北渡已很困难。而西兰公路南侧受地形所限，回旋余地较小。军首长决定，翻过王母宫塬，南渡泾河的支流汭河，佯攻灵台，调敌东进；红军则转而向西，威逼崇信县城，继续阻断西兰公路。

8月21日，红25军正在徒涉汭河时，突遇山洪暴发，河水陡涨，尚未过河的军直机关和第223团被阻于北岸，无法过河。这时，敌第35师第208团1000余人从泾川县城方向突然来袭。已经过河的红25军主力难以回援，未过河的部队背水迎敌，处境十分危险。第223团第3营首先在四坡村东北角与敌接火，重机枪连连长戴德归抱着一挺重机枪架在窑洞顶上猛烈扫射，压住了敌人的进攻势头。第1、第2营则从西南方向发起反击。正在指挥渡河的吴焕先听到枪声，立即率军部交通队和学兵连100余人，迅速从河边冲至塬上抢占制高点，从侧翼向敌发起进攻。他一边指挥作战，一边振臂高呼："同志们，压住敌人就是胜利，决不能让敌人逼近河边，一定要坚决地打！"红军从不同方向对敌发起反击，双方展开激烈搏杀。激战中，吴焕先不幸中弹，壮烈牺牲，年仅28岁。指战员们见状无比激愤，端起刺刀冲向敌人，与敌拼死肉搏，最终将敌人压到一条

红25军长征中使用的刀

泥沟中全部歼灭，击毙敌团长、马鸿宾之侄马开基。

吴焕先牺牲后，徐海东亲自为他擦洗了身上的血迹，指战员们怀着悲痛的心情把他安葬在陇东高原。徐海东后来回忆说，吴焕先牺牲是他此生最难过的事，也是他第一次在战场上流泪。省委常委临时决定，由徐海东兼任中共鄂豫陕省委书记和红25军政治委员，率领部队继续战斗。

四坡村战斗后，红25军在崇信与灵台之间灵活转战，一直没有得到党中央和主力红军的确切消息。在各路敌军日益逼近的形势下，省委和军领导果断决定，立即北上陕甘苏区，与陕甘红军会合。

8月31日，红25军由平凉城以东的四十里铺涉过泾河，向东北方向前进。至此，红25军将横贯西北的交通大动脉西（安）兰（州）公路截断18天，牵制了大批国民党军，对主力红军的行动起了积极配合作用。

前往陕甘

渡过泾河后，红25军跨沟翻塬，兼程前进，经镇原、庆阳县境，到达合水县板桥镇。

9月4日晨，部队从板桥出发时，后卫第225团第3营遭到敌第35师骑兵团突然袭击，被敌包围。徐海东即从前卫赶到队尾，指挥该团第2营投入战斗，掩护第3营突围。但因敌众我寡，徐海东和第2营陷入重围，处境危急。第1营营长韩先楚和营政委刘震迅速率部抢占附近山头，以猛烈火力阻止敌骑兵团的进攻，掩护徐海东和第2营突出敌围。板桥战斗，是红25军在陇东经历的又一场激战，共伤亡200余人，第225团团长方炳仁英勇牺牲。

之后，红25军渡过葫芦河，沿陕甘边界的崇山峻岭继续北进。这一带山里荒无人烟，无粮可筹，部队整整断粮两天，有的战士走着走着就昏倒在地。不少干部把自己的马杀了，供战士们充饥。正在四处寻粮之时，恰遇一个贩羊的商人，赶着几百只羊去卖。军经理处用银元将这些羊全部买下，缓解了部队的饥饿威胁。

9月7日，红25军到达陕甘交界的豹子川（今属华池）。省委在此召开会议，决定由程子华代理中共鄂豫陕省委书记兼红25军政治委员，徐海东任红

25军军长。会后,部队进行了与陕甘红军会师的政治动员,要求全体指战员整顿军容,遵守纪律,注意团结,虚心向兄弟部队学习,尊重地方政府,爱护苏区人民。

得知即将与陕甘红军会师,指战员们兴高采烈,激动万分。历尽艰辛所盼望的时刻即将到来,每个人的心中都充满期待。9月9日,红25军进至保安县(今志丹县)永宁山,与陕甘苏区党组织取得联系后,向着延川县永坪镇继续前进。

北上的战略目标,终于实现了。

迎红军 陕北剪纸

刘志丹在陕北（局部）　　古元　油画　190cm×112cm　1951年　中国国家博物馆藏

第七章
硕果仅存在陕甘

当各路红军在长征途中艰苦转战时，大西北的陕甘高原上，共产党人刘志丹、谢子长、习仲勋等领导陕甘红军和游击队，以英勇的斗争创建发展了"硕果仅存"的陕甘苏区，并与红25军合编组成第15军团，取得反"围剿"胜利，巩固了苏区，为长征中的主力红军提供了落脚点。

陕甘烽火（局部）　刘宇一　油画　200cm×120cm　2013年

一、硕果仅存

> 陕甘苏区，由陕甘边、陕北两块苏区发展形成。它北靠长城、东临黄河、西迄六盘山东麓、南达渭河流域，是红26军和红27军的诞生地。它的创建、发展和巩固，经过了艰难曲折的斗争历程。

陕甘游击队和寺村塬根据地的创建

"八七"会议后，中共陕西省委领导发动了清涧、渭华、栒邑（今旬邑）等多次武装起义。由于敌强我弱，起义先后失败。省委又陆续派出谢子长、刘志丹、习仲勋等一批共产党人和共青团员打入国民党军和地方军阀队伍中，秘密开展兵运工作，以变军阀军队为革命武装。

然而，兵运工作屡屡受挫。刘志丹、谢子长等总结经验教训认为："最根本的原因，就是军事运动没有同农民运动结合起来，没有建立起革命根据地"，"搞革命武装，只依靠旧军队里的合法地位招兵买马是不行的,还是要走井冈山的道路"。为此,他们组建了南梁游击队等多支革命武装,深入陕甘边的广大农村开展游击战。

随着这些革命武装在游击战争中的不断发展,1932年2月12日,中国工农红军陕甘游击队在甘肃正宁县三嘉塬成立,陕甘高原上第一次打出工农红军的旗帜。3月下旬,陕甘边革命委员会和赤卫军总指挥部在正宁县寺村塬成立,陕甘边第一个红色政权诞生。

可是,在敌人优势兵力进攻下,寺村塬根据地不久丧失,游击队也遭到很大损失。艰难时刻,刘志丹鼓励大家要坚定信心,坚持战斗。

红26军和照金苏区的建立

1932年12月24日,根据中共中央指示和陕西省委决定,陕甘游击队在宜君县转角镇改编为红军第26军,下辖第2团,共200余人。虽然人数不多,却

三嘉塬改编　剪纸 81cm×60cm 甘肃庆阳市合水县陕甘红军纪念馆藏

转角镇授旗（局部） 杨伟孝 油画 300cm×200cm 2012 年 陕甘边革命根据地照金纪念馆藏

是陕甘地区第一支有正式番号的红军。

红 26 军成立后，南下耀县照金镇，再创根据地。

照金，地处桥山山脉南端的照金山麓。相传历史上隋炀帝巡游至此，恰逢雨后斜阳，山体金光灿灿，遂命名为照金山。位于照金中心地带的薛家寨，海拔 1600 余米，寨势雄奇，三面悬崖，有多个天然石洞相互贯通，便于与敌周旋。传说唐代的薛刚曾在此屯兵练武，故而得名。

红 2 团在照金广泛发动群众，建立了多支游击队，扩大了党的组织。至 1933 年 4 月，中共陕甘边区特委、游击队总指挥部和陕甘边区革命委员会先后成立，以薛家寨为中心，东西宽约 25 公里、南北长约 40 公里的照金苏区初步形成。

5 月，国民党军兵分四路对照金苏区发起"进剿"。红 26 军政治委员杜衡强令红 2 团南下渭（南）华（县），去创建新苏区。结果，部队渡过渭河后即陷入国民党军重围，虽英勇奋战，最终仍被打散。杜衡被捕叛变。

红 2 团南下后，照金苏区形势十分困难。游击队总指挥部总指挥李妙斋和政治委员习仲勋等人，领导各游击队顽强坚持斗争。这期间，任陕军骑兵团团长的中

红 26 军和照金苏区（局部）
冯晓伟　中国画
200cm×200cm　2020 年

陈家坡会议（局部）　张元稼　油画　500cm×270cm　2021年　中国共产党历史展览馆藏

共地下党员王泰吉率部起义，冲破敌人围堵，带领保存下来的100余人到达照金；陕甘边特委以渭北、富平等游击队为基础，新建红4团，增强了对敌斗争的力量。

　　8月14日，中共陕甘边特委在耀县陈家坡召开党政军联席会议，讨论斗争方针。有人主张，面对强敌，红4团和各游击队应分散开展活动。特委军委书记习仲勋认为，红军武装只有统一起来，才能战胜敌人。如果分散游击，极有被敌人各个击破的危险。会议经讨论，否定了分散行动的意见，决定成立陕甘边红军临时总指挥部，总指挥王泰吉，政治委员高岗，统一领导陕甘边红军和游击队的斗争。10月上旬，刘志丹率红2团20多名幸存者辗转返回照金后，担任总指

挥部副总指挥兼参谋长,指挥红4团和游击队积极打击敌人。

为扑灭陕甘边的革命烈火,蒋介石命令国民党西安"绥靖"公署加紧进攻照金。苏区军民凭借有利地形,扼守险关要隘,连续打败进攻之敌。然而,由于叛徒带路,敌人趁夜从后山攀上薛家寨,照金失陷,大批干部群众惨遭敌人杀害。

红42师和南梁苏区的建立

照金苏区丧失后,刘志丹提出,到南梁重建根据地。11月3日,中共陕甘边特委和红军临时总指挥部在合水包家寨召开会议,决定恢复建立红26军,以南梁

陕甘边区苏维埃政府旧址

为中心重建陕甘边根据地；同时成立第1、2、3路游击总指挥部，分别以陕北安定、陇东南梁、关中照金为中心开展游击，红26军居中策应，形成三个地区相互支持、彼此呼应的局面。毛泽东后来曾说，刘志丹创建的根据地，用了"狡兔三窟"的办法，创出局面，这很高明。

11月8日，红26军在合水莲花寺恢复重建，下辖第42师，共500余人，200余匹战马（编成一个骑兵团）。红42师在群众支持下，广泛开展游击战，扫除反动地方武装。同时，帮助开辟第1、2、3路游击区，并建立了多支游击队。1934年2月25日，陕甘边革命委员会成立，习仲勋任主席。以南梁为中心，东西约200公里、南北约150公里的陕甘边苏区初步形成。

南梁苏区刚一建立，国民党军即发动"围剿"。习仲勋等领导组织游击队和群众在内线袭扰敌人，刘志丹等率领红42师转移外线寻机歼敌。经千里转战，红42师抓住战机，在合水西华池歼敌2个营及1个机炮连，毙伤俘敌700余人。之后，又经过大小30余战和内外线配合，于7月粉碎了敌人的"围剿"。

11月7日，陕甘边区工农兵代表大会在南梁荔园堡召开，选举产生了习仲勋任主席的陕甘边区苏维埃政府和刘志丹任主席的陕甘边革命军事委员会。陕甘边的革命斗争进入新的阶段。

红27军和陕北苏区的建立

在陕甘边红军和苏区创建发展同时，陕北红军游击战争也逐步兴起。1931年9

月，阎红彦、杨重远等率领晋西游击队西渡黄河，进入陕北开展游击。

1932年3月，中共陕北特委领导的第一支革命武装——延川游击队成立。经过不断整编，于1933年4月改编为红军陕北游击队第1支队。1934年7月，中共陕北特委在葭县（今佳县）高起家圪召开扩大会议，决定进一步扩大陕北游击战争，创建革命根据地。之后，陕北地区又陆续成立了多支红军游击支队，活动范围达10多个县境。

1934年5月，陕北军阀井岳秀调集上万兵力对陕北游击队发动"围剿"。为集中力量打破"围剿"，在中共陕北特委领导下，陕北红军游击队总指挥部于7月成立，谢子长任总指挥，郭洪涛任政治委员。总指挥部以第1、第2、第5游击支队为主力，在群众武装配合下，一举攻占安定县城，解救出被关押的200多名共产党员和革命群众。战后，谢子长率部前往南梁。7月28日，中共陕甘边特委、红42师党委和陕北红军总指挥部举行联席会议，决定谢子长兼任红42师政治委员，贺晋年任陕北红军总指挥。红42师派第3团北上参加陕北苏区反"围剿"作战。在谢子长等指挥下，陕北和陕甘边红军共同奋战，经过3个多月艰苦斗争，打破国民党军对陕北苏区的第一次"围剿"，在安定和绥（德）清（涧）、葭（县）吴（堡）、神（木）府（谷）等县边界开辟了多块苏区。

在反"围剿"战斗中，谢子长身负重伤。贺晋年、吴岱峰①回忆：

> 在河口战斗中，子长身先士卒，不幸负了重伤，鲜血从胸前溢出。那时，子长穿了一件深紫色夹袄，血涌出来一时不易被人发现，他自己却一声不吭，继续坚持指挥战斗。后来血越来越多，才被同志们看见，劝他撤下火线。同志们看到子长伤势很重，一再劝他离队养伤，但他固执地不愿离开战斗岗位，谁也说服不了他。

反"围剿"胜利后，陕北红军游击支队集中整编为陕北红军独立师。1935年1月底，陕北红军独立师改编为红军第27军，下辖第84师，共700余人。陕北革命斗争进入创建正规红军的新阶段。1月25日，陕北省第一次工农兵代表大会在赤源县（今属子长）白庙岔召开，选举产生由马明方任主席的陕北省苏维埃政府，陕北苏区初步形成。

---

① 吴岱峰：曾任红42师第3团团长。

西北革命烽火(局部)　　侯震　油画　800cm×300cm　2021年　中国共产党历史展览馆藏

西北工委和西北军委的建立

陕甘边和陕北革命斗争的发展,成了国民党当局的心头之患。1934年10月,蒋介石命令陕甘宁晋4省国民党军5个师共4万兵力,对陕甘边和陕北苏区发动第二次"围剿",重点进攻陕北苏区。年底,敌人开始行动。

为商讨如何打破敌人的"围剿",刘志丹于1935年1月上旬前往陕北,探望正在养伤的谢子长。两人就集中兵力、加强统一领导等问题进行了深入交流。高朗亭[①]回忆说:两人"意见完全一致。只是在西北军委主席人选上,谢子长同志提出要刘志丹同志担任,刘志丹同志再三推让要请谢子长同志担任,两人谦让良久"。

2月5日,中共陕甘边特委和陕北特委在赤源县周家崄召开联席会议,决定成立中共西北工作委员会(简称西北工委),书记惠子俊,统一领导陕甘边和陕北两苏区的党组织和革命斗争;同时成立中国工农红军西北革命军事委员会(简称西北军委),主席刘志丹(一说谢子长,谢子长病逝后,刘志丹接任),统一指挥红26军、红27军进行反"围剿"斗争。自此,陕甘边和陕北两块苏区及红26军、红27军实现了集中统一领导,统称陕甘苏区和陕甘红军,也称西北根据地和西北红军。会议还决定,集中红26军主力和红27军,首先打击深入陕北苏区的国民党军,打通陕甘边和陕北之间的联系。

2月21日,谢子长因伤重不治,在安定县灯盏湾逝世,年仅38岁。

5月1日,红26军主力和红27军在赤源县白庙岔会师。随后成立西北军委前敌总指挥部,刘志丹任总指挥,高岗任政治委员。在刘志丹等指挥下,陕甘红军集中兵力,灵活转战,寻机歼敌,经过1个多月连续作战,于6月下旬胜利粉碎敌人的第二次"围剿",共歼敌3000余人,攻占安定、延长、延川、安塞、靖边等6座县城,解放安塞、靖边全境,使陕甘边和陕北两块苏区连成一片,形成统一的陕甘苏区。陕甘红军发展到5000余人,各项建设不断加强。

陕甘苏区的巩固和红军的发展,为各路长征中的红军在此落脚创造了有利条件。

---

① 曾任西北军委情报侦查科科长兼医疗卫生科科长。

毛泽东三次为谢子长题词

毛泽东与谢子长从未见过面,却三次为他题词并撰写碑文。谢子长由此成为毛泽东题词最多的烈士。

谢子长,陕西安定(今子长)人,1897年出生。1925年加入中国共产党,曾参加领导清涧、渭华等起义,先后担任中共中央驻北方代表派驻西北军事特派员、陕北红军游击队总指挥部总指挥、红26军42师政治委员等职,是陕甘苏区和红军的重要创始人和领导者之一。他牺牲时,部队正在进行反"围剿"作战,为稳定军心,西北工委决定不发讣告,不开追悼会,当天夜里秘密安葬。

1935年5月,西北工委决定将谢子长的故乡安定县更名为子长县,以示纪念。1939年6月,陕甘宁边区党委和政府决定修建谢子长烈士墓,毛泽东题词:"谢子长同志之墓,民族英雄。"8月下旬,毛泽东接见谢子长的亲属时再次题词:"谢子长同志,虽死犹生",还亲笔撰写了277字的碑文,记述了谢子长为革命奋斗的一生。1946年2月28日,毛泽东又为重建的子长烈士陵园题词:"谢子长同志千古。前仆后继,打倒人民公敌蒋介石。"

"为有牺牲多壮志,敢教日月换新天。"如今,毛泽东为谢子长烈士题写的碑文矗立在子长烈士陵园里,与烈士的英名共存。

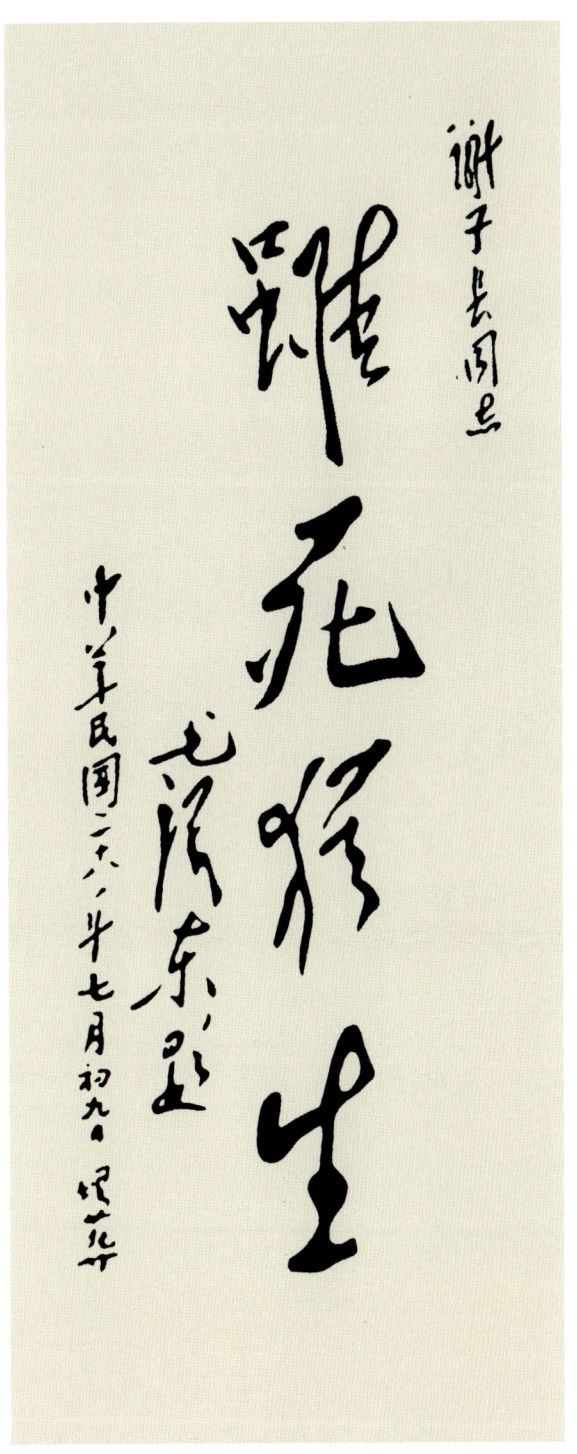

1939年毛泽东题词:谢子长同志虽死犹生

红25军与陕甘红军会师地——陕西延川县永坪镇

二、永坪会师

> 陕甘苏区第二次反"围剿"刚刚结束,国民党军又部署发动了规模更大的第三次"围剿"。陕甘红军英勇奋战,保卫苏区。红25军与陕甘红军在永坪胜利会师,增强了打破敌人"围剿"的力量。

第三次反"围剿"

为了消灭陕甘红军,蒋介石于1935年7月调集陕甘宁晋绥①五省国民党军13个师又5个旅近10万人,对陕甘苏区发动更大规模的第三次"围剿"。敌人采取南进北堵、东西夹击的方针,企图一举围歼红军。其中,东线晋绥军的先头部队已西渡黄河,进入陕北。

---

① 绥指绥远,旧省名,已撤销,原辖区为今内蒙古自治区的呼和浩特、乌兰察布、鄂尔多斯、巴彦淖尔等地。

面对极为悬殊的敌我兵力,西北军委决定,集中兵力,对敌人各个击破,乘敌人兵力尚在调动,合围尚未完成,首先打击伸入苏区、态势孤立的东线之敌。

8月11日至18日,刘志丹指挥陕甘红军主力采取围城打援战法,先后取得吴堡慕家塬和绥德定仙墕两战胜利,共歼晋绥军第206旅1个团又4个连,俘敌1800余人,迫使其主力退回黄河以东。

之后,红军以一部兵力南下鄜县(今富县)、甘泉,钳制南线之敌;主力挥师北上,袭击横山之敌,巩固苏区后方,为下一步打破"围剿"创造了有利条件。

永坪会师

就在陕甘红军艰苦反击国民党军第三次"围剿"时,红25军于9月上旬进入陕甘苏区。中共西北工委得到消息后,立即通知陕甘红军主力开赴延川永坪镇,准备与红25军会师;同时要求苏区各级党组织动员广大军民,热烈欢迎红25军。习仲勋等人亲自赶往赤安县(今属志丹县)永宁山,去迎接远道而来的红25军。

9月9日,陕甘苏维埃政府在永宁山举行了近千人的军民联欢大会,习仲勋主持大会并致辞,对红25军的到来表示热烈欢迎。会后演出了眉户剧,慰问红25军。徐海东看后连声说:"好戏!好戏!"会场上一片欢乐气氛。

陕甘苏区群众像迎接亲人一样欢迎红25军。老红军王诚汉回忆说,当红25军前往永坪时,"沿途群众送水送饭,送粮送柴,送鞋送袜,到处都可以看到欢迎红25军的标语、传单。陕北人民无微不至的关怀,使广大指战员深受感动"。

9月16日,红25军与陕甘红军在永坪胜利会师。第二天,中共西北工委和中共鄂豫陕省委举行联席会议,决定撤销西北工委和鄂豫陕省委,成立中共陕甘晋省委,朱理治任书记,统一领导苏区革命斗争。会议还决定,红25、红26、红27军合编组成红军第15军团,徐海东任军团长,程子华任政治委员,刘志丹任副军团长兼参谋长。红25军改编为第75师,红26军改编为第78师,红27军改编为第81师,共7000余人。

随后，在永坪镇召开了两军会师和红15军团成立的庆祝大会。徐海东回忆：

> 1935年9月18日——"九一八"事变四周年，我们在永坪西南一个干部学校门前操场上，举行了红15军团成立大会。两军合一，七千多人，真是人精马壮。周围几十里以外的群众，都赶来参加了大会。会场上红旗飘扬，遮天蔽日。许许多多的大字标语贴在临时搭起的席棚里，主席台的两旁贴着两张特别大的标语："两军亲密团结，携手作战！""迎接中央，迎接毛主席！"

红25军与陕甘红军会师时的情景

会上，刘志丹、徐海东等分别代表陕甘红军和红25军讲话，号召两支红军团结一心，为粉碎国民党军第三次"围剿"而英勇奋战。最后，刘志丹说："红25军的同志们带来了很多枪支，现在需要的是有更多的人来背它，谁愿意来背呀！"台下群众立即轰动起来了，许多年轻人当场报名参加红军。

红25军经10个月艰苦转战，率先到达陕北，奏响了中国工农红军各路长征大军在陕甘地区会师的激昂序曲。

陕北会师（局部） 李冬 中国画 387cm×190cm 2021年

劳山战斗旧址

三、连战告捷

> 红15军团的组建,大大增强了陕甘苏区反"围剿"的力量。在徐海东、程子华、刘志丹等指挥下,红15军团连续取得劳山、榆林桥战斗胜利,为打破国民党军第三次"围剿"奠定了坚实基础。

劳山战斗

就在红15军团成立之即,"围剿"陕甘苏区的南线国民党军第67军已经开始从中部(今黄陵)向北进犯,军部率1个师进驻洛川,主力2个师从洛川沿公路向北推进至延安[①],并以其中1个团进驻甘泉,维护南北交通。

红25军征尘未洗,立即投入反"围剿"作战。根据敌情,徐海东、程子华、刘志丹等决定,采取集中兵力、围点打援战

---

① 时名肤施。1937年1月中共中央进驻延安后设延安市,肤施并入延安市。

法，歼灭孤军冒进之敌。9月28日，红15军团以1个团在地方武装配合下，向甘泉县城发起围攻，以吸引延安之敌增援；红15军团主力进至甘泉以北的大、小劳山地域隐蔽集结，设伏打援。

劳山，是延安至甘泉的必经之地，群山耸立，地势险要，是理想的伏击地域。红军指战员忍着饥渴在山岭树丛中耐心等待了两天，敌人果然出动了。

10月1日，东北军第67军第110师由延安沿公路南下，前往甘泉增援。敌师长何立中毕业于保定军官学校，对"围点打援"战术并非不知，故开始行军时十分小心。行至四十里铺时，他留下1个团作为策应，率领另2个团在公路两侧高地上搜索前进，走了半天也没有发现红军，这才放下心来。为加快行军速度，他下令以四路纵队向甘泉前进。然而，他没想到，红军就是为了麻痹敌人，有意将伏击地域后靠。下午2时，敌先头部队进至甘泉白土坡，眼看离目的地不远了，紧张的心情放松了，戒备也松弛了。就在此时，枪声突然响起。红81师第241团迎头堵住敌人的前进之路；红78师骑兵团从劳山以北出击，切断敌人的退路；埋伏在公路两侧山岭之上的红75师和红78师主力向敌行军纵队发起猛烈冲击，将敌分割包围在榆树沟和小劳山一带。

敌人企图凭借火力优势杀开一条血路，冲出包围圈，遂以猛烈的炮火向红军阵地疯狂扫射，地里的小麻秆叶子都被打光了，只剩光秃秃的秆子。红军顽强阻击敌人的冲锋，第241团第2连打到只剩1名班长和十几名战士，仍牢牢坚守着阵地，使敌人不能越雷池半步。经5个多小时激战，红军全歼敌第110师，毙伤敌师长何立中及师参谋长等1000余人，俘敌团长以下3700余人，缴获长短枪3000余支、轻重机枪180余挺、火炮12门及战马300余匹、电台一部。

劳山战斗是红15军团成立后打的第一个大胜仗，重挫了东北军的骄横气焰，震动了敌各路"围剿"军，极大鼓舞了陕甘军民粉碎"围剿"的信心，也使红15军团的武器装备、服装给养得到丰厚补充。战斗结束后，红军对俘虏予以优待，对死者及时掩埋，对伤者尽力治疗，在东北军中产生了积极影响。

榆林桥战斗

东北军在劳山损兵折将后,变得小心谨慎起来,采取了稳扎稳打、步步为营的堡垒政策,对陕甘苏区实行严密封锁,企图逐步压缩苏区,最后围歼红15军团。

10月20日,敌第107师第619团并加强第620团1个营进驻榆林桥,开始修建碉堡封锁线。第619团装备精良,是东北军的主力团之一。团长高福源曾入东北讲武堂高等军学研究班学习,当过张学良的卫队营长,深受张学良赏识。

榆林桥是鄜县通往甘泉、延安的必经之路。控制榆林桥,就能紧紧扼住敌人军需物资运输的咽喉,使敌首尾不能相顾。红15军团首长决定,乘敌碉堡封锁线尚未完成,夺取榆林桥,消灭守敌。为确保胜利,徐海东先后3次前往战场侦察,

刘志丹用过的马鞍和马镫 中国国家博物馆藏

《三大纪律八项注意》歌的诞生

劳山和榆林桥连战告捷，苏区内掀起了拥军参军的高潮。为加强对新兵和俘虏兵的纪律教育，红15军团政治部秘书长程坦决定把红军的"三大纪律八项注意"编成歌曲教战士们学唱。在宣传科科长刘华清帮助下，程坦利用鄂豫皖苏区流行的歌曲《土地革命完成了》的曲调，根据《中国工农红军三大纪律八项注意布告》的内容，对词曲进行了修改编排，并在部队中教唱。之后，又在红15军团的《红旗报》刊登了歌词：

红色军人个个要牢记，三大纪律八项的注意：
第一不拿工农一针线，群众对我拥护又喜欢；
第二服从上级的命令，我们胜利更能有保证；
第三没收一切要归公，私打土豪纪律不可容。
八项注意我们要做到，时时刻刻切莫忘记了：
第一早起门板要上好，免得群众心里多烦恼；
第二早起都要捆禾草，室内室外脏物要打扫；
第三言论态度要和好，接近群众工作最重要；
第四买卖价格要公道，政治影响远近都传到；
第五借人家具用过了，当面归还切莫遗失掉；
第六若把东西损坏了，按价赔偿立刻要办到；
第七到处卫生要讲好，选择僻处挖下卫生壕；
第八对待俘虏影响好，不许随便拿他半分毫。
倘或把这规则破坏了，红军纪律处罚决不饶。
红色军人应当认识到，争取群众工作最重要。
到处工农斗争起来了，全国胜利实现在今朝。

红15军团和红一方面军在甘泉会师时，红15军团指战员在庆祝大会上高声齐唱《三大纪律八项注意》，引起全场热烈掌声，这支歌很快在红军中传唱开来，对加强部队的纪律起了积极作用。

1947年10月10日，中国人民解放军总部发布《关于重行颁布三大纪律八项注意的训令》，统一规范了"三大纪律八项注意"的措辞，要求各部队"深入教育，严格执行"。中华人民共和国成立后，解放军总政治部于1950年和1957年两次对《三大纪律八项注意》歌的歌词进行修订，确定了标准歌词，成为今天广为流传的革命歌曲《三大纪律八项注意》。

确认敌人的工事还未完成,还有很多火力死角,决心打敌个措手不及。

10月24日晚,红15军团向榆林桥隐蔽接敌。第二天拂晓,乘晨雾茫茫、视度不良之机,红75师与红78师分别由东、西两面同时向榆林桥发起攻击,迅速突破敌人的防御,进入榆林桥镇内,与敌展开激战。敌人凭借房屋和窑洞拼命抵抗,红军与敌展开逐屋逐窑的争夺。战士们搭人梯爬上屋顶、窑顶,将手榴弹成捆地从烟囱向下扔。敌人大部分被歼,残敌缴枪投降。战至下午,红军全歼敌军4个营,俘敌团长高福源以下1800余人,缴获大批军用物资。第225团团长郎献民在战斗中牺牲。

徐海东听说俘虏中有个团长,即命令打扫战场的部队把这个人找出来,一名俘虏供出了高福源。老红军詹大南回忆:

> 程子华政委同他谈话,问他:"你打算怎么办?"高回答:"杀了我。"程说:"不杀你,你说说第二个办法。"高要求:"放了我。"程说:"不放你。我们有个军事学校,你去当教员。"高答:"我一定教好。"就这样,把他送到了后方。以后中央首长周恩来、彭德怀、李克农同志对他进行谈话教育和做争取工作,他向我们反映了不少有关东北军内部的情况。高福源被释放回去后,曾积极地做了张学良的许多工作。

劳山、榆林桥两战,红15军团重创东北军第67军,共歼其1个师部、3个整团、1个整营,打破敌人的南线攻势,为彻底粉碎国民党军对陕甘苏区的第三次"围剿"奠定了坚实基础,也为党中央和红一方面军落脚陕甘创造了有利条件。可以说,这是红15军团献给党中央、毛主席的一份"见面礼"。

榆林桥战斗后,红15军团得知红一方面军主力已经到达陕北吴起镇,倍感振奋。早日与党中央和红一方面军会合,成为广大指战员热切的盼望。

陕北人民迎赤星（局部） 黄乃源 谌北新 油画
330cm×165cm 1977年 中国人民革命军事博物馆藏

第八章
胜利到达吴起镇

长征以来,党中央率领中央红军一路战火硝烟,一路翻山越岭,从实际出发不断调整战略方针,最终作出落脚陕北的决定,为夺取长征胜利,开创中国革命的新局面带来希望。红一方面军恢复番号并取得直罗镇战役胜利,为党中央把中国革命大本营放在西北举行了奠基礼。

陕甘支队(局部)　陈建军　油画　200cm×140cm　2016年　中国中共党史学会艺术专业委员会藏

一、到陕北去

> 中共中央率红一方面军主力先行北上后，一举突破天险腊子口。根据在哈达铺获得的消息，榜罗镇会议作出到陕北去的决定。党中央和红军胜利抵达吴起镇，完成战略转移。

攻占腊子口

1935年9月13日，中共中央率红一方面军主力从俄界、罗达地区出发，继续北上。为团结争取张国焘带领红四方面军北上，离开俄界后的第二天，中共中央再次致电张国焘，强调"中央先率一、三军北上，只是为了实现中央自己的战略方针，并企图以自己的艰苦斗争，为左路军及右路军之四军、三十军开辟道路，以便于他们的北上"，要求张国焘"立即取消南下的决心及命令，服从中央电令，具体部署左路军与四、三十军之继续北上"。但是，张国焘拒绝执行中央电令，继续坚持其南下的错误行为。

北上红军从俄界进入甘南，要经过藏族聚居区和原始森林区。由于国民党统治当局和藏族上层反动分子的欺骗和唆使，不明真相的藏民逃离村庄、藏匿粮食，有的甚至躲在路旁的丛林中放冷枪袭击红军，这给红军行军造成很大困难。

蒋介石为了阻止红军北进甘南，命令甘肃"绥靖"公署主任朱绍良严加防守，并"严密检阅坚壁清野之法"，企图使饥疲困乏的红军得不到补充，陷入绝境。朱绍良即令甘肃军阀鲁大昌率新编第14师在岷县、腊子口等地严密布防；令卓尼土司杨积庆（藏名罗桑丹增南杰道吉）坚壁清野，率部在迭部达拉沟一线各峡谷关口布防，协同鲁大昌部堵截消灭红军。

卓尼土司是甘南管辖区域最大的土司，辖有2万藏兵。杨积庆通晓汉文，思想开明，结交广泛，喜欢摄影，在当地办学禁烟，开风气之先。他通过阅读报刊，对国内外形势有所了解，与著名记者范长江和吉鸿昌、宣侠父等共产党人有过接触，对国民党存有戒心，与鲁大昌更是不和。了解到红军是为北上抗日路过此地，他按兵不动，还让手下修复白龙江沿线的栈道木桥，方便红军通行，并敞开了储存着15万公斤粮食的崔古仓大门，使刚刚走出草地的红军得到急需的给养补充。

9月16日，红军击溃鲁大昌部1个团拦阻，逼近腊子口。

位于迭部县境内的腊子口，是由川入甘的要隘。沟口两边的悬崖峭壁既高又陡，犹如一座大山被巨斧从中劈开。由下往上斜视沟口，只有30多米宽。水深流急的腊子河由北向南纵穿隘口，河上有座小木桥，是进入腊子口的唯一通道。国民党军在桥头及山坡上修建了碉堡，布置了2个营兵力防守，并纵深配备了3个团，严密封锁住红军的去路。夺取腊子口，成为红军进入甘南的

成为革命烈士的藏族土司

1936年8月红二、红四方面军到达甘南时，杨积庆又一次开仓放粮，还派人给红军当向导、提供物资、帮助安置伤病员等，表示愿与红军联手抗日。一年后，鲁大昌买通杨积庆手下的团长，以"私通红军、借粮让道"为名，将杨积庆一家7口杀害。幸存的次子杨复兴承袭土司之位，并当了当地保安司令。1949年杨复兴通电起义，卓尼、临潭、岷县等地和平解放。1950年中央慰问团到甘南，带来周恩来总理的感谢信和礼品，感谢杨积庆当年对红军的援助。1994年，当地政府追认杨积庆为革命烈士，并为其修建了陵园。

关键一仗。

奉命夺取腊子口的红 2 师第 4 团，当天傍晚即发起进攻。可是，敌人凭借地势之利，从碉堡中拼命向红军投掷手榴弹，在桥头堡 50 米范围内构成一片火网。地上的手榴弹弹片、木柄和没爆炸的哑弹铺了厚厚一层。红军几次正面进攻，均未奏效。

经过反复侦察，红 4 团发现敌人的两个弱点：一是碉堡上面没有顶盖；二是兵力集中在正面，两侧山顶没有守军。如果能从山顶上居高临下发起攻击，炸掉敌人的碉堡，与正面进攻相配合，即可消灭守敌，夺取腊子口。

但是，如何才能爬上高达七八十米、几乎是 90 度垂直的峭壁顶部，成了一个难题。各连队立即召开火线动员会，号召大家献计献策。一个外号叫"云贵川"的苗族小战士毛遂自荐，说他能爬上崖顶，然后放下绳子，其他人可以拽着绳子爬上去。

突破天险腊子口（局部）　刘蒙天　木刻版画
18cm×28cm　1945 年　中国美术馆藏

（下页）智夺腊子口（局部）　　晏阳　李武　油画　800cm×300cm　2015 年　中国国家博物馆藏

对付敌机办法多

红军长征途中经常遭到国民党军飞机轰炸。红军老战士戏谑地称敌机只有三种本事：放屁、撒尿和拉屎。放屁指投撒反动传单，撒尿指俯冲扫射，拉屎指投掷炸弹。

为防范敌机、减少伤亡，部队通常在凌晨和傍晚行军，休息时则派专人警戒，看到敌机立即吹号报警。必须白天行军时，就用树枝、茅草做伪装，遇到敌机立即分散隐蔽在树林草丛中。当敌机低空飞行时，就用机枪组织交叉火力打飞机。长征途中，红军曾用机枪打下多架敌机。

经了解，这个小战士是从贵州入伍的，小时候在家采药、打柴，经常爬大山、攀陡壁。只要有一根长竿绑上结实的钩子，钩住悬崖上的树根、石嘴和崖缝，就能逐段爬上山顶。他现场示范后，团长黄开湘、政治委员杨成武决定，采纳"云贵川"的建议，以红6连从正面轮番攻击，消耗和疲惫敌人，红1、红2连迂回敌后，从侧面攀岩登顶，前后配合，夺取腊子口。

当晚，红6连从正面展开猛烈进攻，以吸引敌人的火力。红1、红2连乘机渡过腊子河，"云贵川"率先登上悬崖并放下绳子，后面的战士依次拽着绳子爬上山顶。由于处在视线死角，敌人并未发现。

黎明时分，总攻开始。攀上山顶的红军如神兵天降般扑向敌人，打得敌人晕头转向；正面冲锋同时展开。红军勇猛地冲向敌人的碉堡，前后夹击，将敌大部歼灭，余敌溃逃。

9月17日晨，红军占领腊子口，突破长征路上最后一道险关，打开北上通路，使蒋介石把红军逼退回去、困死饿死在雪山草地的企图又告破灭。红1军团政治委员聂荣臻高度评价说："腊子口一打开，全盘棋都走活了。"

红军乘胜追击45公里，占领大草滩，再歼敌一部，缴获大批粮食和1000公斤食盐，这对红军可谓是无价之宝。

哈达铺的喜讯

9月18日，红军翻越岷山，先头部队占领了哈达铺。

位于岷县境内的哈达铺（今属宕昌），是当归、黄芪等中药材产区。许多商人在此设置商铺，进行药材加工交易，使这里成为西北重要的商贸集镇，居民多达二三千人，一半是回民。红军进入哈达铺后，严守纪律，尊重少数民族风俗习惯，受到群众热烈欢迎。

此时，鲁大昌部在腊子口刚遭红军沉重打击，不敢轻举妄动，其他敌军距离尚远，红军在哈达铺获得了难得的休整机会。近一年的长途转战，特别是雪山草地间的艰苦跋涉，使指战员们的体力受到极大消耗。红军总部专门提出"大家要食得好"，并发给全军上下每人一块大洋，以改善生活。

由于地处偏远，交通不便，哈达铺物价十分便宜。一头百十斤重的肥猪仅要5块大洋，一头肥羊2块大洋，一块大洋可以买5只鸡。加上缴获了鲁大昌部的一批大米、白面和食盐，各个连队伙食单位纷纷杀鸡宰羊，让几个月不见油盐荤腥的指战员们痛痛快快吃了几天饱饭。特别是江西、福建籍的战士，看见大米胃

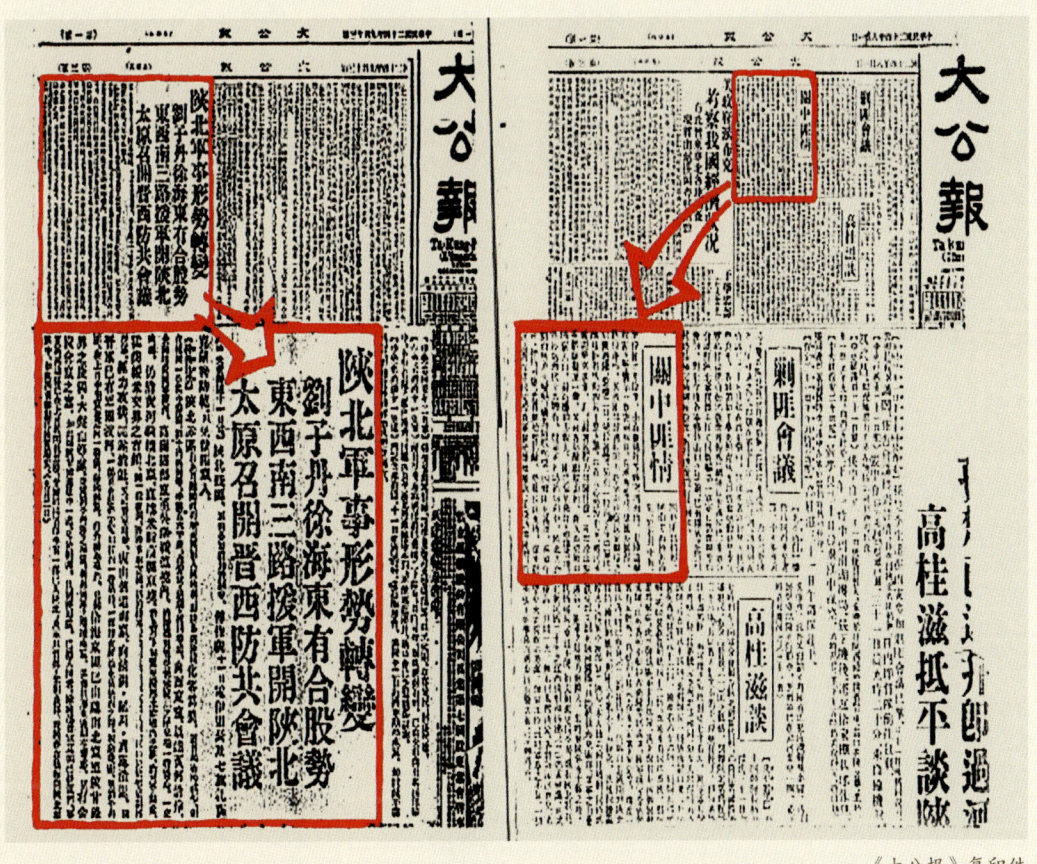

《大公报》复印件

到陕北去——哈达铺关帝庙动员大会　郑春龙　油画

口大开。遵照总部通令，各部队在改善伙食时，还邀请驻地群众一起会餐。老人们都说："活了几十岁，没见过这么好的军队。"

9月20日，毛泽东和中共中央机关进驻哈达铺。之前，毛泽东叮嘱侦察连连长梁兴初和指导员曹德连，为他找些"精神食粮"，只要是近期的报纸杂志都要。恰好，侦察连俘虏了一名刚从兰州返回的鲁大昌部少校副官，从他的行李中找到不少近期报纸。同时，又在镇上的邮政代办所找到一些报纸。报上有徐海东率领红军与陕北刘志丹部红军会师的消息，还配有被称为"匪区"的陕北苏区略图。这些报纸和俘虏立即被送到毛泽东那里。

得知陕甘地区还有规模不小的苏区和红军在坚持斗争，这对于长征中的红军而言，真是天大的喜讯。

9月22日，在哈达铺的关帝庙里，红一方面军召开了团以上干部大会。毛泽东在会上作报告指出：

> 民族的危机在一天天加深，我们必须继续行动，完成北上抗日的原定计划。首先要到陕北去，那里有刘志丹的红军。从现地到刘志丹创建的陕北革命根据地不过七八百里的路程。大家要振奋精神，继续北上。

听说陕北有红军和苏区，会场上群情振奋。

会上正式宣布，红一方面军改编为中国工农红军陕甘支队，彭德怀任司令员，毛泽东任政治委员。下辖3个纵队：原红1军改编为第1纵队，原红3军改编为第2纵队，原军委纵队改编为第3纵队，全支队共7000余人。

关帝庙大会，给杨成武留下深刻印象：

> 哈达铺整编在整个一年多的征途中，只是那么短暂的几天，可它给我们的印象却非常强烈。确实，毛主席在关帝庙前那鼓舞人心的讲话，给我们增添了战斗的活力，哈达铺也就因此成了我们长征途中名副其实的加油站了。

9月23日，经过休整补充的红军陕甘支队离开哈达铺。指战员们怀着喜悦兴奋的心情，朝着陕甘苏区大步前进。

榜罗镇的决定

红军突破腊子口、占领哈达铺后，国民党当局唯恐红军进攻天水，威胁西安，立即调动兵力向天水集结，并以一部兵力占领渭河附近的武山、漳县两城，以阻止红军东进。

为迷惑敌人，陕甘支队以一部兵力向东占领岷县闾井镇，佯作进攻天水之态；主力则以急行军折向西北，从武山、漳县之间穿过敌人的封锁线，徒涉渭河，于9月27日进占通渭县的榜罗镇。

当天，中共中央政治局常委在榜罗镇召开会议，根据新了解到的情况，改变了俄界会议的方针，决定率陕甘支队迅速北上，与陕甘红军及红 25 军会合，"保卫和扩大苏区，以陕北苏区来领导全国革命"。

第二天清晨，细雨霏霏。在榜罗镇小学门前的打麦场上，陕甘支队召开连以上干部大会，传达中央新的战略方针。已是深秋的黄土高原，寒气逼人。风挟着雨，扑在人的脸上，钻进袖口和领口去，许多人不由露出瑟缩的模样。

毛泽东在会上指出日本侵略北方的严重性，介绍了陕甘苏区和红军的情况，说明了北方可以成立新阵地的经济、政治条件，要求部队迅速前往陕北，并在沿途大力宣传北上抗日的意义。彭德怀、张闻天等其他领导人也分别讲话，进行北上陕甘的政治动员。会议号召大家：

现在，同志们，我们要到陕甘革命根据地去……我们要到抗日的前线上去！任何反革命不能阻止红军去抗日！……我们出了潘州城以来，已经过了两个关口——腊子口和渭河，现在还有一个关口，就是在固原、平凉的一条封锁线。这将是我们长征的最后一个关口……同志们！努力吧！为着民族，为着使中国人不做亡国奴，奋力向前！

庄严的空气，团结一致的精神，笼罩着整个会场。大家在风雨中认真听着，不由热血沸腾，寒冷的感觉悄悄地溜走了。

离开榜罗镇后，陕甘支队继续北进，先头部队已于两天前占领通渭县城。9 月 29 日，党中央和主力进驻通渭。

通渭是红军进入甘肃后占领的第一座县城。路上的群众见到红军都很热情，像看见相熟的朋友亲戚一样点头微笑，"尤其是孩子们，虽然他们穿着那破烂的衣服，可是仍然表现那天真烂漫亲热的神情"。当战士问他们为什么不怕红军？他们反问："你们不是徐海东的红军吗？"原来红 25 军经过这里，给群众留下很好的印象。战士们说："我们是从江西出发北上抗日的毛泽东、朱德的红军。"当地老百姓听到毛泽东、朱德的名字以后，都表示无限惊奇的神情，毛泽东、朱德的红军的威名一时传遍了该地周围的村庄和田野。

第八章　胜利到达吴起镇　335

毛泽东、周恩来等出席榜罗镇会议（局部）
张澎　油画　150cm×200cm　2016年　中国中共党史学会艺术专业委员会藏

红军在通渭,打开县监狱释放被关押的群众,四处张贴布告标语,宣传红军的抗日救国主张。城内秩序很快恢复正常,工人照常做工,农民照样背着农具、牵着毛驴去种庄稼,小商人们更是争着和红军做生意,因为红军买卖公平。特别是严明的军纪,使百姓印象深刻,他们说:"红军喝一杯水给一个铜钱,吃一顿饭给一块白元(指银元);宁肯露宿村道,也不入民宅;光着脚板,也不拿群众一针一线;空着肚子,也不白吃群众一口饭。"

红军在通渭进行了休整,以恢复体力并进行北上的政治动员。9月30日晚,全军指战员在南门外的河滩上举行了盛大的联欢晚会和会餐。各部队挑着准备好的饭菜,整队来到会场。晚会开始后,全军7000余人同声高唱《国际歌》,歌声直冲云霄,使人激情澎湃。叶剑英、杨尚昆、邓发等领导人宣讲

红军宣传员
张照旭 雕塑 128cm×48cm×61cm
1979年 中国国家博物馆藏

了北上抗日的意义，介绍了陕甘苏区的形势和打敌人骑兵的战术。之后，全军指战员席地而坐，一起会餐。战士们纷纷邀请各部队首长和他们一起用餐，气氛十分热烈。饭后，战士剧社进行了精彩演出，使联欢大会进入高潮。

为切实搞好进军陕北的思想动员工作，政治部门编写了《会合红二十五、二十六军，在陕北创立根据地讨论大纲》，绘制了《陕甘苏区略图》，印发各连队进行学习讨论。通过多种形式的政治教育，战士们了解了党的战略方针，认识了到陕甘去的重大意义，进行了打骑兵的战术训练，并添置筹集了衣被鞋袜和干粮，从精神到物质上为进军陕甘做好了准备。

红军渡过渭河后，国民党当局察觉到红军前往陕甘苏区的意图。蒋介石即令毛炳文部、马鸿宾部和东北军何柱国部，在西兰大道会宁、静宁间公路及平凉、固原之间设置两道封锁线，企图切断红军前往陕甘的道路。

10月2日，陕甘支队从通渭出发，兵分三路急速前进，连续突破国民党军两道封锁线，于10月3日到达静宁界石铺，控制了西兰大道一段。次日，部队在公路两旁打了一个漂亮的伏击战，截获国民党西安"剿总"给毛炳文部运输辎重的10余辆汽车，缴获大批物资，补充了部队所需。

战斗中，几名刚入伍的新战士，也截获了一辆汽车，俘虏了车上的两名国民党军官。他们把俘虏押回去后，有人问怎么没把汽车和司机带回来，一名新战士说："我把汽车的眼睛打坏了，它怎么能走呢？"大家不解其意。不一会儿，其他战士押着汽车和司机回来，这名新战士惊讶地说："这是被我打坏眼睛的汽车啊！"大家哗然而笑。原来，这几名新战士从未见过汽车，把车灯当作汽车的眼睛，以为打坏眼睛，车就没法走了。因为这件事，部队在新战士中开展了相关教育，使他们了解如何夺取敌人的汽车和操控汽车，提高了作战技能。

吴起镇会议（局部）　　王希奇 王品添 油画 200cm×150cm 2016 年 中国中共党史学会艺术专业委员会藏

二、到达吴起

> 陕甘支队一路向北,翻越了长征途中的最后一座高山——六盘山,胜利到达吴起镇,结束了历时1年、辗转11省的二万五千里长征。

翻越六盘山

10月5日,红军陕甘支队分路进至隆德县单家集、兴隆镇、公易镇(今属宁夏西吉)一带的回民区。由于红25军经过这里时纪律严明,尊重回民,这里的群众再次见到红军时十分热情,提茶荷水,夹道欢迎。

在单家集,毛泽东、张闻天、王稼祥等人前往当地著名的陕义堂清真寺参观,并与寺里的阿訇亲切交谈,向他们说明共产党的民族平等政策和抗日主张,了解当地的风土人情。友好的态度和对回族风俗习惯的尊重,给当地群众留下深刻印象。

为摆脱国民党军追击,红军于次日凌晨开始出发,"出发时禁止点马灯、火把,不准吹号、抽烟,不准呼叫和咳嗽"。

部队"在朦胧的夜色里摸索,战士们跌跌跌得一塌糊涂"。经过持续急行军后,陕甘支队甩掉追敌,进至六盘山麓。

六盘山,位于甘肃、宁夏和陕西3省交界处,海拔近3000米,南北走向,逶迤240余公里,既是陕北和陇中高原的界山,也是渭河与泾河的分水岭。因山路曲折,盘旋六重始能到顶,故而得名。这是中央红军长征途中翻越的最后一座高山。

长长的队伍在崎岖的山路上不断前进,战士们互相鼓励,你拉我拽地努力向上攀登。毛泽东的警卫员陈昌奉,之前在行军中磨破了脚受了感染,腿肿得打不过弯来,加上疟疾发作,冷得浑身打战,走着走着一头栽倒在地,昏了过去。毛泽东赶紧招呼卫生员给他喂药,并脱下身上的大衣给他披上,和另一名战士一起架着他,一步步坚持前行。

终于到达山顶了。极目远眺,山河大地,沟壑纵横,莽莽苍苍;回眸近看,"之"字形队伍,蜿蜒而上,浩浩荡荡。毛泽东心潮澎湃,在随后的行军途中吟成一首《清平乐·六盘山》:

毛主席《清平乐·六盘山》词意　陆俨少 中国画 82cm×17cm 1962 年

天高云淡，望断南飞雁。不到长城非好汉，屈指行程二万。
六盘山上高峰，红旗漫卷西风。今日长缨在手，何时缚住苍龙？

至 10 月 7 日，陕甘支队全部越过六盘山。第 1 纵队行至固原县青石嘴时，乘敌不备，歼灭东北军何柱国部 2 个骑兵连，缴获战马 100 余匹。红军用这批战马装备侦察连，从此有了自己的骑兵部队。

10 月 14 日，陕甘支队第 1 纵队到达环县洪德城。根据敌情，毛泽东于当晚 21 时致电彭德怀，令第 2、第 3 纵队立即趁夜迅速通过洪德城、环县一线。果然，红军刚刚通过，敌人的追兵即赶到了。几天后毛泽东提及此事时还说："洪德城是最危险的一关。我们过渭水后，敌人知道了底细，即急风暴雨般地追击。我们通过洪德城后，敌人二点半即到，如不早通过，要受阻碍。"

可是，部队行至环县河连湾时，却发生了一件令人痛心的事。红 4 团第 1 营

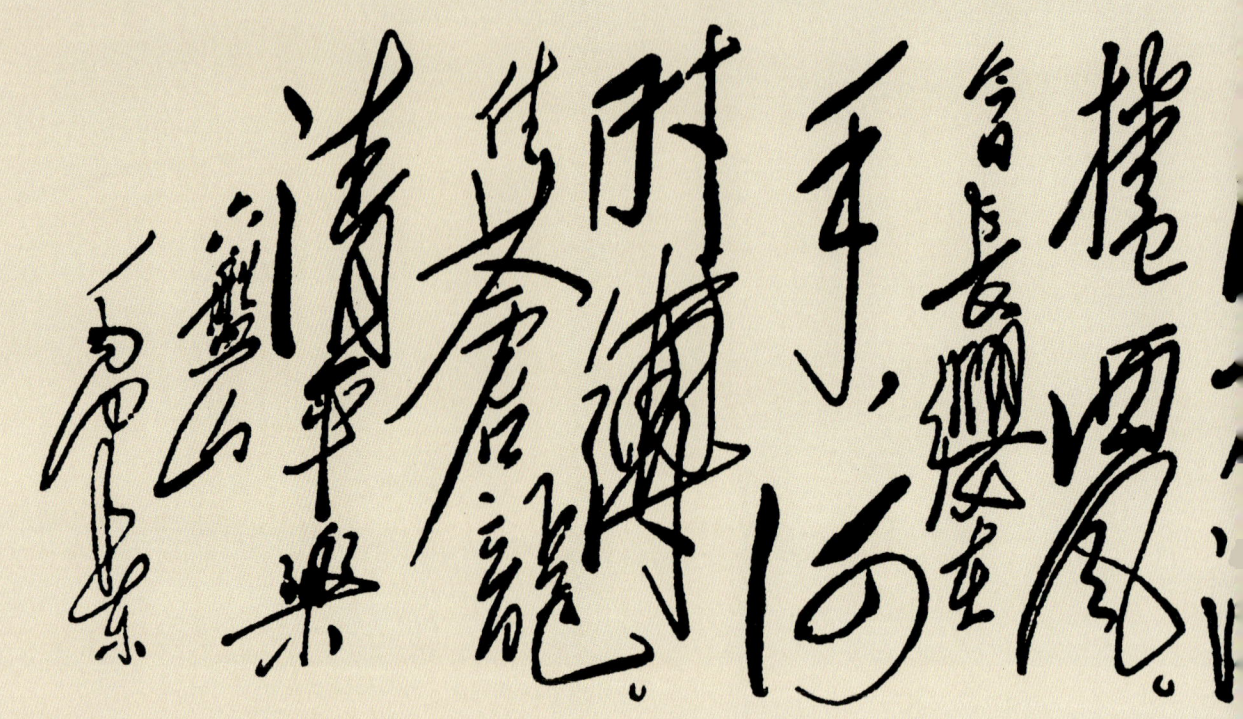

第1连连长毛振华,在率部攻打一个土围子时,不幸中弹牺牲,年仅25岁。毛振华在长征中是闻名全军的英雄,以勇担重任、敢打先锋而著称。他是突破乌江战斗的功臣,在腊子口战斗中带领全连冒险攀岩,迂回敌后发起攻击,为打开北上通道发挥了重要作用。他的牺牲让大家十分悲痛。安葬烈士时,团长黄开湘说,我们一定不要忘记毛连长!政治委员杨成武号召大家,努力完成烈士未竟的事业,跟着党继续北上!

胜利到吴起

陕甘支队从环县与庆阳之间一路向北,于10月18日到达陕西保安县铁边城附近。中共中央政治局在这里召开了进入陕甘苏区前的最后一次常委会议。会

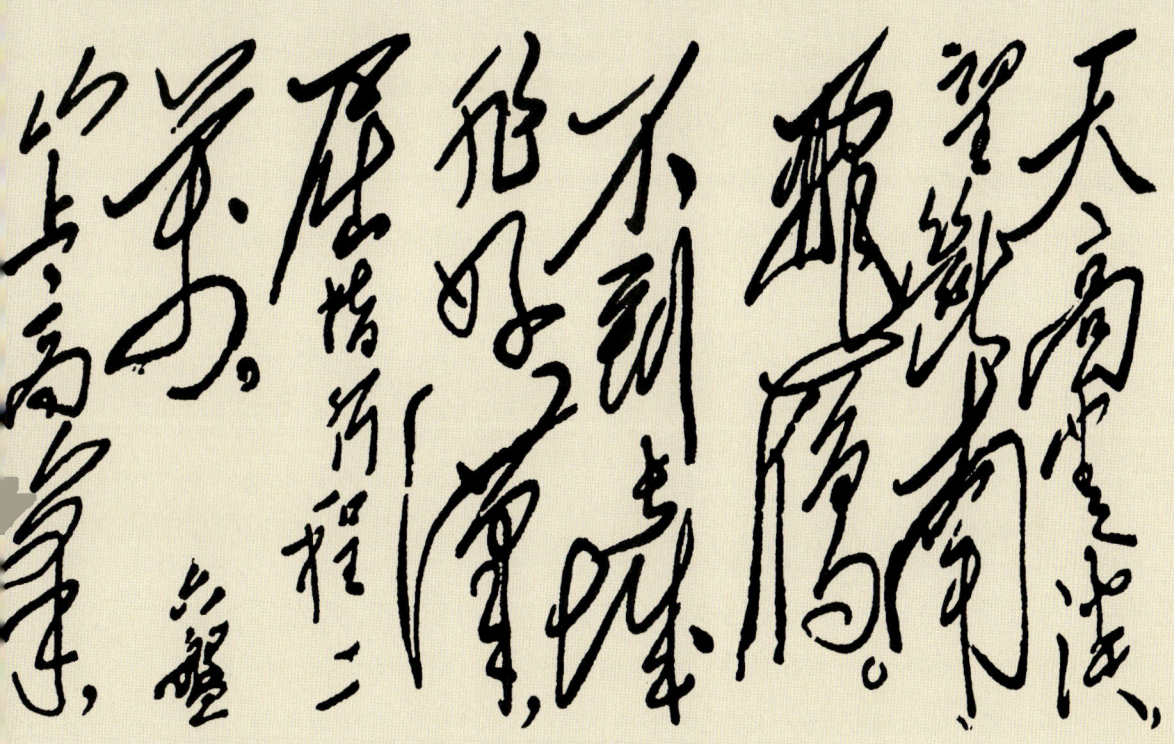

《清平乐·六盘山》 毛泽东

议提出,随着红军到达苏区,敌人必然会从追击改为"会剿",党和红军的任务是,"巩固、扩大苏区,而不是放手休息"。会议建议尽快批准榜罗镇会议的决定,并提出加强与红25军及陕甘红军的团结等问题,决定向全军发布训令:整顿部队,提高战斗力;与群众建立很好的关系,扩大红军,组织游击队;努力解决部队的后勤给养问题。这次会议对于红军到达陕北后的工作和任务,提出了全局性的指导意见。

10月19日,中共中央率红军陕甘支队到达陕甘苏区的吴起镇(今吴起县城)。

据说,吴起镇是因纪念战国名将吴起而得名的。然而红军到达时,"并不能看出有什么足为纪念的陈迹。整个街上的窑洞,只剩下一些古老的颓墙废址,有几十户人家都住在街外靠山边的窑洞里"。当战士们看到一间窑洞门口挂着苏维埃政府的牌子和街上贴着的"中国共产党万岁!""拥护刘志丹!"等标语时,心里确定，这里就是陕甘苏区了。"终于到家了！"大家的兴奋和喜悦溢于言表。

可是，因为这里地处苏区边缘，国民党军队常来这里骚扰，镇上群众听说有军队来了，都四散躲避起来，街上冷冷清清。战士们好不容易找到几位老人，努力向他们解释说明，但南北语言不通，无论战士们怎么说，老人们始终摇头，表示"听不懂"。于是，战士们只能用行动来证明自己。他们到达宿营地点后，立即开始大扫除，还四处贴上五颜六色的宣传标语。老人们见红军态度和蔼，纪律严明，不抓鸡、不捉羊、不抢百姓东西，标语内容都是"北上抗日收复失地""与二十五、二十六、二十七军会合一致抗日救国"等，心里明白了，来的是自己的队伍。于是，连夜把躲避在外的乡亲都找了回来。

第二天，全村男女老幼都来了，热情洋溢地欢迎红军。当地党组织和苏维埃政府也来人与红军商量帮助筹办粮食、物资等事宜，保证"三天之内能集中500担粮食、20头猪、50只羊"，还特别说明，这都是没收地主土豪的，不会增加群众负担。这一切，让红军指战员们心里热乎乎的。

"砍尾巴"战斗

红军刚到吴起镇，国民党东北军和第35师马鸿宾部各2个骑兵团就尾追而来。毛泽东认为，不能让敌人的骑兵跟着红军进入苏区，要砍掉这个"尾巴"。彭德怀立即进行了战斗部署。

10月21日，红军在吴起镇以西、敌人必经的一条大川设下埋伏，以第1纵队在正面，第2纵队在左翼，首先向迂回吴起镇西北的敌马鸿宾部发起攻击。经数小时激战，将敌击溃。接着，红军又在杨城子以西、齐桥、李新庄之间，击溃东北军骑兵第6师白凤翔部2个骑兵团，迫使敌停止追击。

吴起镇战斗，红军共击溃敌人4个骑兵团，缴获了一批战马和重机枪等武器装备，毙伤俘敌700余人。俘虏中有一些马术教官、兽医和钉马掌、修马鞍的工人。经教育后不少人参加了红军，这使红军的骑兵队伍更加充实。

得知敌人的"尾巴"被砍掉后，毛泽东高兴地赋诗一首称赞彭德怀：

山高路远坑深,
大军纵横驰奔。
谁敢横马立刀?
唯我彭大将军!

彭德怀看到后,谦逊地将最后一句改为"唯我英勇红军",并将原诗还给了毛泽东。

落脚陕北

10月22日,中共中央政治局在吴起镇召开扩大会议。毛泽东在会上说:陕甘支队自俄界出发已走2000里,到达这一地区的任务已经完成。我们的任务是保卫和扩大陕北苏区,以陕北苏区领导全国革命。陕、甘、晋3省是发展的主要区域。

长征途中彭德怀(局部) 曹新林 油画
120cm×190cm 2016年
中国中共党史学会艺术专业委员会藏

会议批准榜罗镇会议的战略决策,宣告中央红军(红一方面军)长征完成。

从撤离瑞金,到抵达吴起,中共中央率领中央红军(红一方面军)胜利结束了历时1年、纵横11省、长驱二万五千里的长征。毛泽东在翻越岷山后写下的《七律·长征》,回顾了一年的艰苦转战,成为脍炙人口、广为传颂的不朽诗篇:

红军不怕远征难,万水千山只等闲。
五岭逶迤腾细浪,乌蒙磅礴走泥丸。
金沙水拍云崖暖,大渡桥横铁索寒。
更喜岷山千里雪,三军过后尽开颜。

红军长征到陕北（局部）

谷钢 油画 400cm×220cm 2016年 中国中共党史学会艺术专业委员会藏

毛主席《七律·长征》诗意 李可染 中国画 146.5cm×96cm 1959年 中国美术馆藏

徐海东与毛泽东　沈尧伊 连环画

三、甘泉会师

> 中共中央率陕甘支队与红15军团在甘泉胜利会师，纠正陕甘苏区的错误"肃反"，稳定了苏区的局势。红一方面军恢复番号，红15军团编入红一方面军序列。

甘泉会师

陕甘支队在吴起镇经过短期休整后，于10月底出发，前往甘泉。

出发前，陕甘支队全体指战员，给红25、红26军全体指战员写了一封热情洋溢的信。信中高度评价这两支兄弟部队在对敌斗争中取得的成绩，对即将与他们会合表示非常欢喜和兴奋，对粉碎敌人"围剿"充满信心。信中豪迈地说：

> 我们经过了两万余里的长途远征，经历了十一个省的地区，粉碎了一切国民党军对我的堵击、截击，越过了无数的

天险、要隘、高山、大河，为的是要与亲爱的红二十五、二十六军弟兄会合，开展西北苏维埃运动的大局面，替中国苏维埃运动定下巩固的基础，迅速赤化中国。我们的会合是中国苏维埃运动的一个伟大胜利，是西北革命运动大开展的导炮！正因为陕甘革命运动的巨大发展，因为我们的会合，震撼了地主、资本家的反动统治，帝国主义、国民党正在准备用新的"围剿"来对付我们，但是我们有着会合了的力量和丰富的战斗经验，有着党中央的正确领导，有着广大群众的拥护，我们必定能够取得胜利。

出发不久，天上纷纷扬扬地飘起鹅毛大雪。指战员们虽然衣装单薄，身上披满雪花，但即将到来的会师使大家心情激动，热血沸腾，全然忘记了寒冷。11月初，中共中央率陕甘支队到达甘泉，与红15军团胜利会师。

此时，陕甘苏区面临的形势十分严峻。一方面，国民党军10万重兵正在对陕甘苏区进行第三次"围剿"，红15军团以7000余兵力抗击十几倍于己的敌人，反"围剿"作战十分艰苦；另一方面，刚成立不久的中共陕甘晋省委，正在苏区内开展"肃反"斗争，错误地逮捕了红15军团副军团长兼参谋长刘志丹、陕甘边区苏维埃政府主席习仲勋等一大批苏区党政军领导干部，严重破坏了党和红军的内部团结，削弱了红军的力量，影响了苏区的稳定。

这种外有强敌"围剿"、内有错误"肃反"的局面，使陕甘苏区处境危急。迅速纠正错误"肃反"，粉碎敌人"围剿"，关系到中共中央把革命大本营放在陕甘这一重大战略决策的实现。中共中央到达吴起镇后，得知陕甘苏区正在"肃反"，虽然还不了解具体情况，但毛泽东立即下令，停止逮捕，停止审查，停止杀人，一切听候中央解决，已逮捕的干部全部交由中央处理。

11月3日，中共中央在甘泉下寺湾召开政治局常委会议，听取中共陕甘晋省委副书记郭洪涛和西北革命军事委员会主席聂洪钧关于"肃反"和反"围剿"的情况汇报。听完汇报后，中央认为，陕甘苏区的"肃反"存在问

> 杀头不能像割韭菜那样，韭菜割了还可以长起来，人头落地就长不拢了。如果我们杀错了人，杀了革命的同志，那就是犯罪的行为。大家要切记这一点，要慎重处理。
>
> ——毛泽东

题,"错捕有一批人,定系事实",决定成立以董必武为主任,包括王首道、张云逸、李维汉、郭洪涛在内的5人党务委员会,负责审查"肃反";由王首道、贾拓夫等组成工作组,先期前往瓦窑堡,稳定局势。

在中共中央和毛泽东的直接过问下,刘志丹、习仲勋等一批被捕的干部很快获得释放并恢复工作。根据地的军民听说刘志丹出狱了,欢欣鼓舞,奔走相告。陕甘苏区的干部队伍和军心民心得到稳定,陕甘苏区的危局得以挽救。习仲勋后来说:"毛主席挽救了陕北的党,挽救了陕北的革命,西北苏区又出现了团结战斗的新局面。"

红一方面军恢复番号

11月3日,中共中央还召开了政治局会议,讨论对外名义的问题。会议决定,中共中央和中华苏维埃中央政府对外暂用中共西北中央局和中华苏维埃中央政府西北办事处的名义,等打破敌人的"围剿"后,再决定何时公开使用中共中央和中央政府的名义;成立西北革命军事委员会(简称西北军委①),毛泽东任主席,周恩来、彭德怀任副主席。大的战略问题,由军委向中央提出讨论;战斗指挥,由军委全权决定。会议还决定,张闻天、博古、王稼祥、刘少奇等率中央机关到陕甘苏区的后方瓦窑堡工作;毛泽东、周恩来、彭德怀率陕甘支队与红15军团会合,以集中兵力,打破敌人的"围剿"。

同一天,西北革命军事委员会宣告成立。西北军委当日发布命令:撤销陕甘支队,恢复红军第一方面军番号,红15军团编入红一方面军序列。任命彭德怀为红一方面军司令员,毛泽东为政治委员,叶剑英为参谋长,王稼祥为政治部主任,下辖第1、第15军团。红1军团,军团长林彪,政治委员聂荣臻;红15军团,军团长徐海东,政治委员程子华。全军共1万余人。自此,陕甘红军和来自鄂豫皖的红25军,共同汇入红军三大主力之一的红一方面军。

---

① 西北军委由中共中央直接领导,实际上是中央军委。

在讨论恢复部队番号问题时,彭德怀主动提出,为保留井冈山的旗帜,红1军团番号不变,红3军团番号取消,所辖部队编入红1军团,表现了胸怀大局的高风亮节。

中共中央到达甘泉时,红15军团军团长徐海东正在前方指挥反"围剿"作战,部署攻打张村驿的战斗。得知毛泽东、彭德怀等抵达红15军团司令部,徐海东立即快马加鞭赶回司令部所在地道佐铺(今道镇),向毛泽东汇报了红15军团和反"围剿"的情况。毛泽东查看作战地图后认为,必须拿下张村驿,才有利于下一步行动。徐海东连夜赶回前线,进行战前动员。战士们听闻中共中央和毛主席来了,备受鼓舞,纷纷表示要"打下张村驿,迎接毛主席"。经激战,红军拿下张村驿等据点,缴获大批粮食和物资,打开向西出击的道路。

11月5日,毛泽东率红1军团到达象鼻子湾。在向随行部队讲话时,毛泽东对长征作了总结:

从江西瑞金算起,我们走了一年多时间。我们每人开动两只脚,走了两万五千里。这是从来未有过的真正的长征。我们红军的人数比以前是少了一

周恩来长征时用过的望远镜
中国国家博物馆藏

些，但是留下来的是中国革命的精华，都是经过锻炼与考验的。留下来的同志不仅要以一当十，而且要以一当百、当千。今后，我们要和陕北红军、陕北人民团结一致，要作团结的模范，共同完成中国革命的伟大使命，开创中国革命新局面。

毛泽东的讲话极大鼓舞了士气。指战员们决心在党中央领导下，与红15军团的战友们团结一心，努力奋战，粉碎敌人的"围剿"。

然而，刚刚到达陕北的红1军团面临严重的困难，经费紧缺，物资匮乏。特别是已经进入寒冬，很多战士还穿着单衣，急需解决过冬被服和后勤给养等问题。为此，毛泽东派人去红15军团借2500元钱，并给徐海东写了张借条。

徐海东立即找来红15军团供给部部长查国桢，查问经费情况。当听说还有7000元时，徐海东毫不犹豫地说："留下2000元，5000元交中央。"并强调，"天下红军是一家。党中央的

> **红军时期的三个"西北军委"**
>
> 1932年11月，红四方面军在向川陕边界转移途中，鄂豫皖革命军事委员会改称西北革命军事委员会，张国焘任主席，徐向前、陈昌浩任副主席。1935年7月18日，张国焘任中国工农红军总政治委员，以他为主席的西北军委实际停止工作。
>
> 1935年2月5日，中共陕甘边特委和陕北特委召开联席会议决定，成立中国工农红军西北革命军事委员会，刘志丹任主席，统一领导红26、红27军的斗争。永坪会师后，陕甘苏区的西北军委实际停止工作。
>
> 1935年11月3日，根据中共中央和中华苏维埃中央政府决定，以毛泽东为主席的中国工农红军西北革命军事委员会成立，统一领导陕甘苏区的军事斗争。

困难，就是我们的困难。为了党中央、毛主席，我们要舍得一切"。随后徐海东和程子华召集红15军团干部开会，号召大家帮助中央红军解决困难。经过动员，红15军团抽出部分枪支、弹药、衣物、布匹和医药等装备物资送给红1军团，还把1000多名刚入伍的新战士优先补充给红1军团。西北军委供给部部长叶季壮连声说："这真是雪中送炭啊！"毛泽东更是念念不忘，多年后曾在一次干部大会上说："在陕北最困难的时候，还多亏了海东同志送给我们5000元钱呢！那几千元钱，可是为革命帮了大忙。"并多次称赞徐海东是"对中国革命有大功的人"。

直罗镇旧景

四、奠基之礼

> 红一方面军取得直罗镇大捷，打破国民党军对陕甘苏区的第三次"围剿"，为党中央把中国革命大本营放在西北举行了奠基礼。

战前态势

中共中央率陕甘支队到达陕甘后，陕甘苏区成为中国革命大本营。蒋介石恨不得立即拔掉这颗"眼中钉"，命令国民党西北"剿总"发起新的进攻，企图趁红军立足未稳加以消灭。国民党东北军集中5个师，准备东西对进，夹击红军。具体部署：以第57军董英斌部4个师为西路，自庆阳、合水出动，经太白镇沿葫芦河东进；以第67军王以哲部1个师为东路，由洛川、鄜县大道北上，然后经羊泉镇沿葫芦河西进。敌人还计划在合水至鄜县、鄜县至延安之间构筑东西、南北两条封锁线，将红军压缩于葫芦河以北、洛河以西地区加以围歼并摧毁苏区。打破国民党军"围剿"，巩固陕甘苏区，成为刚刚恢复番号的红一方面军面临的首要任务。

西北军委分析敌情后认为,虽然敌人兵力有3万余人,是红军的3倍,武器装备也占有很大优势,但打破"围剿"的有利因素依然存在。失去故土的东北军官兵不满蒋介石的对日妥协、积极"剿共"政策,士气低落;中共中央率红一方面军主力到达陕甘苏区后,苏区军民的斗争信心倍增,"'打大胜仗比赛,打大胜仗会师',成为全军上下最响亮的动员口号"。西北军委研究决定,抓住葫芦河这一战略和战役枢纽,集中主要兵力,首先在直罗镇设置战场,求歼沿葫芦河东进之敌军一部,而后视敌情转移兵力,各个击破敌人,打破"围剿"。

直罗镇位于鄜县城西、葫芦河中游,是陇东通往陕北鄜县、宜川的必经之地。镇子三面环山,北面为蜿蜒的葫芦河,一条大路穿镇而过,是个打伏击战的好战场。

11月19日,毛泽东和彭德怀、周恩来等亲率红1、红15军团的团以上干部,前往直罗镇附近观察地形,研究作战方案。用望远镜仔细观察了周围的山头、村庄、道路、河流后,大家兴奋地说:这一带的地形对我们太有利了!敌人进入直罗镇,如同钻进了口袋。军委决定,在镇子四周设伏,将敌人放进直罗镇后加以歼灭。毛泽东明确提出,一定要打歼灭战。

可是,敌第57军自11月初进占太白镇后,犹疑徘徊,停滞半个月之久,迟迟不动。红一方面军遂以一部兵力加紧围攻甘泉,调动第57军东进。这一招果然有效。17日,敌第57军以1个师留守太白镇,军部率主力3个师沿葫芦河继续东进,其先头第109师于19日前出至鄜县黑水寺。根据敌军的行动,红一方面军主力迅速进至直罗镇周边,集结待机。

胜利奠基

11月20日晨,敌第109师在飞机掩护下,分三路沿葫芦河向直罗镇推进。红军负责诱敌的小分队,边打边撤,诱使敌人继续深入。第109师师长牛元峰从未和毛泽东指挥的红军交过手,见红军一打即后撤,以为红军不堪一击,根本没想到自己已经钻进了红军预设的"口袋阵"。傍晚时分,第109师进入直罗镇宿营,杀鸡宰羊，大吃大喝，疏于戒备。

当天16时，彭德怀、毛泽东发布作战命令："方面军明（廿一）日有消灭进入直罗镇一带之敌一至两个师之任务。"

具体部署：红1军团由北向南突击，先占领直罗镇北山，歼灭该处之敌，而后协同红15军团夺取直罗镇；红15军团由南向北进攻，歼灭直罗镇南山之敌后，立即向直罗镇发起进攻，与红1军团协同消灭镇内之敌。与此同时，以一部兵力在地方武装和游击队配合下，钳制鄜县、中部等处敌人，阻止可能增援的敌东路军。毛泽东再次提出，要打歼灭战！

夜里，红军按预定部署隐蔽地进入阵地，完成对第109师的包围。毛泽东又一次强调："这个仗，一定要打好！""我们要的是歼灭战！不是击溃战！"参加此战的老红军回忆：

直罗镇战役中红军缴获国民党师长牛元峰的转轮手枪　中国国家博物馆藏
（下页）直罗镇大捷（局部）　　陈坚 李明峰　油画　800cm×300cm　2017年　中国国家博物馆藏

张学良的深思

"红军经过二万五千里长途疲惫，还能击败东北军，是值得深思的。我常对我的部下说，我们都是带兵的，这万里长征，你们谁能带？谁能把军队带成这个样子，带得都跟你走？还不是早就带没了？"

当张学良请求蒋介石补充武器弹药时，蒋介石一口拒绝，还下令撤销在劳山和直罗镇被歼的第110、第109师番号。张学良意识到，蒋介石调东北军"剿共"是一石二鸟。即使打败红军，东北军的实力也会大大削弱，甚至同归于尽，这样下去东北军没有前途，逐渐萌生了与红军联合抗日的想法。

天上下着小雪，山岭原野一片白茫茫，天气格外寒冷。战士们伏卧在冰雪中，头上、身上都覆盖着白雪，天、地、人浑然一色，大家以顽强的意志抗御着严寒，等待着攻击命令。

11月21日拂晓，随着雄壮的冲锋号声，直罗镇战役打响。山炮、迫击炮一齐发出怒吼，山鸣谷应。两路红军像两只铁拳，直捣敌人营垒。红1军团进攻直罗镇北山，断敌退路；红15军团分三路向直罗镇南山及西南、东南地区发起进攻，并阻敌溃逃。从睡梦中惊醒的敌人，毫无准备，仓促应战，左冲右突，难以脱身。

天亮后，6架敌机前来助战，但敌军的地面指挥体系已被打乱，部队乱成一团，飞机也起不了作用。激战至中午，突围无望的敌人纷纷缴械投降，敌师长牛元峰率残部500余人退入直罗镇东南的一个土寨里，一边负隅顽抗，一边不停发报，请求军长董英斌尽快派兵救援。在黑水寺的敌第111师第631团奉命出援，途中遭红军迎头痛击，吓得立即掉头逃了回去。

张学良得知牛元峰被围，心急如焚，命令董英斌以主力两个师星夜前进，救援第109师；命令在鄜县的第117师和在中部的第38军第17师同时出兵，配合、策应第57军。11月22日上午，第57军第111、第106师奉命向直罗镇开进；而第117、第17师却并未出动。

红一方面军抓住各路敌军协同较差的弱点，决定集中兵力，首先歼灭敌第111师。可是，该敌与红军一交火，即向西溃逃。红一方面军首长决定：包围黑水寺，整个解决董英斌部。然而，就在红军调整部署之际，敌第57军闻风西逃。红军乘胜追击，于11月24日在张家湾地区再歼敌第106师1个团。

被围困在直罗镇的牛元峰待援无望，遂于11月23日午夜率残部突围。红军立即发起追击，一口气追了25里，全歼该敌，击毙牛元峰（一说牛元峰因逃生无望而自杀）。

至此，直罗镇战役胜利结束，红军共歼敌1个师又1个团，毙敌师长牛元峰以下1000余人，俘敌5367人，缴获各种枪3500余支、子弹22万余发及大批军用物资，彻底粉碎了国民党军对陕甘苏区的第三次"围剿"。

11月30日，毛泽东在红一方面军营以上干部大会上作《直罗镇战役同目前的形势与任务》报告，指出："长征一完结，新局面就开始。直罗镇一仗，中央红军同西北红军兄弟般的团结，粉碎了卖国贼蒋介石向陕甘边区的'围剿'，为中共中央把全国革命大本营放在西北的任务，举行了一个奠基礼。"

直罗镇战役后，红军对俘虏的东北军官兵进行团结抗日的教育，全部予以释放，这对张学良和东北军官兵产生了极大震撼。他们不仅感受到红军顽强的战斗力，也对红军坚定的抗日主张和联合抗日的真诚态度有了进一步认识，从而开始由消极"剿共"，向停止内战、联合红军一致抗日转变。

直罗镇战役中，红1军团第2师第4团代理政治委员黄甦英勇牺牲。

> 黄甦，广东南海人，1903年出生，1925年加入中国共产党。聂荣臻说："他是省港罢工的纠察队长，参加广州起义当敢死队队长，任过八军团政委，牺牲的时候是中央委员。军委本已决定，或者将他调到一个新单位去任政委，或者到中央去工作。他本人也知道就要离任，可是他坚决要求等打完这一仗再去任新职。他是一位很好的同志，这次不幸中弹牺牲，为革命过早地献出了自己的生命。"毛泽东在总结这次战役时说："我们时刻准备牺牲，我们的牺牲是换得全国全世界工农的解放。黄甦同志是中央委员，他的牺牲是有意义的。"

峥嵘岁月（局部）
林岗 庞壔 油画
300cm×165cm 1979年
中国国家博物馆藏

第九章
南下川康受挫折

中共中央率红一方面军主力先行北上后，张国焘不顾中央一再劝告，顽固坚持南下，走上公开分裂党、分裂红军的道路。朱德、刘伯承等人始终坚定维护中央的北上方针，对张国焘的错误行为进行了坚决斗争和耐心说服。南下红军在国民党军重兵围堵下遭受挫折，被迫向西北退却。实践证明：南下是错误的。

峥嵘岁月（局部）　　王海力　油画　150cm×200cm　2016年

一、坚持南下

> 张国焘违背中央决定，顽固坚持南下，公然另立"中央"，分裂党、分裂红军。朱德、刘伯承等人努力维护党和红军的团结统一，对张国焘的错误行为进行了坚决抵制和斗争。

阿坝会议决定南下

张国焘率部从噶曲河折回阿坝后，于9月13日在阿坝的格尔登寺召开川康省委及红军中党的活动分子会议（即阿坝会议）。会场外，公然挂着"反对毛、周、张、博北上逃跑"的横幅。会上，张国焘大肆攻击中央的北上方针，宣扬鼓吹其南下方针的正确。追随张国焘的一些人跟着起哄，要求朱德当众表态，"同毛泽东向北逃跑的错误划清界限"，"反对北上，拥护南下"。

朱德稳坐在会场里，面对无理的责难和攻击，不予理睬。当会议主持人硬要他表态时，朱德明确地说：

中央决定北上抗日是正确的，在川陕甘建立革命根据地是经过反复研究决定的。对中央的决定，我举过手表示拥护，现在依然是这个态度。

他话音刚落，对他的围攻更激烈了。

刘伯承见状制止说："现在不是开党的会议吗？你们怎么能这样对待朱总司令！"于是，这些人又把攻击目标转向了刘伯承，让他表态反对北上。刘伯承坚定地说："我同意北上，从全国形势来看，北上有利，南下是要碰钉子的。薛岳、李抱冰并没有走，向南走，就会碰到薛岳和川军，打得好可以蹲一段，打不好还得转移北上。"

有人冲着朱德高声说："既然你拥护北上，那你现在就走，快走！"朱德严正地回答：

　　我是红军总司令，党中央和军委派我带领左路军北上。现在你们不执行中央、军委的命令，硬要南下，我只有跟着你们。你们到哪里，我也到哪里，我一定要执行党中央、军委交给我的任务，带领左路军北上。

朱德"临大节而不辱"的凛然正气，让那些人一时哑口无言。

在张国焘操控下，阿坝会议通过决议，肆意诬蔑中共中央的北上战略方针，将张国焘的南下主张美化为"进攻路线"。张国焘要求迅速在部队中传达会议决议，并提出"打到成都吃大米"的口号，以蛊惑人心。同时，他还威胁说，要对那些"经过斗争和教育仍不转变的分子"，给予"纪律制裁"，妄图以此压制不同意见。

9月15日，张国焘发布《大举南进政治保障计划》，提出"我们目前的战略方针是集中主力，大举向南进攻，消灭川敌残部，在广大地区内建立巩固的根据地，首先赤化全川"，并声称这样"才是真正的进攻路线"。17日，根据他的南下命令，左路军全部人马和右路军中的第4、第30军，分别从阿坝、包座、班佑地区出发，经草地南下。

沉寂苍茫的草地上，枯草漫漫，秋风萧瑟，阴雨绵绵，寒气袭人。路上，红军不久前北上过草地时留下的踪迹依稀可辨。数万名衣衫单薄的红军指战员，冒着凄风苦雨，脚踏泥沼，拖着疲惫的步子，再次艰难地穿过草地，很多人因此献出了年轻的生命。

卓木碉会议另立"中央"

9月底，张国焘率领的左路军与右路军中的红4、红30军在松冈地区会合，部队就地休整筹粮。总司令部驻在理番县一个叫卓木碉（今马尔康市脚木足）的藏族寨子里。

10月5日，在卓木碉的白赊喇嘛寺内，张国焘主持召开军以上高级干部会议。会上，张国焘公然宣布另立"中央"，打出分裂主义的旗帜。徐向前回忆当时情况：

> 会议由张国焘主持。他的发言，蛊惑人心，欺骗性很大。大意是：中央没有粉碎敌人的第五次"围剿"，实行战略退却，是"政治路线的错误"，而不单是军事路线问题……南下是终止退却的战略反攻，是进攻路线，而中央领导人被敌人的飞机、大炮"吓破了胆"，对革命前途"丧失信心"，继续其北上的"右倾逃跑主义路线"，直至发展到"私自率一、三军团秘密出走"，这是"分裂红军的最大罪恶行为"……他宣布中央已经"威信扫地"，"失去领导全党的资格"，提倡仿效列宁和第二国际决裂的办法，组成新的"临时中央"，要大家表态。
>
> 另立"中央"的事，来得这么突然，人们都傻了眼。就连南下以来，一路上尽说中央如何如何的陈昌浩，似乎也无思想准备，没有立即表态支持张国焘。会场的气氛既紧张又沉

> 阿坝会议后，朱德忧心忡忡地对康克清说："会议开得一团糟，糟透了"，"张国焘把中央、军委北上说成是'制造分裂'，看来他是要搞分裂了"。康克清回忆说，"因为张国焘严密封锁消息，一时也搞不清楚是怎么一回事。我问朱老总，他说：'情况一时弄不清楚，我们只有一条，坚信毛泽东和党中央。如果不是出于必要，他们是不会这样做的。'"

朱德、刘伯承在卓木碉会议上与张国焘进行抗争　沈尧伊　连环画

闷，谁都不想开头一"炮"……

张国焘得意扬扬，要朱德同志表态。

朱总的发言心平气和，语重心长。他说："大敌当前，要讲团结嘛！天下红军是一家。中国工农红军在党中央统一领导下，是个整体。大家都知道，我们这个'朱毛'，在一起好多年，全国和全世界都闻名。要我这个'朱'去反'毛'，我可做不到呀！不论发生多大的事，都是红军内部的问题，大家要冷静，要找出解决的办法来，可不能叫蒋介石看我们的热闹！"

张国焘又让刘伯承表态。

刘讲了一通革命形势相当困难的话，弦外之音是要讲团结，不能搞分裂。张国焘为此怀恨在心。

张国焘对朱、刘二人的发言很不高兴，但他还想取得朱德的支持，故不便发作。会议通过的"决议"宣布："毛泽东、周恩来、博古、洛甫应撤销工作，开除中央委员及党籍，并下令通缉。杨尚昆、叶剑英应免职查办。"

徐向前不赞成张国焘的分裂行为，对出现的局面心情沉重。他说：

这次会议，明显带有突然袭击的性质。所谓"决议"，并未经郑重讨论，不过是一哄而起罢了。我在会上没有发言，也没有举手表决，对眼前发生的一切，既不理解，又很痛心。拥护吧，没有多少道理，原来就有党中央，这边又成立一个，算什么名堂？反对吧，自己有些事还没想清楚，说不出个所以然来。我当时就是那样的水平，头一回遇上如此严重的党内斗争，左右为难，只好持沉默态度。会后，张国焘找我谈话，我明确表示，不赞成这种做法。我说："党内有分歧，谁是谁非，可以慢慢地谈，总会谈通的。把中央骂得一钱不值，开除这个，通缉那个，只能使亲者痛，仇者快，即便是中央有些做法欠妥，我们也不能这样搞。现在弄成两个中央，如被敌人知道有什么好处嘛！"我的主导思想是希望团结，不要感情用事，免得越弄越僵，将来不堪收拾。张国焘呢，大言不惭地以列宁反对第二国际、成立第三国际的事例为自己辩解，根本听不进我的劝告。

朱德（二排左九）与红四方面军一部合影

　　为了支撑自己的门面，张国焘将朱德列为"中央委员""中央政治局委员""中央书记处书记"。朱德严正表示："我按党员规矩，保留意见，以个人名义做革命工作。"刘伯承也拒绝承认张国焘另立的"中央"。很快，他就被解除红军总参谋长的职务，调到红军大学任校长。这是他第二次被解除总参谋长之职。长征出发前，因为批评李德，曾被解除过一次。算上南昌起义失败，自然失去总参谋长之职，前后总共三次。故刘伯承曾说自己是"三参总戎幕，一败两罢官"。

　　基于对形势的错误判断和政治野心的急剧膨胀，张国焘在错误的路上越走越远，他狂妄地致电中央声称："此间已用党中央、少共中央、中央政府、中央军委、总司令部名义对外发表文件，并和你们发生关系。你们应以党北方局、陕甘政府和北路军，不得再冒用党中央名义。"其分裂党、分裂红军的活动发展到了登峰造极的地步。

与张国焘分裂行为的斗争

　　朱德、刘伯承等人始终坚定维护中共中央的北上战略方针,坚持与张国焘的分裂行为进行斗争,努力维护党和红军的团结统一。张国焘为了迫使朱德等站到他这一边来,搞了不少小动作,暗中让人杀了朱德的马,甚至还撤了朱德的警卫。朱德坦然自若,以不变应万变。

　　这使他的处境十分艰难,处于被软禁的状态。刘伯承对朱德说:"现在情况很严重了,看样子,他们有可能要逮捕人。"朱德沉思了一会儿说:"过去在军阀混战时,死是不值得的。现在为党的利益奋斗而死,是可以的。当然,个人是无所谓的,可是任事情这样演变下去,对整个革命不利。"多年后朱德回忆:

"龙潭三杰"之胡底

胡底，原名胡北风，安徽舒城人。1905年出生，1925年加入中国共产党。1930年打入国民党情报机关，为中共中央获取了大量重要情报，与李克农、钱壮飞并称为"龙潭三杰"。1931年秋到中央苏区，任红1军团保卫干事和红军总部侦察科科长等职。懋功会师后，编入左路军行动。1945年胡底被平反昭雪。1981年被追认为革命烈士。

独臂走完长征路

彭绍辉，湖南湘潭人，1906出生。1928年参加平江起义并加入中国共产党。参加创建湘鄂赣苏区及中央苏区反"围剿"作战，获中革军委颁发的二等红星奖章。第四次反"围剿"时，已是师长的彭绍辉率部冲锋，左臂连中两弹，被迫截肢。他很快学会以独臂完成军事动作并重返战场。懋功会师后，任红四方面军第30军参谋长。甘孜会师后，任红二方面军第6军团参谋长。1955年被授予上将军衔。

那段时间张国焘造反。我们当时的处境很困难，但碰上困难有什么办法呢？坚持吧！一直和他斗，我们人少，但理直气壮。我们的办法是，他搞他的，我们做我们的工作。只要革命，总会到一块的。

毛泽东后来赞誉朱德，说他"度量大如海，意志坚如钢"。

张国焘分裂党、分裂红军的行为，引起红军广大指战员的疑惑和不满。徐向前说："红四方面军的不少同志，脑子里都打了问号，'这样做对吗？''符合党章要求吗？''有利于一致对敌吗？'他们虽然不敢公开表示自己的意见，但对'张主席'的盲目崇拜心理，开始怀疑动摇，窃窃私议之风，不可遏止。"原红一方面军的指战员，不满情绪更加强烈。时任红9军参谋长的陈伯钧，曾参加过秋收起义和井冈山斗争。他禀性刚直豪爽，直接去找张国焘，明确表示反对分裂，要求加强团结。之后，他被张国焘免去职务，调到红军大学去当教员了。还有一些同志提出，单独北上去找党中央，如果张国焘阻拦就和他干。朱德耐心教育他们要顾全大局，掌握正确的斗争策略，并要求他们和红四方面军广大指战员搞好团结，切不要上少数人破坏团结的当，强调团结就是力量，只有加强全体红军的团结，才能克服一切困难，争取革命的胜利。

张国焘对那些不赞同他错误行为的干部，采取残酷打击甚至杀害的手段。红军总部侦察科科长胡底，因为对张国焘的分裂主义行径不满，说"张国焘是军阀，是法西斯"，张国焘知道后，派人将他秘密毒死。

朱德得知胡底被害后，十分痛心。为保护更多的干部，他嘱咐那些对张国焘不满的同志，要谨言慎行，不要做无谓的牺牲，同时尽可能地制止张国焘的蛮横行为。时任红军总部一局局长的曹里怀，从机要科得知党中央胜利到达陕北的消息后，告诉了两个盼望北上的同志。张国焘知道后即将他关押起来，并以泄露机密为由，企图对他下毒手。朱德严词反对说："他就讲了那么几句，你安他反革命够不上。他这个小鬼我知道，井冈山时期就跟我在一起，你有什么理由乱杀人呢？"曹里怀因此幸免于难。红30军参谋长彭绍辉是从红一方面军调来的，他给朱德写信表示不赞成南下，结果信被张国焘截获，张国焘立即派人把他找来。彭绍辉刚一进门，有人迎面打了他一个耳光，厉声责问："为什么反对南下？反张主席？"并用驳壳枪顶在彭的胸口上。朱德见状上前把枪夺下，气愤地说："打人是不对的，这是党内斗争，应该允许同志讲话！"他让彭绍辉立即回去，使彭躲过一劫。

总卫生部部长贺诚、红军大学教育科科长郭天民等人，都因为朱德的保护和干预，才免遭张国焘的毒手。

对红四方面军的干部、战士，朱德同样十分关心，经常利用各种机会同他们谈心，向他们说明中央北上方针的重要意义。他循循善诱、以诚待人、以理服人的态度，赢得了大家的尊重。一些曾经围攻辱骂过他的人，逐渐改变了态度。徐向前对朱德一直很尊重，在重要战役战斗前，主动向朱德请示汇报，还指示后勤部门照顾好朱总司令的生活。这种尊重与支持，使他们能彼此很好配合，在非常艰难的环境下，指挥南下红军在敌人重兵围堵下英勇奋战，取得不少胜利，减少了部队损失。

分裂不得人心，团结众望所归。朱德、刘伯承等人的坚持斗争，徐向前等人的反复劝说，广大干部、战士的怀疑和觉醒，成为后来党中央战胜张国焘分裂活动的重要因素。

朱德手稿《绥崇丹懋天芦战役山
地河川及隘路攻击之注意》
中国国家博物馆藏

二、百丈受挫

> 南下红军为打开局面,向国民党川军连续发起进攻战役,虽然取得一些胜利,却在百丈遭受到严重损失,被迫由进攻转为退却。

绥崇丹懋战役

红军大部队突然南下,大出蒋介石意料。之前,他认为四川已无战事,下令撤销四川"剿匪"总司令刘湘所辖各路军的名义,一律改为绥靖区,负责清除"匪患",修筑碉堡,抚恤流亡,办理善后等。惊悉红军大举南下,蒋介石立即命令川军各部队恢复战斗序列,沿大、小金川布阵防守,企图凭借高山峡谷阻止红军。

10月7日,张国焘以自封的"中革军委主席"名义,发布《绥崇丹懋战役计划》,以期占领绥靖(今金川县城关地区)、崇化(今金川县安宁地区)、丹巴、懋功地区,打开通往天全、芦山的通道。根据命令,南下红军分成左、右两路纵队于

8日开始向大、小金川沿岸开进。朱德和徐向前积极组织部队，实施战役计划。徐向前说：

> 朱德总司令虽不同意张国焘的分裂主义行为，但认为部队既然已经南下，就应打开战局，找块立脚生存的地方。那么多红军，没有地盘，没有饭吃，无异于不战而自毙。同时，他又坚信，只要大家是革命的，最后总会走到一起。因而，在军事行动方面，积极行使总司令的职权，及时了解敌情，研究作战部署，定下决心。早在大革命时期，他就和川军打过交道，对军阀部队的作战特点，了如指掌。他说："川军向来欺软怕硬，惯打滑头仗，我们不打则已，要打就抓住打，狠狠地打！"他要求各级指挥员要讲究战术，发挥运动战的特长，以快以巧制敌，用小的代价去换取大的胜利。朱德总司令在逆境中不当"空头司令"，尽量发挥自己的作用，完全是从爱护和发展红军力量出发的。

大、小金川地区地形复杂，沿途多深山绝壁，峡谷急流，利守难攻，不便于大部队展开。战役开始后，右纵队在绥靖以北强渡观音河时，受到刘文辉部阻击。红军总部临时调整部署，以左纵队承担整个战役的进攻任务。第4军从党坝地区出动，强渡大金川后沿西岸疾进，击溃刘文辉两个团，攻占绥靖、丹巴；第30军渡过党坝河沿大金川东岸攻击前进，先后占领崇化、懋功；第9军第27师向南攻克了抚边、达维等地。

10月22日，战役结束。红军在半个月内共计击溃川军刘文辉、杨森部6个旅，毙俘敌3000余人，先后占领丹巴、懋功两座县城及懋功所属的抚边、绥靖、崇化三屯和达维、日隆关、绰斯甲等要镇，基本达到战役目的。

绥崇丹懋战役的胜利，是南下红军两过草地之后，在地形十分复杂的条件下取得的。徐向前说：

> 这一仗是山地隘路战，很难打。我军机智英勇，灵活迅速，充分发挥夜摸、奇袭和小部队大胆迂回穿插等战术特长，渡激流，穿峡谷，破敌垒，夺要隘，表现了红军无坚不摧的优良战斗素质。

藏民独立师

1935年年底，红四方面军在丹巴建立了一支藏民独立师，师长叫马骏，藏名麻孜·阿布。

马骏家是当地富户，他本人通晓汉文，在千户衙门当通司（翻译）。他十分反感国民党当局对少数民族的欺压掠夺，拉起一支武装进行反抗。红军来后，他目睹红军纪律严明，了解了红军的民族平等政策和抗日救国主张，对红军心生敬佩。当红军请他给予帮助时，他欣然答应，还表示愿意接受红军领导。红四方面军将这支武装改编为藏民独立师，马骏任师长，李中权任政治委员，并派去多名干部加强领导。

藏民独立师在配合主力作战，开展宣传工作和帮助部队筹粮等方面，发挥了独特作用，作出重要贡献，并吸引了很多藏族青年参加红军。先前参加红军的藏族青年木尔加·桑吉悦希担任青年部部长。

1936年7月红四方面军再次北上时，张国焘认为马骏不会跟红军走，下令将他秘密杀害。桑吉悦希等人则坚决要求随部队北上，最终到达陕北。他们被组织上安排到中央党校少数民族班学习，来授课的毛泽东问"桑吉悦希"在藏语中是什么意思，当听说"桑吉"意"佛爷"，"悦希"意"宝贝"后，毛泽东说："汉族有句古语，叫物华天宝，和桑吉悦希意思差不多，我看你就叫'天宝'吧。"从此，桑吉悦希成了天宝。中华人民共和国成立后，天宝先后担任过西藏自治区人民政府主席、中共四川省委书记、中央顾问委员会委员等职，成为从长征中走出来的藏族领导干部。而第一位藏族红军师长马骏，也在蒙难半个多世纪后得到平反，被当地政府追认为革命烈士。

桑吉悦希（左二）

天芦名雅邛大战役

绥崇丹懋战役后，国民党川军为阻止红军南下，调整了部署：自南而东加强兵力，筑碉封锁。以刘文辉部防守金汤、泸定至汉源、雅安一线；以杨森部防守宝兴至大硗碛一线；以邓锡侯部防守宝兴以东大川场至水磨沟一线；以刘湘之模范师9个团集中天全；另从绵竹等地抽调18个团，向西增援，企图把南下红军封锁在川西北高原中南部的山岳高寒地区，伺机消灭。

为夺取天全、芦山、名山、雅安、邛崃、大邑地区，以建立根据地，红军总部制定了《天芦名雅邛大战役计划》。10月24日，南下红军兵分三路，克服各种艰险，再次翻越夹金山，向天全、芦山、宝兴发起进攻。10多天内，红军连下宝兴、天全、芦山等县城，控制了邛崃以西、大渡河以东、青衣江以北、懋功以南的川康边广大地区，共毙伤俘敌1万余人，造成了东下川西平原、直掠成都的态势。

南下红军的胜利，震动了蒋介石和刘湘，在成都的国民党军政要员和大小军阀个个惶恐不安。蒋介石唯恐川西平原有失，成都难保，急令薛岳部2个军迅速参战，并令空军出动配合。刘湘调集川军，倾全力扼阻红军向川西平原推进，在名山、邛崃一带集结了80余个团共20余万兵力，摆出与红军决战的架势。他宣称：凡临阵退缩、畏敌不前、谎报军情、作战不力者，一律军前正法；各级官兵如有违令者，上一级长官可以枪决下一级军官。同时，还派军需官到阵前发放军饷，以激励士气。

南下红军一路告捷，使张国焘志得意满，明显有了轻敌之意。

11月16日，红军攻占位于邛崃至名山大路上的重镇百丈，切断名山和邛崃两城敌军的联系，准备围攻名山，打击援敌，发展攻势。

可是，红军在百丈遭到优势川军的猛烈反扑，双方在百丈展开了一场异常激烈的恶战。川军的兵力由6个旅增加到10多个旅，在飞机大炮掩护下，以整营、整团的集团冲锋，从北、东、南三面轮番向红军阵地发起猛攻。红军指战员不顾疲劳和饥寒，与优势之敌进行了七天七夜的浴血苦战。徐向前回忆了这场恶战的情形：

（左页）四川雅安

刘湘下了死命令,要川军拼死夺回百丈,援救名山守敌,临阵不前者,一律就地枪决。战斗一打响,敌人即集中强大炮火,向我阵地猛烈轰击。成批敌机盘旋上空,疯狂施行轰炸。整营整团的敌军,轮番向我阵地猛攻。从黑竹关到百丈十多里的战线上,处处是战火硝烟、刀光剑影,是爆炸声、枪炮声、喊杀声,是敌我双方的殊死搏斗。

百丈一带,地势开阔,多丘陵、树丛、深沟、水田……部队在开阔地带运动和作战,不易隐蔽,对付敌机又缺炮火,伤亡增大,叫人很伤脑筋。我军坚守在月儿山、胡大林、鹤林场及黑竹关至百丈公路沿线的山岗丛林地带,与敌反复拉锯,血战三昼夜。敌用两旅兵力企图通过水田进占百丈,在我几十挺机枪扫射下,整营整连的敌军,被击毙在稻田里,横七竖八,

> **徐向前后来总结百丈失利原因时说:**
>
> 第一,对川军死保川西平原的决心和作战能力,估计不足,口张得太大;第二,与此相联系,我军高度集中兵力不够;第三,战场的选择失当,部队习惯于山地战、隘路战,而对平地、水田、村落战斗,则缺乏经验。如此种种,都与我们在战役指导思想上的急躁和轻敌有关。

躺倒一大片。但因该地交通方便,敌人调兵迅速,后续力量不断增加,攻势并未减弱。21日,我黑竹关一带的前锋部队被迫后撤,敌跟踪前进。22日,百丈被敌突入,我军与敌展开激烈巷战。我到百丈的街上看了下,有些房屋已经着火,部队冒着浓烟烈火,与敌拼搏,打得十分英勇。百丈附近的水田、山丘、深沟,都成了敌我相搏的战场,杀声震野,尸骨错列,血流满地。指战员子弹打光,就同敌人反复白刃格斗;身负重伤,仍坚持战斗,拉响手榴弹,与冲上来的敌人同归于尽。百丈战斗,是一场空前剧烈的恶战,打了七天七夜,我军共毙伤敌一万五千余人,自身伤亡亦近万人。敌我双方,都打到了筋疲力尽的地步。

百丈地区交通方便,便于敌军增援。很快,国民党军薛岳部就从南面压了过来,敌我力量更加悬殊。红军没有后援,继续与敌相持硬拼,明显不利。11月下旬,红军不得不从百丈一带撤出,转移到北起九顶山,南经天品山、王家口至名山西北附近的莲花山一线据险防守。至此,天芦名雅邛大战役被迫中止。在敌重

兵不断压迫和堡垒封锁下,红军东出或继续南下已无可能。

南下红军自9月中旬从草地南返以来,经过连续两个多月的行军作战,克服重重困难,取得多次战斗胜利,消灭大量敌军,但始终没能在川康边地区打开局面,反而陷入前有强敌逼迫、后无根据地依托、严重缺乏补给的困难境地。百丈失利,成为南下红军由战略进攻到战略防御的转折点,也是张国焘南下碰壁的重要标志。

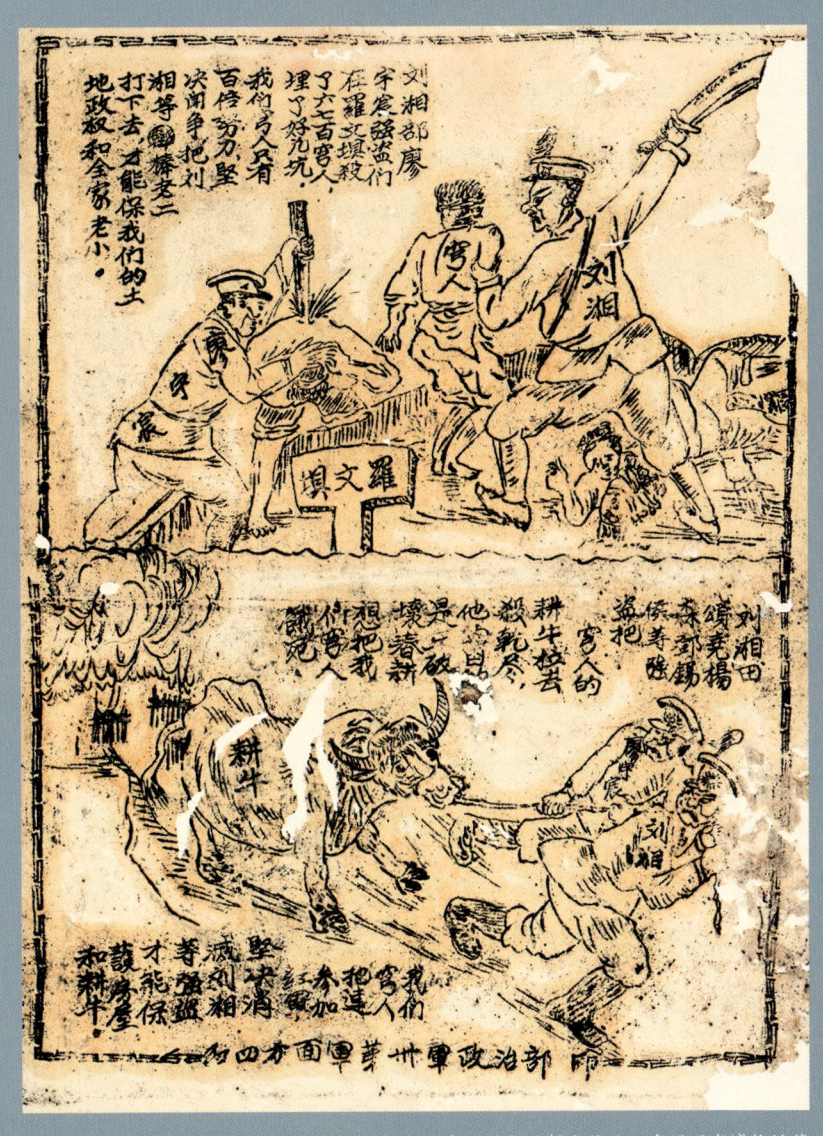

红四方面军印发的消灭刘湘匪帮宣传画　中国国家博物馆藏

红四方面军长征中保存下来的皮包 中国国家博物馆藏

红四方面军过草地时用的被单 中国国家博物馆藏

红四方面军战士赵明光长征中用过的绑腿 中国国家博物馆藏

三、退守甘孜

> 张国焘率部南下后,中共中央始终耐心争取他纠正自己的错误。百丈失利后,红四方面军处境日益困难,不得不向西北退却。退至甘孜时,部队已减员过半。事实证明:"南下是绝路"。

中共中央对张国焘的耐心争取

红四方面军退出百丈后,决定以巩固天全、芦山、宝兴、丹巴地区为中心任务,在这一带与国民党军对峙,并进行过冬准备。

然而,这一地区多为藏族聚居区或汉藏杂居区,历代反动统治造成的民族隔阂,使发动群众、创建根据地的工作十分困难。时值寒冬,又遇到几十年未见的大雪,气候奇寒,而当地不产棉花,部队御寒物资严重匮乏。这一带人口稀少,生产落后,数万红军云集于此,粮食十分困难。饥寒交迫,病号激增,加上作战减员,兵力有耗无补。中共中央早就指出的"南张国焘率部南下后，中共中央始终以最大的耐心劝说他纠正错误。1935年11月中旬，中共驻共产国际代表团成员张浩（即林育英）到达陕北后，中央决定由林育英以"国际代表"身份做张国焘的工作。12月22日，林育英致电张国焘表示，"目前的问题是一致反对敌人，党可有争论，对外则应一致"，劝其维护党内团结。然而，张国焘不仅在复电中继续自称"党中央"，还称中共中央"假冒党中央"，要林育英"告陕北同志，自动取消中央名义"。

为维护党的原则，严肃党的纪律，中共中央政治局于1936年1月22日作出《关于张国焘同志成立"第二中央"的决定》，严肃指出："张国焘同志这种成立第二党的倾向，无异于自绝于党，自绝于中国革命。"命令张国焘立刻取消另立的"中

"国际代表"张浩

张浩，本名林育英，湖北黄冈人。1897年出生，1922年加入中国共产党，中共六届中央候补委员。1933年1月赴莫斯科，任中华全国总工会驻赤色职工国际代表和中共驻共产国际代表团成员。1935年7月参加共产国际七大时，受委派回国传达会议精神。他化名张浩，扮成商人，由外蒙古入境，穿越沙漠，历尽艰辛到达陕北，在瓦窑堡会议上传达了共产国际七大精神。之后，他根据中央要求，为促使张国焘取消另立的"中央"并率部北上做了大量工作。全国抗战爆发后，任八路军第129师首任政治委员。1942年3月，因病在延安逝世。

央"。同时决定，向全党公布俄界会议决定。

中共中央在严肃批评张国焘错误行为的同时，为实现党和红军的团结统一，同意张国焘在取消另立的"中央"后，可以成立西南局，直属中共驻共产国际代表团领导。林育英致电张国焘说："共产国际完全同意于中国党中央的政治路线，并认为中国党在共产国际队伍中，除联共外是属于第一位。中国革命已成为世界革命伟大因素，中国红军在世界上有很高的地位，中央红军的万里长征是胜利了"，要求张国焘取消另立的"中央"，"与中央之间的原则上争论可提交国际解决"。

接电后，陈昌浩表示服从共产国际的决定。朱德等人抓住时机进一步做张国焘的工作，劝他取消另立的"中央"。在此期间，中共中央率红一方面军胜利到达陕北、粉碎国民党军"围剿"、苏区和红军不断巩固扩大的消息在南下红军中引起强烈反响，广大指战员强烈要求北上与党中央会合。面对这种情况，张国焘于1月27日致电林育英、张闻天表示，"原则上完全同意"瓦窑堡会议决议。但又提出党中

央和他另立的"中央"同时"改为西北局和西南局",甚至主张"党中央此时最好能在白区","或由国际代表团暂代中央"。

中共中央断然拒绝了张国焘的无理要求。2月14日,林育英、张闻天致电张国焘等指出:"关于党的最高领导机关问题,已见弟等前电所述,此外办法国际都不能同意。"同时,林育英专门致电张国焘,要求务必保全廖承志、曾中生的生命。然而,曾中生此时已被张国焘秘密杀害。

退守甘孜

1936年2月,国民党军薛岳部和川军主力,向天全、芦山地区发起大举进攻。

面对强敌,南下红军饥寒交迫又得不到补充,处境十分困难。徐向前提出:"红军不能再继续与敌人长期相对峙消耗了,而应迅速撤离川西,到夹金山以西休整,然后北上与一方面军会师。"朱德完全同意。2月上旬,红军总部制定《康道炉战役计划》,决定撤离宝兴、丹巴、懋功地区,转移到康定、道孚、炉霍一带,以便下一步的行动。

这时,林育英、张闻天致电朱德、张国焘,提出了北上陕甘、夺取四川和向云贵发展三个方案,并认为北上陕甘是上策。张国焘在南下碰壁、指战员们日益不满的情况下,不得不同意北上。红军总部发布《康道炉战役补充计划》,决定佯攻康定,进占道孚、炉霍、甘孜,在这一地区休整补充后,待机北上。

2月下旬,红四方面军兵分三路向道孚、炉霍、甘孜进军。部队又一次翻过夹金山,经达维、懋功进至丹巴。

> 曾中生,原名曾钟圣,湖南资兴人,1900出生。1925年考入黄埔军校第四期,同年加入中国共产党。参加了北伐战争,后到莫斯科学习。1928年冬回国后,在中央军事部工作。1930年9月到鄂豫皖苏区,历任中共鄂豫皖特委书记和军委主席,中央分局委员和军委副主席,西北军委参谋长、川陕省委委员等职,是创建鄂豫皖、川陕苏区及红四方面军的重要领导人之一。因反对张国焘的"左"倾错误,被监禁。1935年6月懋功会师后,他致信中央,请求审查他的问题。张国焘得知后,于8月在卓克基将他秘密杀害。曾中生撰写了《游击战争要诀》《与"剿赤军"作战要诀》等重要军事理论著作,丰富了毛泽东军事思想。1945年中共"七大"追认他为革命烈士。20世纪80年代,曾中生被中央军委认定为共和国军事家。

从丹巴至道孚，横亘着高耸入云的党岭雪山。这是红军长征中翻越的最高一座雪山，主峰海拔 5470 米。红军指战员忍着饥寒伤病，相互搀扶着艰难向上攀登。途中，红四方面军兵站部部长吴先恩见到前卫营头一天宿营的地方，有一些冻僵了的战友遗体被大雪覆盖着，心里很难过。忽然，他看见一个雪堆上有一支伸出的胳膊，拳头紧握。他掰开拳头，发现手里攥着一张党证，里面夹着一块银元。党证上写着：刘志海，中共正式党员，1933 年 3 月入党。他明白了，这是烈士向党缴纳最后的党费。吴先恩取过党证和银元，心里默默地说："志海同志，你的党证和最后一次党费，一定替你转交给党。安息吧，同志！"最终，红军指战员以超常的勇气和毅力征服了这座雪山。

至 4 月上旬，红军相继攻占道孚、炉霍、甘孜，控制了东起丹巴、西至甘孜、南达瞻化、北连草地的大片地区。此时，部队已由南下时的 8 万余人，减员至 4 万余人。这是张国焘分裂主义错误造成的严重恶果。

红四方面军占领甘孜等地时，贺龙、任弼时率领的红 2、红 6 军团已经进入云南。红四方面军决定，在甘孜等地进行休整补充，等待红 2、红 6 军团共同北上。

时值春耕季节，当地藏民因为不了解红军而躲避离家。朱德提出，人误地一时，地误人一年。我们要帮助藏胞把地种上，而且要种好。他带领总部机关人员和部队指战员一起，帮助藏民春耕播种。藏族群众逐渐消除了对红军的恐惧，彼此建立起良好的关系。在藏族群众帮助下，红军学会了捻羊毛、织毛衣，不仅解

红四方面军总医院第二分院用过的药碾
中国国家博物馆藏

海拔最高的红军烈士墓

亚克夏山（又名长板山）红军烈士墓，海拔4800米，长征中12名红军战士因体力透支和缺氧窒息而牺牲于此。1952年7月，解放军轻骑师第137团发现了烈士遗骸并在此建墓安葬。

决了自己需要的大部分衣物，还给即将到来的红2、红6军团战友编织了2万多件毛衣裤。

这期间，中共中央为促使张国焘早日取消其另立的"中央"，率红四方面军尽快北上，持续做了大量团结争取工作，并不断向红四方面军和红2、红6军团领导人通报相关情况，建议他们"宜趁此十分有利时机与有利气候速定大计"，尽快北上，红一方面军将积极予以策应。

在中共中央的不断劝说和教育争取下，在朱德、刘伯承、徐向前等人的坚持斗争和一再敦促下，6月6日，张国焘不得不在炉霍召开党的活动分子会议，宣布"取消中央的名义"，成立西北局，在组织上"归于统一"。至此，张国焘分裂党、分裂红军的活动以失败告终。

湘鄂川黔革命根据地主要创始人雕塑 新华社记者摄

第十章
艰苦转战湘黔滇

红军黔东独立师写的标语遗存——贵州省松桃县石梁乡简家祠堂

奉命西征的红6军团历尽艰辛,与红3军(红2军团)在黔东木黄胜利会师。之后共同发起湘西攻势,有力策应了转移中的中央红军,并创建湘鄂川黔苏区。在国民党军的重兵"围剿"下,红2、红6军团为保存有生力量,实行战略转移。根据国内形势的发展,决定北上与红四方面军会合。

一、木黄会师

> 红6军团历经艰辛,完成为中央红军战略转移先遣探路的重任,与红3军在木黄胜利会师,共同发起湘西攻势作战,创建湘鄂川黔苏区,并取得反"围剿"胜利。

先遣探路

1934年9月8日,中革军委给西征中的红6军团下达补充训令,改变了之前在湘中建立根据地的指示,命令红6军团继续西进,到湘西南的城步、绥宁、武冈一带开展游击,至少要坚持到9月20日;然后沿湘黔边境向湘西北转移,与红3军建立联系。训令规定了具体的行军路线,要求红6军团把每天的行程缩短到三四十里,沿途利用有利地形伏击敌人,开展群众工作。

这个补充训令的实质:一是要红6军团吸引更多的湘军,以减轻中央红军突围转移的压力;二是要红6军团为中央红军之后的战略转移先遣探路。中央红军之后的转移路线,基本是

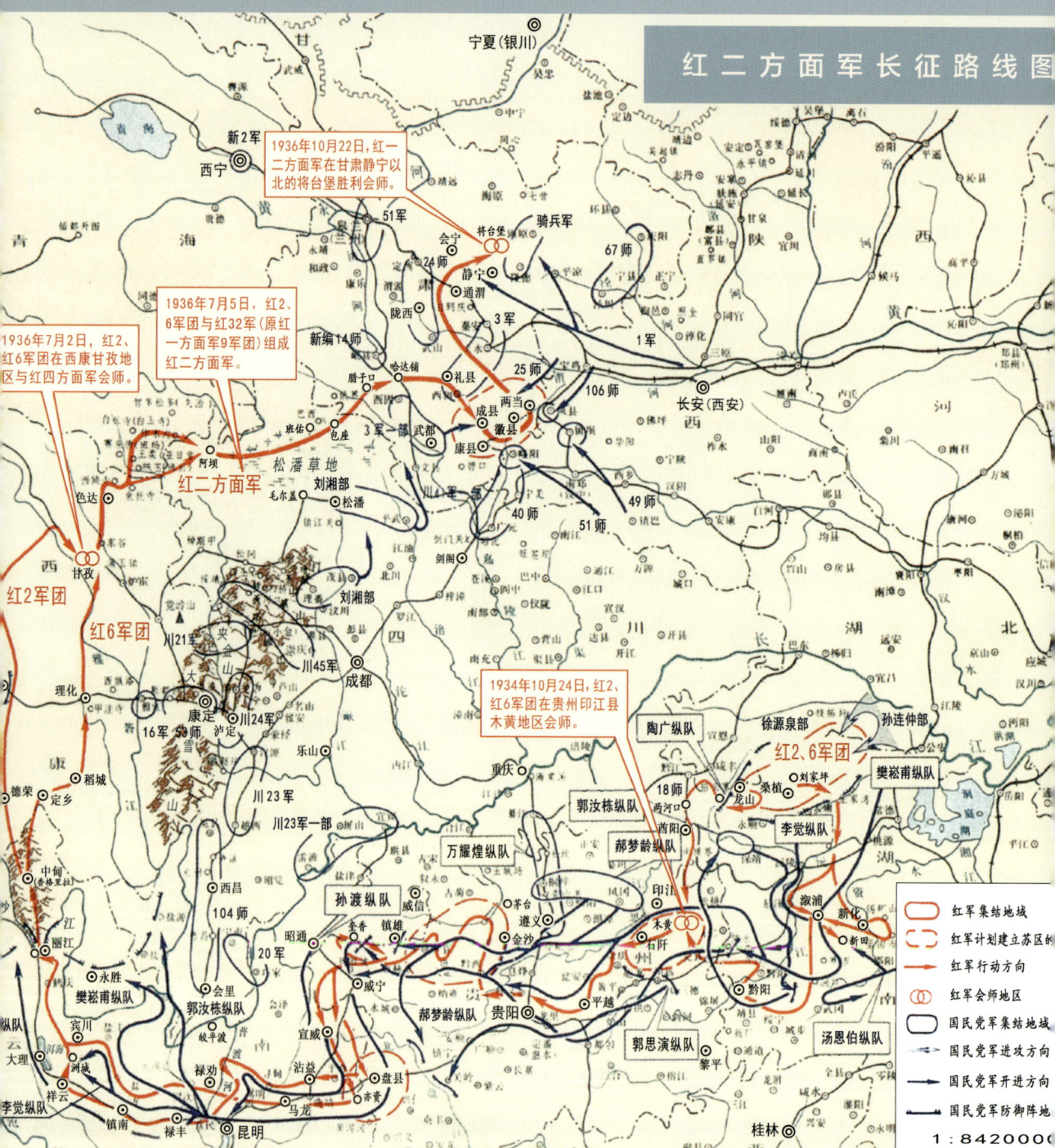

红军第 2、第 6 军团长征时序列表

（1935 年 11 月—1936 年 6 月）

- **中央革命军事委员会湘鄂川黔分会**
  - 主　席　贺　龙
  - 委　员　任弼时　关向应　夏　曦　萧　克　王　震
  - **第 2 军团**
    - 军 团 长　贺　龙（兼）
    - 政治委员　任弼时（兼）
    - 副政治委员　关向应
    - 参 谋 长　李　达
    - 政治部主任　甘泗淇
    - **第 4 师**　师　长　卢冬生；政治委员　冼恒汉 —— 第 10 团、第 11 团、第 12 团
    - **第 5 师**　师　长　贺炳炎、王尚荣（后）；政治委员　谭友林 —— 第 13 团、第 14 团、第 15 团
    - **第 6 师**　师　长　郭　鹏；政治委员　廖汉生 —— 第 16 团、第 17 团、第 18 团
  - **第 6 军团**
    - 军 团 长　萧　克
    - 政治委员　王　震
    - 参 谋 长　谭家述
    - 政治部主任　夏　曦、张子意（后）
    - **第 16 师**　师　长　周球保；政治委员　晏福生 —— 第 46 团、第 47 团、第 48 团
    - **第 17 师**　师　长　吴正卿、刘转连（后）；政治委员　汤祥丰 —— 第 49 团、第 50 团、第 51 团
    - **第 18 师**　师　长　张振坤；政治委员　张振坤（兼） —— 第 52 团、第 53 团、第 54 团
    - **教导团**

红二方面军同红四方面军会师北上时序列表

（1936 年 7 月—10 月）

- **红二方面军**
  - 总 指 挥　贺　龙
  - 政治委员　任弼时
  - 副总指挥　萧　克
  - 副政治委员　关向应
  - 参 谋 长　李　达
  - 政治部主任　甘泗淇
  - **第 2 军团**
    - 军 团 长　贺　龙（兼）
    - 政治委员　任弼时（兼）、关向应（兼）
    - 参 谋 长　李　达（兼）
    - 政治部主任　甘泗淇（兼）
    - **第 4 师**　师　长　卢冬生；政治委员　冼恒汉 —— 第 10 团、第 11 团、第 12 团
    - **第 6 师**　师　长　贺炳炎；政治委员　廖汉生 —— 第 16 团、第 17 团、第 18 团
  - **第 6 军团**
    - 军 团 长　陈伯钧
    - 政治委员　王　震
    - 参 谋 长　谭家述
    - 政治部主任　张子意
    - 政治部副主任　黄火青
    - **第 16 师**　师　长　张　辉；政治委员　晏福生
    - **第 17 师**　师　长　贺庆积；政治委员　汤祥丰
    - **第 18 师**　师　长　张振坤；政治委员　余立金、余秋里（后）
    - **模范师**　师　长　刘转连；政治委员　彭栋材
  - **第 32 军团**
    - 军　　长　罗炳辉
    - 政治委员　袁任远
    - 参 谋 长　郭　鹏
    - 政治部主任　李干辉
    - **第 94 师**　师　长　肖新槐（肖兴怀）；政治委员　辛世修（幸世修） —— 第 280 团、第 282 团
    - **第 96 师**　师　长　王尚荣；政治委员　谭友林 —— 第 286 团、第 288 团
  - **红军大学**

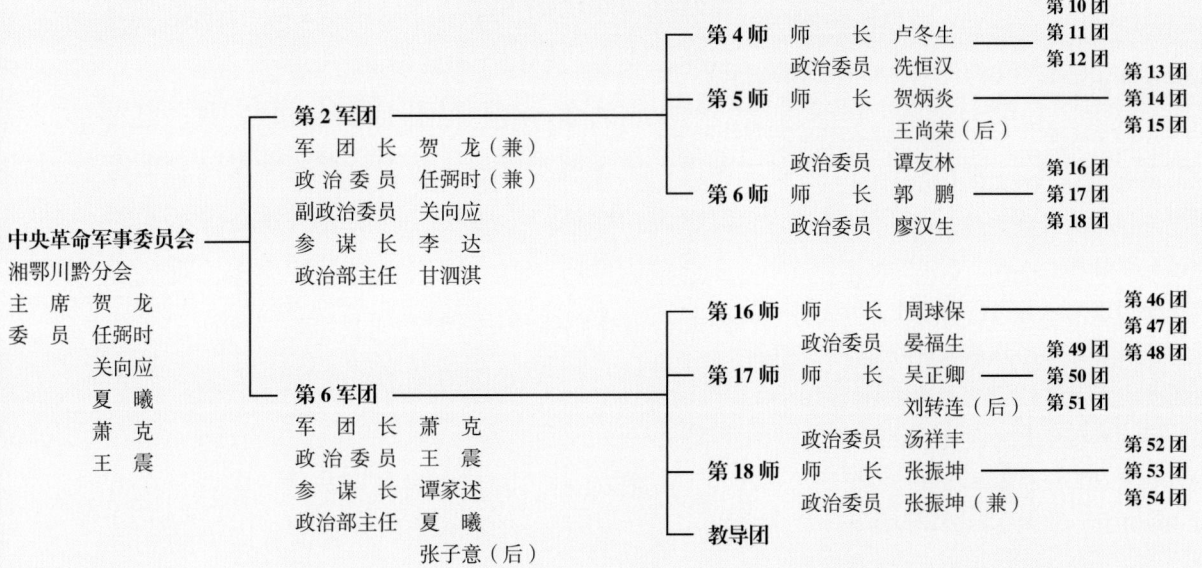

黔东苏区的创建

1934年5月,在鄂川黔边艰苦转战的红3军,抓住黔东反动力量薄弱之机,开始创建苏区。7月21日,黔东特区第一次工农兵苏维埃代表大会在沿河县铅厂坝召开,选举产生由贺龙等80人组成的黔东特区革命委员会,黔东苏区初步形成。至9月,苏区扩大到沿河、印江、德江、酉阳、松桃5县境内,纵横近100公里,人口约10万。黔东苏区的建立,结束了红3军无后方依托的流动作战状态,也为红6军团西征提供了落脚点。

循着红6军团的行动路线。因此,红6军团西征实际上成为红军长征的序幕。

根据训令,红6军团于次日离开广西,再入湖南,进至城步境内。然而,湘桂黔国民党军迅速逼近,在城步、绥宁、武冈地区建立根据地的计划难以实行。红6军团灵活与敌周旋,乘敌人尚未合围夺路南下,占领通道县城后又转而向北,在靖县新厂经苦战击溃湘敌2个团的阻击,西入贵州。

9月20日,红军攻占黎平县城。随后,在当地苗族、侗族群众帮助下,从剑河县境内顺利渡过清水江,继续北上。26日晨,红6军团翻越大广坳口时,突遭桂军第24师堵截,处境危急。在红52、红54团奋力掩护下,军团主力突出重围。但红54团伤亡近150人,团长赵雄英勇牺牲。

突围后,红6军团以急行军与敌周旋,突破黔军4个团防堵,于10月2日进占黄平旧州镇。

在旧州,红军从一座教堂里缴获了一张一米见方的法文地图,这让红军又喜又愁。喜的是得到了急需的地图。自入黔以来,红军仅凭一张从中学课本上撕下来的小地图行军作战,十分不便,这张大地图对红军来说如获至宝。愁的是看不懂法文。这时,一个中文名叫薄复礼的传教士,帮助红军将地图译成了中文,这为红6军团之后的转战提供了很大便利。

10月4日,红6军团进至瓮安县猴场,准备渡过乌江,甩掉追敌,再北上寻找红3军。可是,中革军委来电命令,"无论如何你们不得再向西移",并说桂军已经南下,红3军已占领印江,命令红6军团速去江口与红3军会合。红6军团遂掉头向东,前往江口。

然而,桂军当时并未南下。湘桂黔3省国民党"追剿"军在镇远召开军事会议,讨论部署对红6军团的"追剿"。会议判断,红6军团是要经余庆、石阡,

军团长和传教士

薄复礼,本名为鲁道夫·阿尔弗雷德·勃沙特·比亚吉特,1897年出生于瑞士,后随父母移居英国。1922年到中国贵州传教。红军攻占旧州时,他成了俘虏。因为他懂法文,也会点中文,红6军团军团长萧克请他帮助翻译地图。采访过两位当事人的美国作家哈里森·索尔兹伯里,在他的《长征——前所未闻的故事》一书中描述了当时的场景:

"晚饭后,两人坐在一张方桌前,把地图打开,萧克一一指出各个地点,在一支小蜡烛的微弱光线下,勃萨哈特①把这些地点的名字读出来,然后两人一起想出中文的译名。他们在地图前工作了一个通宵。"

薄复礼跟随红军转战18个月后被释放。获释后,他根据自己的亲身经历完成了《抑制之手》(又译《神灵之手》)一书,1936年12月在英国出版。书中称,"中国红军那种令人惊异的热情,对新世界的追求和希望,对自己信仰的执着是前所未闻的","他们相信自己所从事的革命是世界革命的一部分。他们正年轻,为了他们的事业正英勇奋斗,充满了青春的活力和革命激情"。这本书被认为是外国人最早向世界介绍红军长征的著作。

萧克一直没有忘记薄复礼给予过的帮助。1984年在接受索尔兹伯里采访时他说:"我们后来转战贵州东部直到进入湘西,其间全是靠这张地图。我作为一个独立行动的军队指挥者,在困难的时候受到人们的帮助,不管时间多久,也难忘记。"

受萧克委托,索尔兹伯里在英国找到薄复礼,向他转达了萧克的问候;又把两人交谈的照片寄给了萧克。1987年,萧克通过外事部门致信薄复礼表示问候和感谢。之后,又向薄复礼赠送了中国人民解放军建军60周年纪念画册。萧克告诉薄复礼,他当年见过的红军,今天已经发展成为一支强大的人民军队,虽然他不能来华目睹,通过这本画册可以略知概貌。薄复礼收到萧克的信和纪念画册后回信感谢,并说:"在晚年被称之为'中国人民的老朋友',这更使我激动不已。"

---

① 指勃沙特,即薄复礼。

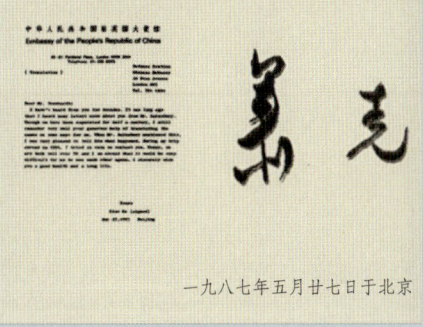

1987年萧克写给薄复礼的信

北上江口、印江，去与红3军会合。因而决定，封锁石阡至镇远大道，将红军包围于石阡南部、镇远西北、施秉北部的狭小地区内加以歼灭。3省敌军共计20多个团，立即开始行动。

一张大网在精心编织，红6军团却毫不知情。

10月7日，红6军团向石阡甘溪前进，准备当晚突破石阡至镇远大道前往印江，途中却遭到桂军第19师阻击，陷入十分被动的境地。在红50团掩护下，军团主力从深山密林中披荆斩棘开出一条路，摆脱了当面之敌。但红50团陷入敌军重围，与主力失去了联系。

此时的红6军团陷入湘桂黔军20多个团包围，在黔东的崇山峻岭中与敌周旋多日，几次突围皆未成功。10月16日，又在石阡龙塘、关口一带遭敌堵截。在红18师第52团等部奋力掩护下，重返甘溪，第52团却陷入敌人包围。

重返甘溪的军团主力仍没摆脱敌人包围。10月17日晚，军团首长毅然决定，乘夜突围，并找到一位老猎人带路。出发前，部队规定了严格的纪律：不准说话，不准有火光声响，每人头上扎一条白毛巾作为记号，摸黑前进。

夜半时分，指战员们冒着秋雨寒风，从一条人迹罕至的深山峡谷老窝沟中，蹚着尺把深的溪水，借着微弱的天光，开始突围。两边山上的敌人不时往峡谷中胡乱放枪，以探虚实。红军指战员们不顾呼啸的子弹，悄无声息地急速前进。严格的纪律，保证了数千人的队伍在敌人眼皮子底下行走了4个多小时，硬是没被发现。第二天清晨，红6军团主力终于走出老窝沟，越过石（阡）镇（远）大道，跳出了敌人的包围圈。

50多年后，萧克在谈到甘溪之战时说：

> 这是一个极端紧张而又关系到六军团大局的战斗行动，直到现在，一经忆起，心胆为之震惊，精神为之振奋。

为掩护主力突围而陷入敌人包围的红18师第52团和师直属队一部，在师长龙云率领下，经殊死奋战突出敌人的包围圈。可是，在追赶主力途中，他们再次被敌人包围于石阡的困牛山区。与敌激战三昼夜后，龙云率200余人突出重围。

木黄会师（局部）　　油画　中国工农红军第二方面军长征出发地纪念馆藏

负责断后的红52团陷入绝境，团长田海清等大部分指战员牺牲，剩下的人被敌人逼上了悬崖。敌人为追使红军缴枪投降，驱赶当地群众夹在阵中向红军进逼。红军指战员宁死不伤群众，宁死不当俘虏，退至悬崖边后，毅然砸断枪支，集体跳崖。除个别战士被树木挡住得以幸存，其余壮烈牺牲。这一惊天地、泣鬼神的英雄壮举，彰显了人民军队不惧生死、人民至上的初心本色。

龙云率突围人员追寻主力途中，因伤不幸落入敌手，最终牺牲。

10月24日，红6军团在经历近80天、5000余里的艰苦转战后，在黔东印江县木黄与贺龙派来接应的部队会合。此时，部队仅存3300余人。虽然付出重

宁死不屈的苗族师长

龙云，苗族，贵州锦屏人。1928年加入中国共产党并参加平江起义，随红5军上井冈山，后转战于中央苏区和湘赣苏区。1934年任红18师师长并参加长征。被俘后，由于叛徒出卖，敌人知道了他的真实身份，劝他投降。龙云坚贞不屈，被敌人先后投入长沙、南昌、九江、武汉等地的"反省院"受尽折磨，1936年2月在武汉牺牲。

大牺牲，但红6军团西征的胜利，为中央红军战略转移探明了道路，也有力推动了湘鄂川黔边地区革命斗争的发展。

湘西攻势

10月26日，红3军与红6军团在酉阳县南腰界举行隆重的会师庆祝大会。任弼时在会上宣读了中共中央为两军会师发来的贺电，并指着贺龙向红6军团指战员大声介绍说："看哪，他就是两把菜刀闹革命、南昌起义的总指挥，我们红3军的军长贺龙同志！"顿时，台上台下响起热烈的掌声。

贺龙手握一根旱烟杆子走到主席台前，向全场指战员敬了个礼，满脸笑容地说：

会师，会师，会见老师。你们来自井冈山，那是毛主席、朱总司令创造的苏区，一直是我贺龙和红3军学习的榜样。我代表红3军全体同志热烈欢迎你们！

贺龙号召两军指战员要加强团结，同时指出，我们一会师，树大招风，蒋介石很快会派兵进攻。要求红6军团指战员抓紧做好三件事：第一是睡好觉、吃饱饭；第二是洗澡、理发、洗衣服；第三是打草鞋，为迎接新的战斗做好准备。

会师后，红3军恢复红2军团番号，贺龙任军团长、任弼时任政治委员、关向应任副政治委员。两个军团共7700余人，共同行动时，由贺龙、任弼时、关向应统一指挥。从此，两支来自不同战略区的红军并肩战斗，形成了一支新的战略力量。

这时，中央红军已经踏上了战略转移的征程。中革军委致电红2、红6军团，要求他们向湘西进攻，以牵制更多国民党军。虽然红6军团刚刚结束长途转战急需休整，红2军团也有一些问题亟待解决，但为了策应中央红军，红2、红6军团首长决定，立即发起湘西攻势作战。

10月28日，红2、红6军团从南腰界出发。指战员们冒着绵密的秋雨连日急行，于11月7日一举占领湘西北咽喉永顺县城。

永顺被占，湘西军阀陈渠珍大为震惊，立即纠集10个团万余兵力向永顺扑来，企图将红2、红6军团逼出湘西。面对优势之敌，红2、红6军团主动撤出永顺县城，在县城以北的龙家寨十万坪设下埋伏。11月16日，红军在十万坪一举歼敌2个旅，毙伤俘敌3000余人，缴枪2200余支，重创陈渠珍部。接着，又在桃源浯溪河再歼敌1个团又2个营，乘胜包围常德。

常德是湘西政治、经济中心和水陆交通枢纽。常德被围，震动了国民党当局。蒋介石电令在江西的第26师乘汽车驰援常德，令"追剿"中央红军的国民党军李云杰、李韫珩两个纵队4个师前往湘黔边堵截。何键也急令"追剿"中央红军的湘军3个师兼程回援常德，令陈渠珍部出大庸（今张家界）进攻红军。国民党湖北省清乡督办主任、第10军军长徐源泉，不顾蒋介石要其率部"追剿"中央红军的命令，将所部3个师又2个旅摆在湘鄂边境，严防红军入鄂。

为牵制更多敌军，红2、红6军团在常德、桃源地区坚持活动了10天，并攻占慈利县城，直到1935年1月初，才根据中革军委指示，结束湘西战役，返回大庸、永顺地区休整。

> 两个多月的湘西攻势作战，红2、红6军团共击溃国民党军15个团，歼灭近5个团，调动和牵制了大批敌人，有力配合了中央红军的战略转移。同时，还在湘鄂川黔边区发动了近百万群众，推动了这一地区革命形势的发展。

湘鄂川黔苏区反"围剿"

湘西攻势期间，红军占领了湘鄂川黔4省边界的永顺、大庸、桑植3县和龙山、保靖、慈利各一部，并在这里大力发动群众，开展创建苏区的斗争。

贺龙使用过的勃朗宁手枪和保留的子弹 中国国家博物馆藏

　　1934年11月26日，以任弼时为书记的中共湘鄂川黔临时省委在大庸成立。随后，贺龙任司令员、任弼时任政治委员的湘鄂川黔军区和贺龙兼主席的湘鄂川黔省革命委员会也宣告成立。到1935年1月，东西200余公里，南北120余公里，总人口约50万的湘鄂川黔苏区初具规模。

　　湘鄂川黔苏区的建立，令国民党统治当局如芒在背。2月初，何键、徐源泉集中11个师又4个旅约11万兵力，分六路向湘鄂川黔苏区发动"围剿"，同时实行严密的经济封锁。

　　得知敌人发起"围剿"，遵义会议后的中共中央及时指示红2、红6军团，集中兵力，在运动战中各个击破敌人。并决定成立中革军委湘鄂川黔分会，贺龙任主席，任弼时、关向应、夏曦、萧克、王震为委员，加强对反"围剿"斗争的领导。

　　此时，红2、红6军团虽已发展到1.17万人，另有地方武装3000余人。然而，敌我力量仍很悬殊，加上反"围剿"开局阶段，红2、红6军团连续几仗都未打好，形势严峻。军委分会决定，率主力撤离苏区，转移外线。

　　出发前，红2、红6军团召开团以上干部会议，传达了中共中央发来的遵义会议决议摘要，决心以此为指导，打破敌人"围剿"。4月13日，转移途中的红2、红 6 军团抓住敌第 58 师第 172 旅孤军深入的有利战机，在桑植陈家河将其一举歼灭，击毙敌旅长李延龄。之后，又冒着滂沱大雨急行军 45 公里，在永顺桃子溪再歼敌第 58 师师部和第 174 旅及山炮营，缴获两门山炮①，乘胜夺回桑植县城，并恢复了大片苏区。

红军三天取得两战胜利，将敌第 58 师基本歼灭，使各路国民党"围剿"军深感震惊，纷纷后撤或收缩，红 2、红 6 军团开始掌握反"围剿"作战的主动权。军委分会及时调整斗争方针，将之前为策应中央红军而实行的对湘军取攻势、对鄂敌取守势的方针，改变为对战斗力较强的湘敌取守势、对战斗力较弱的鄂敌取攻势。

6 月 12 日，红 2、红 6 军团以围城打援战术，在宣恩忠堡战斗中歼敌第 41 师主力，活捉敌纵队司令兼第 41 师师长张振汉。战前，红军的电台截获张振汉给湘鄂边"剿匪"总司令徐源泉的电报，掌握了他的行军路线，以急行军奔向忠堡，乘敌不备发起进攻，夺取了战斗胜利。贺龙风趣地说："一个电台比一个团还强。"

8 月 3 日，红 2、红 6 军团又在宣恩板栗园战斗中歼敌第 85 师，俘敌千余人；继而返回苏区，在龙山芭蕉坨击溃敌陶广纵队 10 个团，胜利粉碎"围剿"。随后，部队东进津市、澧州、临澧、石门地区，开辟大片游击区，补充新兵 3000 余人，并征集了大批物资。

在反"围剿"作战中，红 2、红 6 军团共歼敌上万，俘敌 8000 余人，钳制了国民党军 6 个纵队，有力地策应了中央红军的战略转移和其他苏区的革命斗争。

张振汉是保定军校炮科毕业的。被俘后，经贺龙动员留在红军学校当教员。长征途中，他目睹红军指战员官兵平等的作风和顽强奋斗的精神，思想逐步变化。到达陕北后，他对贺龙说，"从共产党和红军身上，我看到了我们这个民族的希望"，主动要求留下。中共中央从统一战线大局出发，送他回湖南。后来，他为和平解放长沙作出贡献。

---

① 其中一门被红军一直带到陕北，现珍藏于中国人民革命军事博物馆。

湖南桑植中国工农红军第二方面军长征出发地纪念馆

二、突围转移

> 红2、红6军团面对国民党军新的"围剿",决定实行战略转移,以保存有生力量。连续突破敌人的围追堵截后,转移至滇黔边界地区,准备创建新苏区,在长江以南地区坚持斗争。

决定转移

湘鄂川黔苏区的创建和红军的发展,成了蒋介石的心头大患。他认为,之前的"围剿"之所以失败,主要原因是兵力不足和指挥不一。为此,他从鄂赣两省增调42个团,连同原本参加"围剿"的湘鄂国民党军86个团,采取逐段筑垒、交替前进战法,对湘鄂川黔苏区发动新的"围剿";另调中央军4个师到长沙、岳阳、利川、宜昌等地为预备队。同时,在宜昌设立行营,任命参谋长陈诚代行其职权,统一指挥各路"围剿"军,企图将红2、红6军团压缩于龙山、永顺和桑植之间加以歼灭。

(下页)从桑植出发——红2、红6军团开始长征(局部)　崔晓柏
油画　360cm×180cm　2016年　中国中共党史学会艺术专业委员会藏

11月4日，中共湘鄂川黔临时省委和军委分会在桑植刘家坪召开联席会议，讨论斗争形势和方针。会议认为，红2、红6军团已经完成策应中央红军战略转移的任务。面对敌人130个团的重兵"围剿"，当前的中心任务是保存和发展自身力量，以利今后的斗争。根据遵义会议决议关于"在内线作战取得决定性的胜利已经极少可能以至最后完全没有可能时"，"应毫不迟疑地转变我们的战略方针，实行战略上的退却，以保持我们的主力红军的有生力量"的精神，会议决定，突围远征，到湘黔边去，争取在贵州东部的石阡、镇远、黄平一带建立新苏区。

会后，红2、红6军团立即开始进行长途转战的各项准备。部队进行整编，充实基层兵力；妥善安置伤病员；指战员们精简行装，每人只带3天干粮、两三双草鞋。

突围方向的选择，事关红2、红6军团的命运。如果直奔贵州，10多万敌军紧跟尾追，显然难以立足。贺龙建议，先到湘中，造成威逼长沙之势，以调动敌人，而后转向湘黔边。他说："我们分兵两路向东南兜个大圈子，索性把这帮敌人全部吸引过来。让他们跟在我们屁股后头追，弄得他们人困马乏，我们再调头去贵州。"大家都同意这个拖着敌人兜圈子的办法。军委分会决定，从南面突围。

11月19日，红2、红6军团分别在湖南桑植县刘家坪和瑞塔铺举行突围誓师大会。当晚，两军团共1.7万余人，告别浴血奋斗创建的湘鄂川黔苏区，告别患难与共的父老乡亲，踏上战略转移的漫漫征程。

突破澧沅封锁线

为迷惑敌人，红2、红6军团先向东行，从桑植、大庸、慈利三县之间天子山、索溪峪一线穿过。这一带人迹罕至，被称为"峰三千，水八百，强人隐，虎豹行"的"鬼魅之乡"，也是湘军第19师李觉部与地方保安团的接合部，防守薄弱。红军攀岩而上，缘石而下，经一昼夜急行军，先头部队于11月20日晚到达大庸与溪口之间澧水北岸的张家湾。当晚，乘风雨交加，能见度低，红军成功强渡澧水，突破敌人第一道封锁线。战斗中，红49团团长王烈和少共湘鄂川黔省委书记周玉珠等英勇牺牲。

突破澧水之后，红2、红6军团兵分两路，在山岭小道上急行军75公里。先头部队于11月21日晚分别抢占了沅水北岸的大宴溪和洞庭溪渡口。

烽烟澧水（局部）　程宝泓 中国画 1986年

沅水，在湖南境内的湘、资、沅、澧四大江河中，水势最为湍急汹涌，中段沅陵一带，尤为险峻。雪峰山脉和武陵山脉分别高耸于南、北两岸，惊涛拍岸，吼声震天。水中暗礁密布，险滩相连，有"三垴九洞十八滩，滩滩都是鬼门关"之称。特别是大宴溪、小宴溪以下，巨石嶙峋，暗流涌动。相传汉代的伏波将军马援即死于此，故岸边建有伏波庙。

红军控制大宴溪渡口时，恰遇国民党军1个营300余人乘坐3条大船抵达。乘敌不备，红军俘获了全部人马及船只，而后乘着木船，借用国民党军的口令，一枪未发，顺利渡过沅水，突破了国民党军第二道封锁线。李觉吹嘘的"可保无虞"的防线，在红军面前形同虚设，气得陈诚给他记了两个大过。

红 6 军团占领新化县城后部分干部的合影

红 2、红 6 军团渡过沅水进入湘中后,分别占领了辰溪、浦市、溆浦、新化、蓝田(今涟源)、锡矿山等地。每到一处,指战员们大力宣传共产党的抗日救国主张,广泛发动群众,没收地主豪绅的粮食,分给贫苦农民。大批青年报名参军,红军在湘中扩红 3000 余人,还建立了 38 支"抗日游击队"和"抗日大同盟""抗日义勇军"等组织,筹措钱款数万元和一批物资,不仅壮大了力量,也播撒了革命火种。

从湘中到黔东

红 2、红 6 军团突围转移后,蒋介石任命何键为"追剿"军总司令,指挥李觉、樊崧甫、陶广、郭汝栋、汤恩伯 5 个纵队共 12 个师又 1 个旅,专事"追剿"。在前两道封锁线被红军突破后,敌人企图以正面追击和两翼迂回相结合的战法,将红 2、红 6 军团消灭于沅水与资水之间地区。

为调动敌人,实现向黔东地区转移的计划,红 2、红 6 军团采取声东击西战术,从12月11日开始，连续9天向东南方向急进，作出东渡资水的姿态。当大批敌军被诱向湘东南时，红军突然掉头，转向西北。22日，红2、红6军团为打开西进的道路，在绥宁北部的瓦屋塘与敌陶广纵队第62师展开激战。由于敌人占据有利地形，红军未能通过。红5师师长贺炳炎在战斗中身负重伤，这已是他第6次负伤。

在西进之路被敌堵住的情况下，贺龙、任弼时率部迅速改道向南进占武阳，绕过陶广纵队，从绥宁以北抢渡巫水进入黔阳，渡过清水江，冒着纷纷大雪抄山间小道向北急进，抵达芷江以西的冷水铺，甩掉了尾追之敌。

从挺进湘中到进抵芷江，被称为是贺龙在长征初期军事指挥上的"神来之笔"。

摆脱了追敌的红军，在冷水铺欢度了1936年的元旦。此时，国民党军樊崧甫、郭汝栋、汤恩伯各纵队与红军都有一定距离，唯有湘军紧追不舍。特别是李觉，因为刚受了处分，追得格外卖力。1月5日，红军在芷江与晃县（今新晃）交界处的便水设伏，准备消灭孤军突出的李觉纵队第16师。可是，敌第19、第63师迅速赶到增援，红军由伏击敌1个师变成与敌3个师交战。经两日激战，虽重创敌人，但自身也伤亡千余人，红4师参谋长金承忠、第11团团长覃耀楚牺牲。在再战不利的情况下，红军撤出战斗，继续向西北方向转移。1月9日和12日，红2、红6军团先后进占江口、石阡，实现了转进黔东的预期目标。

红2、红6军团主力突围转移时，留下红18师担负掩护主力和坚持斗争的任务。王震指示说，如斗争形势确实不利时，可突围转移与主力会合。

从1935年11月下旬到12月中旬，红18师3000余人在湘鄂川黔苏区坚持了近一个月的艰苦斗争，吸引了大批国民党军，有力策应了主力的突围转移。之后，他们突破敌人包围，经过艰苦转战，于1936年1月9日在江口与主力会师归建。此时，全师仅存600余人。贺龙动情地对红18师指战员说：

> 你们是有功劳的，你们的行动牵制了敌人，使主力行动没有后顾之忧。你们胜利地完成了总指挥部交给的光荣而又艰巨的任务。虽然你们的人数不多了，但是，能从敌人的心脏里打出来，表明了你们的坚强、勇敢！红军是打不垮的，同志们，你们了不起啊！

（下页）贺龙在行军途中（局部）　肖林　版画　70cm×34cm　1979年

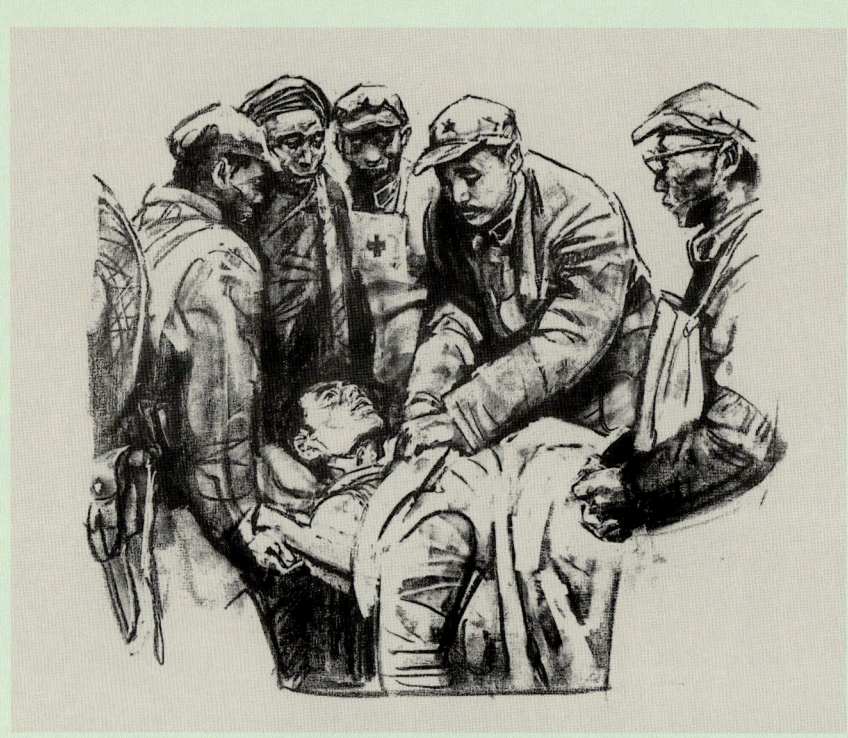

贺炳炎做截肢手术　　沈尧伊 连环画

贺炳炎忍痛截肢

　　贺炳炎在瓦屋塘战斗中右臂负伤，伤势非常严重，只有截肢才能保住生命。因为没有医疗器械和麻醉药，医生只好将贺炳炎绑在一块门板上，嘴里塞进一块毛巾，用木工锯子为他手术。两个多小时的手术中，贺炳炎几次痛昏。手术完成后，他嘴里的毛巾被咬得稀烂。一直在外守候的贺龙进屋后，贺炳炎第一句话便问："总指挥，我还能打仗吗？"贺龙紧紧握住他的左手说："你不是还有左手吗？只要有我贺龙在，就有你贺炳炎的仗打！"贺龙从地上捡起几块截下的碎骨包好说："我要把它们留起来，长征才刚刚开始，以后会遇到更大的困难，到时我要拿出来对大家说，这是贺炳炎的骨头，共产党人的骨头，你们看有多硬！"失去右臂这一年，贺炳炎22岁。手术后第7天，他又回到了部队，并顽强走完了长征路。1955年，贺炳炎被授予上将军衔。

从黔东到黔西

红2、红6军团经过近两个月的艰苦转战，终于到达黔东石阡、江口地区。然而，这一带人口稀少，物产匮乏；山高谷深，不利于大部队运动，加上便水战斗没能打出一个有利局面，国民党军15个师正在逼近，红军不宜在此久留。

1936年1月19日，中共湘鄂川黔省委和军委分会在石阡县城天主堂召开会议（即石阡会议），全面分析当前形势后，决定放弃在黔东建立苏区的计划，部队继续西进，争取在贵州西部的黔西、大定（今大方）、毕节地区建立新苏区。这是红2、红6军团撤离湘鄂川黔苏区后的第二个战略目标。

1月20日，红2、红6军团从石阡出发。时值严冬，指战员们顶风冒雪，兼程急行。突破敌人的封锁线，相继占领了瓮安、平越（今福泉）县城。

从黔东到黔西，能否突破乌江天险是关键一环。国民党军判断，红2、红6军团会沿着中央红军的路线北渡乌江、攻取遵义，加紧在乌江北岸赶筑工事，严加防范。可是，红2、红6军团却突然折向西南，威逼贵阳，调动敌军，而后从乌江上游的鸭池河顺利过江。时任红49团政治部宣传队队长的左齐回忆：

> 部队折向西南，日夜兼程，取瓮安，下牛场，直捣龙里，威逼贵阳。这一来，形势可大变了：敌人由乐观一变而为慌乱，我们由被动一变而为主动。要知道，这时的贵阳乃是一座空城，我军倘有兴趣，闯进去逛逛，不是不可能的。对于敌人说来，贵阳是贵州的政治、经济中心，又是大官僚们养身立命之所，此城万万不可有失；可是，从湘北到湘中，从湘中到贵州，追来追去，就是为了凭借乌江天险来消灭我们，一旦放过，十分可惜。江防不可不守，贵阳也要守卫。一身岂能二任焉？一时间，调兵遣将，手忙脚乱，紧张万分。但是我们没有去打贵阳，却从从容容地经扎佐，过修文，进抵乌江上游的鸭池河边，毫不费劲地渡到了乌江的北岸。

2月3日，红2、红6军团顺利占领黔西县城，打开了进入黔大毕地区的大门。国民党军凭借乌江消灭红军的企图又遭破灭。

石阡会议（局部） 许广专 油画 300cm×215cm 2016年 中国中共党史学会艺术专业委员会藏

创建黔大毕苏区

　　黔西、大定、毕节地区，地处云贵川三省要冲，是川盐入黔的集散地和通往滇东北和川南的咽喉要地。一年前，中央红军经过这里，播下革命火种。这里还有三支由中共贵州省工委掌握或联系的武装，他们控制了毕节周边要道。这为红

2、红6军团在黔大毕地区顺利展开提供了有利条件。

2月5日，中革军委湘鄂川黔分会在黔西县城召开会议，决定尽快在黔大毕地区创建新苏区。部队立即向大定进军，途中击溃敌保安旅一个营，占领前往大定的要道西溪桥，大定守敌闻风而逃。6日上午，红军在当地群众的欢呼中进占大定县城。9日，在中共贵州省工委委员邓止戈和毕节地下党组织帮助下，红军又顺利占领毕节。至此，红2、红6军团实现了由黔东到黔西的转移目标。

2月8日，红军在大定县城的孔庙召开群众大会，宣告成立"中华苏维埃人民共和国川滇黔省革命委员会"，贺龙任主席。随后大定县拥护红军委员会和毕节县苏维埃革命委员会也相继宣告成立。经过广泛发动群众，红军在黔大毕地区建立了95个乡村革命政权，普遍开展了打土豪、分浮财的斗争，先后组建了贵州抗日救国军和90多支游击队，还成立了一个苗族独立团。5000多名贫苦青年报名参加红军，使红军增添了新的力量。

贵州是蒋介石在西南地区南控桂系、西镇滇军的要地。一年前借"追剿"中央红军之机，蒋介石逼走王家烈掌控了贵州军政大权。此番红2、红6军团深入贵州，蒋介石自然不能容忍。为消灭红2、红6军团，镇压黔大毕地区蓬勃发展的革命斗争，他把正在四川与红四方面军作战的万耀煌纵队调回贵州，并亲自飞到贵阳部署"围剿"，命令贵阳行营主任顾祝同指挥万耀煌、樊崧甫、郝梦龄、李觉和郭汝栋5个纵队进攻红2、红6军团；另以郭思演、孙渡两个纵队分别从东西两面防堵；令川军杨森、李家钰部沿长江布防。120多个团的敌军，将红2、红6军团紧紧包围起来，企图一举歼灭。其中，万耀煌、郝梦龄纵队紧追在后，咬住红军不放，并攻占了打鼓新场和三重堰等要害地区。

为调动敌人，打破"围剿"，红2、红6军团在三重堰、打鼓新场等地与敌展开激战，一度攻占打鼓新场。红17师师长吴正卿在战斗中英勇牺牲。

2月中旬，国民党军袭占黔西、大定县城，并包围毕节。红2、红6军团虽以英勇的战斗取得将军山伏击战等战斗胜利，打击了敌人的嚣张气焰，但敌军迅速逼近，红军失去在黔大毕地区创建苏区的可能。军委分会分析形势后决定，红

亲切可敬的朋友与同志

毕节的民主人士周素园，早年加入同盟会，创办《黔报》，是贵州辛亥革命的元老，曾任贵州军政府行政总理和黔军总司令部秘书长。因不满于军阀混战，于1925年脱离政界，回到家乡闭门读书，探索救国救民之道，所读之书有不少马列著作。红军进入毕节后，战士们"打土豪"时，发现周家有许多马列著作，便报告了上级。红6军团政治委员王震和政治部主任夏曦登门拜访。当问他为什么读马列书籍时，周素园答："我研究马克思主义十年了，我觉得马克思说得对，我相信马克思主义。"王震又问："共产党的政策是抗日反蒋，你是否赞成？"周答："完全赞成。"贺龙、任弼时听说后也登门拜访，与周素园愉快畅谈。应贺龙之邀，周素园出任新组建的贵州抗日救国军司令员，并致信龙云、孙渡，以"假道灭虢，史有明鉴"之典故，劝告他们不要与红军为敌。

红军撤出毕节时，贺龙指示送周素园到香港去做统战工作，并赠送了一些费用，但56岁的周素园坚决要跟随红军长征，他坚定表示，我在黑暗社会里摸索了几十年，想为国家做点贡献却到处碰壁。现在参加了红军，才找到了光明，就是死也要死在红军里。贺龙听了说："有骨气，我佩服。我就赞成这样的人，就是拿18个人不去打仗专门照顾他，我也要抬着他长征。我们就同患难，生死与共喽！"最终，周素园跟着红军长征到达陕北。毛泽东称赞他是"我们的一个十分亲切而又可敬的朋友和革命的同志"。

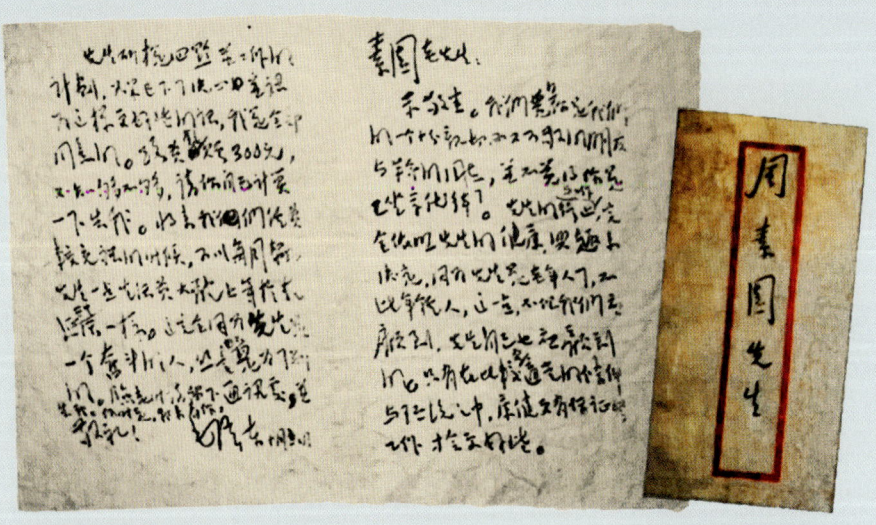

1937年10月6日毛泽东给周素园的亲笔信

2、红6军团退出毕节,向黔西南的安顺地区转移,争取在那里创建苏区。

2月26日晚,红军在毕节县城小教场召开万人群众大会。这是向山城人民告别的大会,也是继续转战的动员大会。贺龙在会上发表了慷慨激昂的讲话,号召毕节各族群众为挽救民族危亡而团结奋斗。当晚,红军指战员和毕节群众一起举行盛大的提灯游行,灯笼和火把将山城的夜晚照得如同白昼。军民之间依依不舍,深情话别。

乌蒙山回旋战

2月27日,红2、红6军团撤离毕节。可是,南下安顺之路已被敌人截断。为摆脱敌人围追,红2、红6军团转入乌蒙山区。

乌蒙山位于滇黔边界,逶迤数百里,气势磅礴,是金沙江和南、北盘江及牛栏江的分水岭,最高峰牯牛寨海拔4017.3米(位于会泽县境内)。初春时节,山上很多地方仍有白雪,加上细雨蒙蒙,山中浓雾弥漫,寒气逼人。红军在这样荒无人烟的大山中行军,只能顶霜踏雪,风餐露宿。贺龙的脚冻裂了一个大口子,可他仍把马让给伤员骑,自己拄着根棍子,一瘸一拐地往前走。有他做榜样,战士们都忍着饥寒疲乏坚持行军。红军在乌蒙山区忽左忽右、忽南忽北地与国民党军兜圈子,寻找突围的机会。3月2日,红6军团政治部主任夏曦在毕节七星关不幸溺水牺牲。

3月6日,红2、红6军团进至云南彝良县奎香地区。国民党军以为红军要北渡金沙江,入川与红四方面军会合,立即向北堵截。贺龙决定,杀个回马枪。

> 夏曦,湖南益阳人,1901年出生。1921年10月加入中国共产党,是党在大革命时期的著名活动家,参加过南昌起义,后赴莫斯科学习。1930年回国后,先后任中共湖南省委、浙江省委书记和湘鄂西中央分局书记,推行错误"肃反",给党和红军及苏区建设造成严重损失。1935年1月,红2军团在大庸丁家溶会议上批判了夏曦的错误,为"治病救人"保留了他的省委委员等职,派到红6军团任政治部任主任。夏曦深刻反省了自己的错误,工作积极努力。牺牲后,部队将他就地安葬并举行了追悼会。任弼时表示"殊为深痛",萧克称他是"两头好,中间坏"。

(下页)乌蒙山回旋战(局部)　　彭承军 油画 200cm×162cm
2016年 中国中共党史学会艺术专业委员会藏

于是，红军由奎香调头向南，在赫章县以则河地区歼敌第28师前卫部队一部。随后北返，二进奎香。接着，直奔镇雄，准备由此南下贵州安顺。

此时，红2、红6军团已在乌蒙山区绕了一大圈。顾祝同认为，红军已经走投无路，下令所有部队加紧追击，企图将红军一举围歼于镇雄西南地区。红2、红6军团与敌不断周旋，寻找歼敌战机。3月12日，部队在哲庄坝设伏，截击前往镇雄的敌第13师。红军勇猛地突入敌司令部，敌纵队司令兼第13师师长万耀煌在慌乱中逃脱。激战中，红18团政治委员余秋里为救团长左臂负重伤。

哲庄坝战斗后，红2、红6军团被国民党军5个纵队包围压缩于乌蒙山深处的安耳洞一带狭小地域中。上万人的大部队集中在人迹罕至的深山老林中，吃饭、饮水都十分困难，指战员们的体力消耗接近极限。贺龙鼓励大家说："我们的情况不妙，敌人100多个团情况更不妙。他们从湖南、湖北、四川让我们拖起跑，比我们更受罪。"他提出"以迅雷不及掩耳的速度隐蔽地从敌人的接合部钻出去"。

这个建议得到大家赞同。部队果断抛弃了一切可以丢弃的辎重，规定了严格的突围纪律：马蹄裹布、不准点火、不准喧叫，即使被小股敌人发觉也不准

红军长征时用过的军号

打枪，不准捡消灭小股敌人的便宜，一切以迅速摆脱敌人为先。利用敌人兵力主要在东面和北面之机，红2、红6军团向西北方向急进，采取敌进我进的大胆穿插，从敌樊崧甫与郭汝栋两个纵队的接合部突破，第三次进入奎香。之后，穿过孙渡纵队在昭通、威宁之间的防线，兼程南下，于3月22日到达滇东北的宣威来宾地区，跳出了国民党军10万重兵的包围圈。

宣威是滇东北重镇，防守宣威的滇军第1旅企图阻止红军深入云南腹地。3月23日，红军和滇1旅在宣威来宾铺的虎头山展开激战。红军一度突入敌指挥部，处于有利态势，可是滇军另2个旅迅速赶到增援，双方形成对峙。在多次攻击未能奏效的情况下，红军于当晚主动撤出战斗。兵分两路沿乌蒙山东麓南下，于3月28日占领黔西南的盘县（今盘州市）、亦资孔地区，结束了在乌蒙山区的转战。

在近一个月、行程千余里的乌蒙山回旋战中，红2、红6军团指战员以顽强的毅力和灵活的战术与敌周旋，经受了体力和意志的严峻考验，最终跳出了敌人的包围圈，获得新的转机。此战因而成为红军长征中的经典战例，也被认为是贺龙在长征军事指挥上的又一"神来之笔"。

红军三大主力会师后，毛泽东称赞：

余秋里断臂救战友

余秋里，江西吉安人，1914年出生。1929年参加革命并加入共青团，1931年转入中国共产党。哲庄坝战斗中，团长成本新（后改名成钧）起身观察地形，被对面的敌人发现，即用机枪扫射过来。余秋里急忙站起来将成团长一把拽倒，嘴里喊着"危险"。话音未落，敌人的子弹击中余秋里左臂，团长幸免。后续战斗中，余秋里左臂再次负伤。由于无法及时手术，余秋里带伤行军，左臂因而坏死。为避免危及生命，只能截肢。1955年，余秋里和成钧同时被授予中将军衔。

　　二、六军团在乌蒙山打转转，不要说敌人，连我们也被你们转昏了头。硬是转出来了嘛！出贵州、过乌江，我们一方面军付出了大代价，二、六军团讨了巧，就没有吃亏。你们一万人，走过来还是一万人，没有蚀本，是个了不起的奇迹，是一个大经验，要总结，要大家学。

金沙水暖　袁晓岑　雕塑
82cm×116cm×35cm　1975年
中国美术馆藏

三、继续北进

> 红2、红6军团根据全国形势的发展，按照中革军委电示，决定继续北上。部队渡过金沙江，翻越雪山，前往甘孜，准备去与红四方面军会师。

决定继续北进

经过乌蒙山回旋战，红2、红6军团基本扭转了战略转移以来的被动局面。由于前往安顺之路已被敌人阻断，需要尽快确定新的斗争方针。

盘县、亦资孔地区，交通不便，敌人统治力量薄弱，地形和经济条件都有利于红军坚持斗争。红2、红6军团领导人认为：在江南地区保存一支红军主力，有利于全国革命形势的发展，因而准备在这里创建苏区。这是红2、红6军团自战略转移以来，第三次谋求创建根据地。

就在此时，任弼时、贺龙等收到朱德、张国焘于3月23日发来的电报，建议红2、红6军团在"渡河技术有把握条件下及旧历三月水涨前，设法渡金沙江"，去与红四方面军会师。任弼时、贺龙等人认为，这个建议关系全局，需要慎重研究。这时，他们并不清楚，这份电报虽由"朱张"联署，但两人却有不同的目的。

自1935年8月后，红2、红6军团与中共中央的联系突然中断。在此之前，中央给湘赣、湘鄂赣党组织和上海中央局的电报，就是通过红2军团电台转发的。可是，张国焘任红军总政治委员后，控制了中央与红2、红6军团联络的电报密码，红2、红6军团失去了与中央的联系。任弼时很着急，要求机要科密切注意中央电台的呼号。这之后，红2军团电台曾意外接收到一份明码电报，大意是：弼兄，我们已到陕北，密留老四处……弟豪。任弼时等人十分高兴，他们知道，"豪"即"伍豪"，是周恩来的化名。但高兴之余又觉得疑惑，用明码发电报不合常规。于是，任弼时用密码回电问："你们现在何处，久失联络，请于来电内对此间省委委员姓名说明，以证明我们的关系。"复电当天即收到，但署名不是"豪"，而是"朱张"。由于密码在张国焘处，任弼时用密码发的电报被张国焘接收到了。复电准确说出了任弼时等人的姓名，并说了中央红军与红四方面军在懋功会师，中央任命张国焘为红军总政委等情况，要求今后"密切联络"。任弼时、贺龙等人接电后，多次提出"一、四方面军将在何处建立新根据地及其发展方向盼告"，但"朱张"复电只说红四方面军南下的情况，只字不提中央率红一方面军主力已到陕北和建立西北大本营的战略决策等情况。对于建议红2、红6军团渡金沙江北上的电报，朱德后来曾这样说：

> 我们当时发什么电报，都得经过他（指张国焘——引者注），不经过他不行，这是技术问题。我们只是从搞情报和了解敌人中，知道你们的一些行动。我和刘伯承同志的意思想把你们那方面的力量拉过来，不然我们很孤立，过江不是中央指示，是我们从中抓的，抓过来好，团结就搞起来了……二方面军过江，我们气壮了，北上就有把握了。

而张国焘是想把红2、红6军团拉过来，增加与中央分庭抗礼的筹码。

1936年3月29日，任弼时、贺龙复电"朱张"表示，在滇黔边创建根据地的可能性是存在的，渡金沙江也"不致感受大的困难"。关键在于，"在整个战略上我军是否应即北进"？由于不了解全国形势的发展，行动方向"请军委决定"。第二天，"朱张"回电，建议红2、红6军团渡金沙江北上，"与我们汇合一同北进"。

红2、红6军团领导立即在盘县召开会议，讨论是否渡江。贺龙后来回忆这段历史时说：

> 为什么过金沙江？对"朱张"的第一个电报有争论，我们不同意。第二个电报指出了五个渡口。第三个电报命令渡江。这是有命令才走的。一部分同志不愿过……理由只有一个，革命，南边也要放一个。你讲2、6军团在江南能否发展？利用军阀矛盾，利用广大区域，四川、湖南、湖北、贵州都可以去嘛。湘江、沅江都挡我们不了。

经过反复讨论，大家认为，在全国抗日救亡运动日益发展的形势下，红2、红6军团北上与主力会合，有利于开赴抗日前线，直接对日作战。会议决定，立即抢渡金沙江，与红四方面军会合，共同北上。萧克回忆：

> 讨论结果，同意总部的意见，并立即执行。我记得任弼时同志讲，一方面军已经到了陕北，红25军徐海东他们也到了陕北，四方面军在四川，现在总部又来电报说要我们汇合起来一起北上。全国革命大势转到西北。这是盘县会议最重要的决定。

会后，贺龙、任弼时等致电朱德、张国焘："我们决经华坪之路线北进，4月1日前后开向滇西方向移动，望在适当时派队接应。"

后来的历史发展表明，红2、红6军团从中国革命大局出发作出的北上决定，不仅顺应了全国抗日救亡运动的发展，符合中共中央的战略意图，而且对夺取长征胜利发挥了重要作用。

抢渡普渡河（局部）　邵亚川　油画　300cm×180cm　2006年　中国人民革命军事博物馆藏

激战滇中过普渡

红2、红6军团在盘县休整了3天，进行了继续北上的思想动员，并补充了700多名新战士。3月31日，部队从盘县、亦资孔地区出发，又一次踏上征程。部队在平彝（今富源）附近冲破滇军防线，兵分两路，红2军团在右，经沾益、寻甸；红6军团在左，经曲靖、马龙，向普渡河渡口大踏步急进。

　　蒋介石迅速调整部署,任命龙云为滇黔"剿共"总司令,集中兵力防堵红军;令樊崧甫、李觉、郭汝栋各纵队迅速入滇,和滇军一起追堵红军;并派顾祝同到昆明坐镇指挥。龙云认为红2、红6军团会沿中央红军路线从元谋渡金沙江,急令滇军第9旅张冲部及另2个团,赶到普渡河铁索桥两岸防堵,并令孙渡纵队3个旅加快追击,与张冲部在普渡河东岸围歼红军。

　　4月8日拂晓,红2军团先头部队第4师开始抢渡普渡河。敌人封锁了渡口，拆除了铁索桥上的木板。红4师从渡口下游徒涉过河后，与滇军展开激战，师政治部主任萧令彬英勇牺牲。敌人占领了音翁山制高点，向红军疯狂扫射，敌机也轮番向红军猛烈轰炸。激战大半日后，在各路敌军纷纷逼近的情况下，贺龙、任弼时决定，放弃西渡普渡河、从元谋渡金沙江的计划，改从滇西渡江。

此时，滇军第7旅一直衔尾紧追。为了给大部队调整部署争取时间，已经西行至可郎的红2军团第6师奉命东返，在寻甸六甲地区阻击追敌。4月9日上午，红6师在六甲与敌第7旅展开激战，顽强阻击敌人，有的连队打到仅剩十多名战士，弹药几乎耗尽。敌人乘势在飞机掩护下发起全线反扑，形势十分危急。关键时刻，红5师一部赶到增援，与红6师协力将敌击退。

六甲阻击战，红军重创滇军第7旅，歼敌400余人，使其不敢再继续紧逼。但红6师伤亡也很大，牺牲220余人，师长郭鹏负伤。特别是先头红18团，3名营长牺牲2人，9名连长伤亡8人，团政委杨秀山和参谋长陈刚负伤。可是，局部的牺牲为全军调整部署、争取主动赢得了必要时间，也为抢渡金沙江创造了有利条件。

六甲战斗后，红2、红6军团领导分析形势认为，甩开滇军，争取数日机动时间，是实现北渡金沙江的关键。贺龙提出，佯攻昆明，调动敌军，创造渡江之机。

这个大胆建议得到大家赞同。4月10日凌晨，红2、红6军团急速南下，直扑昆明。第二天夺取了距昆明20公里的富民县城，昆明全城震动。顾祝同接连打电报向蒋介石求援，龙云急令各路滇军回防昆明。正在敌人调兵遣将、忙乱不堪时，红军突然掉头，直奔滇西，从富民、赤鹫间渡过普渡河，把敌军远远甩在了后面。这一招，被称为贺龙在长征军事指挥上的第三次"神来之笔"。

横扫滇西渡金沙

此时的滇西，敌人兵力空虚。红军兵分两路，日行百里，连克楚雄、镇南（今南华）、祥云、宾川和盐兴、牟定、姚安、盐丰等县城。各地民团一触即溃，碉堡中储存的大量物资给养全被红军缴获。指战员们虽天天长途奔行，却精力充沛，情绪高昂。4月23日，红2、红6军团占领鹤庆。军委分会在这里召开会议，部署渡江行动，决定以红4师为前卫，以红16师负责断后。24日，红4师进至丽江。

丽江，是一座以纳西族为主要居民的古城。在纳西语中，丽江是"金沙江拐弯的地方"之意。红军到达时，丽江群众在城南的东元桥"接官亭"摆起香案，列队欢迎。红军指战员整好队形，挺起胸膛，精神抖擞地走进古城。次日，红4师进至丽江以西约50公里的石鼓镇。

位于玉龙雪山西麓的石鼓镇，是金沙江上游的重要渡口，也是滇西通往康藏地区的重要门户。镇上有一座明代嘉靖年间立的纪功碑，碑形圆厚似鼓，因而得名。从镇上居高远眺，奔腾咆哮的金沙江自西北向东南直泻而下，迎头撞上海罗山后又向东北急转，形成一个"U"形大转弯，因此这里被称为"万里长江第一弯"。

红4师经过仔细勘察，在石鼓至巨甸之间70多公里沿江地段，选择了水势较缓的木瓜寨、木取独、余化达、格子、士可5个渡口。在群众帮助下找到7条船，又赶扎了一些竹筏木排。经动员，当地28名船工自愿帮助红军摆渡。

从4月25日晚至28日黄昏，经过三天三夜抢渡，1.7万余名红军指战员全部顺利渡过金沙江。当滇军第1旅风风火火追到江边时，早已不见红军踪影，只见到红军留下的标语："来时接到宣威城，走时送到石鼓镇，费心，费心，请回，请回。"

为策应红2、红6军团抢渡金沙江，红四方面军派出第32军由四川道孚南下，击溃国民党川军2个团，占领雅江，阻止了国民党军李韫珩部的南下。朱德、张国焘得知红2、红6军团顺利渡过金沙江后，发来贺电：

金沙既渡，会合有期，捷报传来，全军欢跃，谨向横扫湘黔滇万里转战的红2、6军团致以热烈的祝贺和革命的敬礼！

（下页）丽江石鼓镇

翻越雪山到中甸

渡过金沙江后,红2、红6军团摆脱了国民党军的围追堵截,但严酷的自然环境和严重的粮食匮乏,成了新的巨大挑战。

4月29日,红军开始向海拔5300米的哈巴雪山进军。从金沙江峡谷到终年积雪的哈巴雪山,指战员们犹如经历了春夏秋冬几重天。由于在滇西急行军时天气暖和,指战员们甩掉了棉衣,现在只能穿单衣爬雪山。刚开始,大家还爬得汗流浃背,可是到了半山腰后,只见白茫茫一片,寒气浸衣入骨,加上海拔高,氧气稀薄,很快就感觉呼吸困难、头昏脑涨。指战员们以顽强的意志坚持攀登,以团结互助的精神克服困难,经过10个多小时艰难攀登,终于翻越了这座人迹罕至的大雪山。

5月初,红2、红6军团陆续进抵滇西北的中甸(今迪庆藏族自治州香格里

归化寺 新华社记者摄

长征——红2、红6军团过云南（局部） 高钟炎 油画 180cm×127cm 2007年

拉市）县城及附近地区。这里平均海拔3000米以上，人烟稀少，经济落后，还处在封建农奴制社会。居民主要是藏族，信奉喇嘛教。城外的归化寺（即噶丹·松赞林寺），是云南最大的喇嘛寺。

红军初到时，当地藏民大多躲进山林。归化寺的喇嘛也紧闭寺门，严加防范。为了解除他们的顾虑，红2、红6军团以贺龙的名义颁发《中华苏维埃人民共和国中央革命军事委员会湘鄂川黔滇康分会布告》，说明红军是为"扶助番民，解除番民痛苦，兴番灭蒋，为番民谋利益"而来，并阐明了红军的性质、宗旨和纪律。同时，发出"严禁入寺庙"的告示，并派卫兵到寺院大门口站岗。红军指战员严格执行党的民族宗教政策和群众纪律，积极争取藏族群众的理解。

归化寺的喇嘛夏拿古瓦见红军态度友好，不扰民，不抢物，便自愿代表寺庙去与红军谈判。贺龙热情接待了他，向他说明共产党的民族宗教政策，还亲自写了一封信，请夏拿古瓦转交给掌教的八大老僧。信中说：

一、贵代表来，不胜欣幸；二、红军尊重人民宗教信仰自由，对贵喇嘛寺所有僧侣的生命财产绝不加以侵犯，并负责保护；三、你们须即回寺，照安生业，并要所有民众，一概回家，切不要轻听谣言，自造恐慌；四、本军粮秣，请帮助操办，决照价付金钱；五、请即派代表前来接洽。

归化寺的僧人见红军纪律严明，特别是看了贺龙给八大老僧的信，放下心来，不仅表示愿意帮助红军，还邀请贺龙、任弼时等前往归化寺做客。

5月2日，贺龙、任弼时率40余名红军代表前往归化寺拜访，寺里专门为他们举行了一场隆重的"跳神"仪式，以示敬意。贺龙回赠了一幅锦幛，上有"兴盛番族"四个大字，表达了对藏族同胞的美好祝福。

随后两天中，归化寺的喇嘛和当地商人、富户打开仓门向红军售粮，使红军筹集到5万公斤粮食和一些盐巴、红糖等急需的物资。夏拿古瓦等人前后奔忙，为红军做了许多工作。虽然当地民众已经尽力，但这些粮食对于上万人的大军远远不够，红军只得提前启程。

5月5日，红2、红6军团兵分两路先后从中甸出发。红2军团为左路，经得荣、巴安（今巴塘）、白玉前行；红6军团为右路，经定乡（今乡城）、稻城、理化（今理塘）、瞻化（今新龙）前进。

一路上，红2军团连续翻越了3座雪山，红6军团也翻越了2座雪山，许多战士因为冻饿伤病而长眠在雪山之上。5月14日，红2、红6军团全部走出云南地界，进入西康。广大指战员怀着热切的期待盼望着与红四方面军会师。

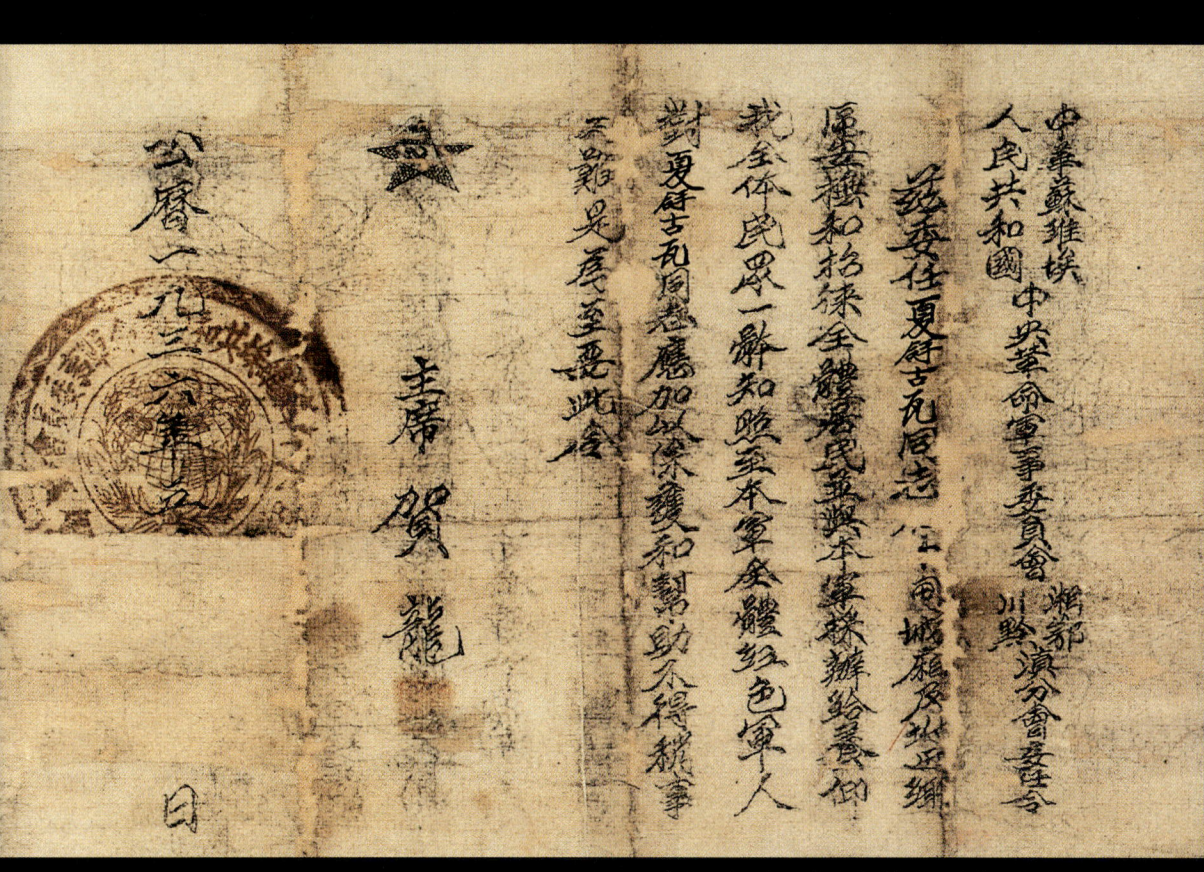

贺龙赠给归化寺的锦幛 中国人民革命军事博物馆藏

贺龙颁发给归化寺喇嘛夏拿古瓦的委任令 中国国家博物馆藏

北国风光图（局部） 李可染 中国画 91.5cm×45.1cm 1972年

第十一章 巩固发展大本营

中共中央到达陕北后,根据国内形势变化,正确制定抗日民族统一战线总策略和新的军事战略。红一方面军取得东征战役和西征战役的胜利,巩固发展了西北大本营,为红军三大主力会师创造了有利条件。

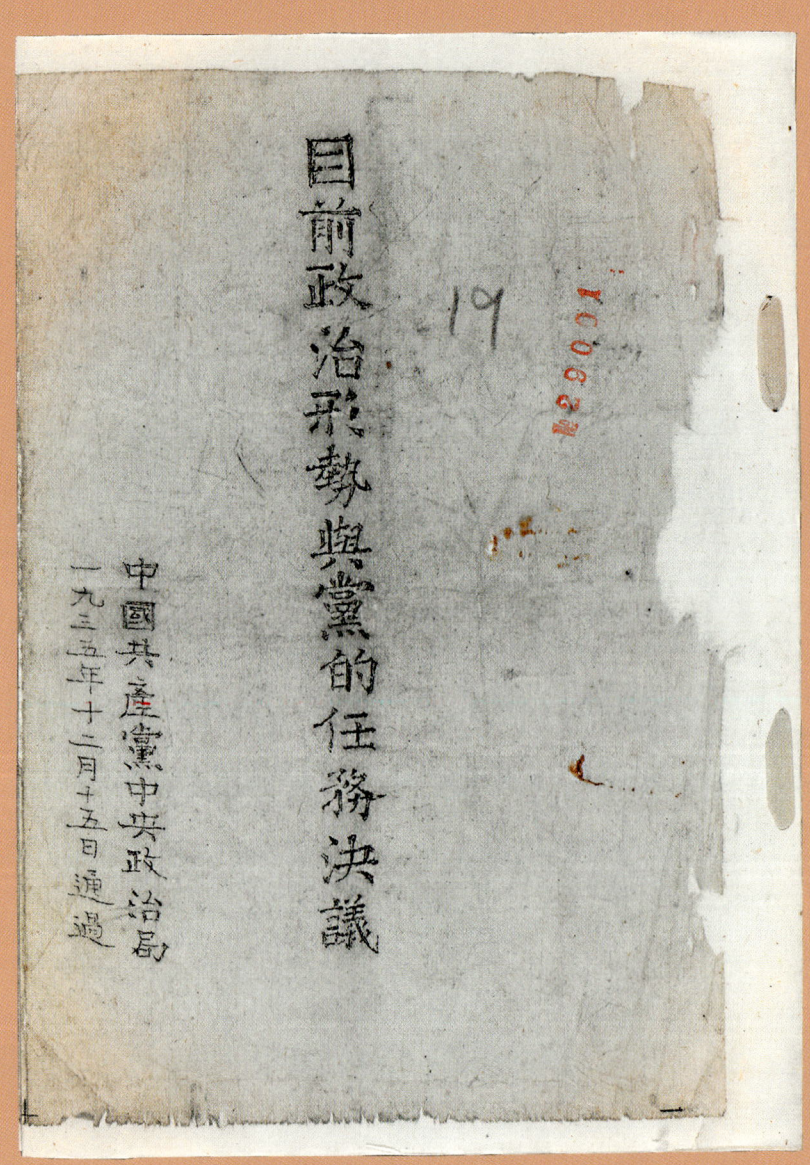

瓦窑堡会议通过的《目前政治形势与党的任务决议》 中国国家博物馆藏

一、新的战略

> 中共中央在瓦窑堡召开政治局扩大会议,制定了建立抗日民族统一战线的总策略和准备直接对日作战的军事战略,对推动全国抗日救亡运动发展产生了深远影响。

民族危机日益严重

就在中共中央率红军在长征途中艰苦跋涉时,国内政治形势发生急剧变化。日本帝国主义加紧向关内进逼,矛头直指华北。蒋介石顽固坚持"攘外必先安内"反动政策,仍以主要兵力对付苏区和红军,对日本侵略继续妥协退让。

华北是中国的政治、经济、文化中心地区之一。为霸占华北,日本侵略者不断制造事端,迫使国民党当局于1935年先后与之签订《秦土协定》和《何梅协定》,攫取了包括北平、

(下页)热血"一二·九"(局部)
张江舟 中国画 548cm×297cm 2009年 中国美术馆藏

天津在内的河北、察哈尔①两省大部分主权。之后，日本又在华北五省②策动"防共自治"，扶植汉奸殷汝耕在河北通县（今北京通州）成立"冀东防共自治政府"，使冀东22县脱离中国政府管辖；威逼国民党当局成立所谓"冀察政务委员会"，企图使华北变成第二个"满洲国"。

通过华北事变，日本实际控制了华北大部分地区，中日民族矛盾已经上升为中国社会的主要矛盾。北平爱国学生悲愤地呐喊：华北之大，已经安放不得一张平静的书桌了。中华民族到了最危险的时候，抗日救亡成为全民族最紧迫的任务。

中国共产党的抗日主张

面对日益严重的民族危机，中国共产党始终高举抗日救亡旗帜。1933年1月17日，中共中央以中华苏维埃共和国中央政府主席毛泽东、中革军委主席朱德等人的名义发表宣言，明确提出，红军愿意在立即停止进攻苏维埃区域，立即保证民众的民主权利，立即武装民众以保卫中国及争取中国的独立统一与领土完整三个条件下，与任何武装部队订立共同对日作战的协定。

长征途中，身处险境的中国共产党和红军，仍然不忘挽救民族危亡的使命和职责。两河口会议上，中共中央制定的北上战略方针，就是要率领红军到靠近抗日前线的地方去。毛泽东在会上明确指出：日军进攻北平，明显地要侵占华北。党对时局应有表示，应发表文件。要在部队中宣传反对日本

> 1931年9月20日，中共中央发表《为日本帝国主义强占东三省宣言》，号召全国人民"一致动员武装起来，给日本强盗与一切帝国主义以严重的回答"。9月22日，中共中央又作出《关于日本帝国主义强占满洲事变的决议》，要求全党广泛发动组织群众，开展"兵变与游击战争，直接给日本帝国主义以严重的打击"。

---

① 旧省名，1952年撤销，辖区分别划归河北、山西、内蒙古和北京。
② 华北五省指当时的河北、山东、山西、察哈尔、绥远。

帝国主义，反对放弃华北。

1935年8月1日，中共驻共产国际代表团以中华苏维埃中央政府和中共中央名义起草《为抗日救国告全体同胞书》（即"八一宣言"），提出建立国防政府、组织抗日联军的主张和抗日救国十大纲领。宣言强调："抗日则生，不抗日则死，抗日救国，已成为每个同胞的神圣天职。"①

中共中央率红军到达陕北后，即于11月13日发表《为日本帝国主义并吞华北及蒋介石出卖华北出卖中国宣言》，号召全国抗日反蒋的人民与武装，不分党派、信仰、性别、职业、年龄，联合起来共同战斗。11月28日，中共中央又以毛泽东、朱德名义发表《抗日救国宣言》，重申：

抗日救国十大纲领

1. 抗日救国收复失地；
2. 救灾治水安定民生；
3. 没收日帝在华一切财产，充作对日战费；
4. 没收汉奸卖国贼财产、粮食、土地，交给贫苦同胞和抗日战士享用；
5. 废除苛捐杂税，整理财政金融，发展工农商业；
6. 加薪加饷，改良工农军学各界生活；
7. 实行民主自由，释放一切政治犯；
8. 实行免费教育，安置失业青年；
9. 实行中国境内各民族一律平等政策，保护侨胞在国内外生命、财产、居住和营业的自由；
10. 联合一切反对帝国主义的民众作友军，联合一切同情中国民族解放运动的民族和国家，对一切对中国民众反日解放战争守善意中立的民族和国家建立友谊关系。

> 不论任何政治派别、任何武装队伍、任何社会团体、任何个人类别，只要他们愿意抗日反蒋者，我们不但愿意同他们订立抗日反蒋的作战协定，而且愿意更进一步同他们组织抗日联军与国防政府。

中国共产党的抗日救国主张在全社会引起强烈反响，有力地推动了全国抗日

---

① 1935年10月1日，"八一宣言"在法国巴黎《救国报》发表，之后传入国内。

救亡运动的高涨。12月9日,中共北平地下组织领导北平爱国学生举行声势浩大的游行示威,学生们高呼着"打倒日本帝国主义""反对华北自治""停止内战,一致抗日""武装保卫华北"等口号,勇敢走上街头,抗议成立"冀察政务委员会"。由此开始的抗日救亡运动(史称"一二·九"运动)迅速扩大到全国许多大中城市,得到全国民众热烈响应,成为中国人民抗日救亡运动新高潮到来的标志。

中共中央政治局瓦窑堡会议会址

瓦窑堡会议

为了制定中国共产党在新形势下的策略路线和军事战略，1935年12月17日至25日，中共中央在陕西安定县瓦窑堡（今子长县城）召开政治局扩大会议。

瓦窑堡是陕北一个比较繁荣的集镇，因镇上多是石头和砖瓦砌的窑洞而得名。会议地点在田家大院内一排窑洞的中间一孔，这是张闻天和刘英新婚后的住处。

会议由张闻天主持，着重讨论全国的政治形势和党的策略路线、军事战略。张闻天在会上作关于政治形势和策略问题的报告，张浩传达了共产国际七大精神。

12月25日，会议通过《中央关于目前政治形势与党的任务的决议》。27日，毛泽东在党的活动分子会议上作《论反对日本帝国主义的策略》报告。决议和报告明确提出，面对严重的民族危机，党的基本策略任务是建立广泛的抗日民族统一战线，必须坚决纠正党内长期存在的"左"倾冒险主义和关门主义错误，同时也要记取历史上实行统一战线时犯右倾错误的教训，深刻认识"只有在共产党的领导之下，反日运动才能得到彻底的胜利"。

军事战略是瓦窑堡会议另一个重要议题。会议通过的《中央关于军事战略问题的决议》指出，党的总任务是"以坚决的民族战争反抗日本帝国主义进攻中国"；党的战略方针是"把国内战争同民族战争结合起来"，"准备直接对日作战的力量"，"猛烈扩大红军"。红一方面军当前的主要任务是"打通抗日路线"与"巩固扩大现有苏区"，主要发展方向是东边的山西和北边的绥远，等等。

瓦窑堡会议是从第五次反"围剿"失败到全民族抗战兴起过程中召开的一次重要会议。它表明党已经克服"左"倾冒险主义和关门主义，制定出抗日民族统一战线的新策略，使党在新的历史时期将要到来时掌握了政治上的主动权；表明党在继遵义会议着重解决军事路线问题和组织问题之后，开始努力解决政治路线问题；表明党在总结经验教训的基础上，正在从中国的实际情况出发，创造性地开展工作。

（下页）瓦窑堡会议（局部）　　沈尧伊　油画　500cm×300cm　2020年　中国共产党历史展览馆藏

毛主席《沁园春·雪》词意图　傅抱石　中国画　50cm×34cm　1958年　南京博物院藏

二、东征战役

> 根据瓦窑堡会议确定的军事战略方针,红一方面军于1936年春发起东征战役,突破黄河天险,进入山西,取得重大胜利。

东征的准备

东征山西,是中共中央和军委根据当时形势,在瓦窑堡会议上作出的重要决策。

经过长征,红一方面军减员严重,物资匮乏。要准备直接对日作战,必须尽快扩大兵力,补充军需物资。可是陕甘苏区面积狭小,地贫人少,又受到国民党军的封锁包围,红军只有向外发展,才有利于开创新的局面。

当时,陕甘苏区北面敌人兵力最弱,可是那里临近长城和沙漠,缺乏回旋余地。西边敌人兵力也不强,但同样地广人稀、经济落后,而且是回民聚居区。南面的关中、渭北地区,物产和人口条件都较好,却靠近国民党在西北的大本营——西安，敌人兵力较强。而东面的山西，是日本急谋夺取的华北五省之一，是直接对日作战的重要通道；山西军阀阎锡山反蒋却不抗日，以5个旅兵力"进剿"陕北，严重威胁陕甘苏区的巩固；山西人口众多、物产丰富，有利于红军补充兵员和物资；阎锡山虽然号称拥兵10万，但部队分布在晋绥两省，且无与红军作战的经验。因此，瓦窑堡会议决定，将山西作为红军的主要行动方向。

12月24日，西北军委主席毛泽东、副主席周恩来签发《关于四十天准备行动计划》。红一方面军和苏区党政军民积极开展东征山西的各项准备。通过扩红，红一方面军兵力增加到1.27万人，又新建了红28、红29军及一批地方武装。在苏区群众帮助下，红军赶造了一批渡船。经与东北军王以哲部谈判，双方达成互不侵犯协议，稳定了苏区形势。

中共中央高度重视东征，决定政治局随东征红军行动；另在陕北组成以周恩来为书记的中央局，主持后方工作。

1936年1月19日，西北军委签发《东进抗日及讨伐卖国贼阎锡山的命令》，命令东征红军为打通抗日前进道路而英勇战斗；命令后方军民配合主力，支援前线，保卫苏区。

然而，党内对于东征也存在不同意见。有人认为红军刚到陕北，应该先巩固再发展；还有人担心黄河天堑难以渡过，即使过去了万一撤不回来怎么办。为此，中共中央政治局多次开会讨论，统一思想认识。

毛泽东认为：在抗日运动高涨和陕北地贫、人穷、兵员缺的特定环境下，不能一般地采取以巩固求发展策略，而要以发展求巩固。向南、向西、向西北的文章都不好做，只有向东最为有利。华北是日本侵略的重点，红军东征山西，高举抗日旗帜，政治上、军事上均为有利。他提出"我们要下极大决心到山西"，"山西的发展，对陕北有极大帮助"。1月底，毛泽东又在延长县城主持召开军委扩大会议，再次阐述发展和巩固的关系，进一步统一了思想。

2月上旬，毛泽东与彭德怀等到清涧县袁家沟，督促渡河准备工作。恰遇一场大雪，山河大地银装素裹。毛泽东心潮澎湃，留下一首千古雄词《沁园春·雪》：

北国风光，千里冰封，万里雪飘。望长城内外，惟余莽莽；大河上下，顿失滔滔。山舞银蛇，原驰蜡象，欲与天公试比高。须晴日，看红装素裹，分外妖娆。

江山如此多娇，引无数英雄竞折腰。惜秦皇汉武，略输文采；唐宗宋祖，稍逊风骚。一代天骄，成吉思汗，只识弯弓射大雕。俱往矣，数风流人物，还看今朝。

《沁园春·雪》毛泽东

黄河陕西段

北国风光，千里冰封，万里雪飘。望长城内外，惟余莽莽；大河上下，顿失滔滔。山舞银蛇，原驰蜡象，欲与天公试比高。须晴日，看红装素裹，分外妖娆。

江山如此多娇，引无数英雄竞折腰。惜秦皇汉武，略输文采；唐宗宋祖，稍逊风骚。一代天骄，成吉思汗，只识弯弓射大雕。俱往矣，数风流人物，还看今朝。

突破黄河防线

经过充分准备，1936年2月20日，红一方面军以"中国人民红军抗日先锋军"名义，开始东征。红1军团和红15军团选择的渡河点，分别是绥德沟口和清涧河口。

渡河工作组织得很严密，要统一计划，统一指挥，统一时间。当时，统一时间并不容易。因为指挥员所用的表都是作战缴获的旧表，快慢不一，又没有校对时间的广播。为防止扯皮，部队规定每天定时向上级司令部对表。聂荣臻回忆：

李富春在长征中用过的怀表
中国国家博物院藏

这次渡河，毛泽东同志和我开了一次玩笑。19日他向部队发了一个电报："渡河时间不可参差，一律20号20时开始，以聂荣臻之表为准。"我的一只旧表居然成了这次渡河时的标准表了。

山西军阀阎锡山，在黄河东岸黑峪口至禹门口之间300多公里沿线，部署了4个旅又1个团兵力，并在沿河各县成立了12个"防共保卫团"，构筑大量碉堡，配备各种火器。他以为凭借这些兵力和设施，红军插翅也过不了黄河。

然而，他太自以为是了。

当天20时，红1军团先头第2师第5团、红15军团先头第75师第223团，分别开始偷渡。

是夜，没有月亮，也没有星星。漆黑的夜色中，人影绰绰，大家都压低嗓子说话，四周显得很肃静，只听见黄河的水流声和冰块撞击木船的响声，渡船渐渐划向对岸。

突然，对岸发出猛烈的枪声，敌人发现了红军，偷渡变成强渡。突击队员们冒着敌人的枪林弹雨奋力向前划行，未及靠岸，就纷纷跳下船，蹚着冰冷刺骨的河水冲向滩头，很快攻占了敌人的碉堡，突破了敌人的沿河防线。

至第二天拂晓，红2师和红75师全部渡过黄河并控制了渡口。渡河战斗中，红75师参谋长毕士悌在率领先头部队向滩头冲锋时英勇牺牲。

> **东征中牺牲的朝鲜籍指挥员**
>
> 毕士悌，朝鲜籍，曾用名金勋、杨林、杨宁等，1898年出生于朝鲜平安北道。青年时因参加反日活动遭通缉，秘密来到中国，考入云南陆军讲武堂炮科学习。毕业后任过黄埔军校教官和国民革命军第4军独立团营长。1925年加入中国共产党，1927年赴苏联学习，1930年回到中国，在东北从事抗日斗争。1932年到中央苏区后，历任中革军委总动员武装部参谋长、红23军军长、红1军团参谋长、粤赣军区司令员等职。长征中任军委干部团参谋长，到陕北后调任红15军团第75师参谋长。

至2月23日，红一方面军全部渡过黄河，完成东征第一步任务。

打退晋绥军反击

阎锡山苦心经营的黄河防线，一夜之间被红军突破，这使他大为震惊。他急令入陕"进剿"的晋绥军撤回黄河以东，同时调兵遣将，准备向红军发动反击。

2月24日，红一方面军总部下达东征第二步作战命令：以主力迅速占领柳林、离石、中阳、孝义、隰县、永和一线有利阵地，寻机歼敌一至二路，以利在山西开辟抗日根据地。

根据命令，红1军团攻占吕梁山区的中阳县关上村，控制了东出要点；红15军团占领了晋西交通要地隰县水头镇，各部队向指定地域迅速展开。

出征不到10天，红一方面军以伤亡300余人的代价，歼灭与击溃晋绥军5个团，俘虏1200余人，夺取了石楼、中阳、孝义、隰县4县交界的枢纽地区，为下一步行动创造了有利条件。

阎锡山感到了巨大的压力。多年来,他一直牢牢把持着自己的地盘,不让蒋介石染指山西,可是这一回,他感到力不从心了。权衡再三,只得电请蒋介石派兵支援。同时,他下令将可机动的14个旅全部集中起来,编为4个纵队向红军发起全线反击。

3月10日,红一方面军集中主力,在孝义县兑九峪地区打击敌第2、第3纵队,以期歼灭该敌。由于敌10多个团猬集于一处,火力上又明显占有优势,双方经过激战形成对峙局面,红军决定撤出战斗。兑九峪战斗,红军虽未达预期目的,但重创了晋绥军2个团,挫败了阎锡山的反击计划。

在此期间,为了宣传红军抗日救国的主张,彭德怀和毛泽东联名发布《中国人民红军抗日先锋军布告》,揭露日本帝国主义侵略中国的罪行和蒋介石、阎锡山等的卖国行径,说明红军东征是为了抗日,号召一切爱国志士与红军联合起来,一致抗日。

分兵南下北上

1936年3月下旬,中共中央政治局在晋西地区召开扩大会议,重申"以发展求巩固"的方针,再次强调:"争取迅速对日作战为党和红军的重要任务",规定红一方面军现阶段"以经营山西为基本战略方针"。会议决定,中共中央不再随红军东征。会后,张闻天等领导人返回瓦窑堡。

阎锡山不甘心失败,下令将晋绥军4个纵队全部集中起来,于3月17日向石楼方向发起进攻,企图夺回被红军占领的沿河地区及渡口。这使晋东南、晋西北和太原地区的防守兵力大为减弱。

红军抓住时机,分兵南下北上。以红15军团主力组成左路军,向晋西北发展;以红1军团等部组成右路军,南下晋东南地区;以方面军直属队及新建的红30军等部组成中路军,保卫现有占领区及渡口,钳制晋绥军主力,策应左、右两路军。

各路红军立即开始行动。右路军突破敌汾河封锁线,迅猛南下,解放了晋西南广大村镇,破坏了

毛泽东为刘志丹烈士的题词 陕甘边革命根据地照金纪念馆藏

150 余公里同蒲铁路①。左路军乘虚北上，一部进至太原附近的晋祠，吓得阎锡山急忙宣布太原戒严；主力向晋西北发展，攻占岢岚县城，进逼兴县。中路军依托有利地形，以运动防御和游击战法，牢牢拖住晋绥军主力，配合左、右两路军的行动。

就在红军分兵发展胜利时，蒋介石以陈诚为总指挥，率国民党中央军 10 个师入晋，协助阎锡山"进剿"红军。陈诚、阎锡山商定，以中央军进攻在晋东南的红军右路军；以晋绥军进攻在晋西北和晋西的红军左、中路军，企图分割围歼红军。

根据敌情，红一方面军总部命令红 28 军东渡参战，命令左右两路军迅速向晋西收拢，命令中路军掩护物资辎重西渡黄河。

3 月 31 日，红 28 军东渡黄河，破坏了敌人在罗峪口至黑峪口之间约 30 公里的黄河堡垒线，随后向西转进。4 月 14 日，红 28 军在进攻黄河边的要点中阳

---

① 指大同到风陵渡段铁路，因风陵渡在永济蒲州镇南，故称同蒲铁路。

县三交镇时，军长刘志丹亲临一线指挥作战，不幸中弹牺牲。

刘志丹是陕甘红军和苏区的主要创始人之一，深受陕北人民爱戴，他的牺牲使红军指战员和苏区人民十分悲痛。毛泽东说：

> 我到陕北只和刘志丹同志见过一面，就知道他是一个很好的共产党员。他的英勇牺牲，出于意外，但他的忠心耿耿为党为国的精神永远留在党与人民中间，不会磨灭的。

他亲笔为刘志丹题词："群众领袖、民族英雄。"

中共中央决定，将刘志丹的家乡保安县更名为志丹县，以永远铭记他的革命功绩。

主动回师

4月下旬，南北两线的红军分别突破敌人堵截，在晋西地区完成了兵力收拢，打破了敌人分割围歼红军的企图。

各路敌军立即向晋西围拢而来，企图夺取渡口，封锁黄河，将红军压迫于河东狭小地区而歼灭。同时，在蒋介石严令下，东北军第67军和第17路军第42师准备从鄜县、甘泉和韩城北进，封锁黄河西岸。

红一方面军首长全面分析形势后认为，"东面情况已根本地发生变化，丧失了继续作战的可能，为稳固计决定西渡"。为此，进行了周密的部署。

中共中央批准了红军西渡的决定，周恩来兼主任的军委后方办事处为迎接红军西渡做了充分的组织准备工作。5月2日至5日，红一方面军全部顺利西渡黄河。

红一方面军历时75天的东征战役，在军事上、政治上都取得了重大胜利。红军共歼敌7个团，俘虏4000余人，缴获各种枪4000余支，火炮20余门，补充了装备，提高了战斗力；扩红8000余人，筹款30余万元，壮大了红军，补充了经费；迫使入陕"进剿"的晋绥军撤回山西，恢复巩固了陕北苏区；在山西20多个县播下抗日火种，为日后开辟抗日根据地打下基础。

刘志丹像 王维舟

对党忠贞不贰的刘志丹

刘志丹,曾用名刘景桂,陕西保安(今志丹)人,1903年出生。1924年加入中国社会主义青年团,翌年转入中国共产党。1926年初考入黄埔军校第四期学习,毕业后被党派到冯玉祥部工作。大革命失败后,参与领导渭华起义,后在国民党军从事兵运工作。

1932年开始领导创建陕甘苏区和红军,历任中共陕北特委书记,西北反帝同盟军总指挥,红26军第2团参谋长、第42师参谋长、师长,陕甘边革命军事委员会主席,中共西北工委委员,西北革命军事委员会主席、前敌总指挥等职,领导了陕甘苏区的反"围剿"斗争。他从实行斗争中总结提出红、白、灰"三色"斗争方式(红色指发动武装起义,建立共产党领导的革命军队;白色指在国民党军中组织兵变,以建立革命武装;灰色指教育改造绿林武装,使之转变为革命力量)和"狡兔三窟"斗争策略,为陕甘苏区和红军的创建作出重要贡献。周恩来说:"刘志丹同志对党忠贞不贰,很谦虚,最守纪律,他是一个真正具有共产主义品质的党员。"薄一波说:"我们党在陕西出了两个领袖人物,一个是刘志丹,一个是谢子长。他们是井冈山道路在陕西的代表。"

三、西征战役

> 东征战役结束后,红一方面军发起西征战役,将陕甘苏区扩大到陕甘宁三省边界地区,为三大主力会师创造了有利的条件。

决定西征

5月5日,中共中央以毛泽东和朱德的名义,发出《停战议和一致抗日通电》。电文指出:红军东征,是准备与日本帝国主义直接作战,蒋介石却派兵协助阎锡山阻拦红军抗日去路。

中国人民抗日红军先锋军本意集中全力消灭蒋氏拦阻抗日去路的部队,以达到对日直接作战之目的。但苏维埃中央政府红军革命军事委员会一再考虑,认为国难当头,双方决战,不论胜负属谁,都是中国国防力量的损失,而为日本帝国主义所称快……为了保存国防实力,以便利于迅速执行抗日战争,为了坚决履行我们每次向国人宣言停止内战、一致抗日的主

(左页)抗战之声——红军西征司号员 埃德加·斯诺摄

张；为了促进蒋介石氏及其部下爱国军人们的最后觉悟，故虽在山西取得了许多胜利，仍然将人民抗日先锋军撤回黄河西岸。

"五五通电"首次以"蒋介石氏"而不是"卖国贼"来称呼蒋介石，并再次提出停止内战、一致抗日主张，建议南京政府"以'兄弟阋于墙，外御其侮'的精神，在全国范围、首先在陕甘晋停止内战，双方互派代表磋商抗日救亡具体办法"，充分表达了中国共产党和红军联合抗日的真诚意愿。

然而，蒋介石无视中国共产党一再提出的联合抗日主张，着手成立以陈诚为总指挥的晋陕绥宁四省边区"剿共"总指挥部，调集16个师另3个旅共25万兵力，准备对陕甘苏区和红一方面军发动新的"进剿"，首要目标是夺取以中共中央所在地瓦窑堡为中心的陕甘苏区东北部。具体部署是：以中央军及晋绥军3个师又1个旅渡河入陕，与在陕北的2个师从东面、北面进攻苏区；以军阀马鸿宾、马鸿逵部2个师从西边封堵红军；以东北军、第17路军从南面向北进攻。

为打退敌人进攻，巩固扩大陕甘苏区，5月18日，毛泽东、周恩来、彭德怀发布西征战役命令，以红一方面军等部组成"中国人民红军西方野战军"，任命彭德怀为司令员兼政治委员，率领红军向国民党军兵力薄弱的陕甘宁三省边界地区发起进攻，打击坚决反共的马鸿宾、马鸿逵部，巩固和扩大陕甘苏区。

中共中央同时决定，成立以李富春为书记的中共陕甘宁省委，加强西征过程中的地方工作，统一领导新开辟地区的工作。

西征第一阶段

5月19日开始，西方野战军兵分两路，相继从延长、延川地区出发，开始西征。第一阶段行动，以夺取并赤化安边、定边、环县、曲子地区为目标。红1军团为左路军，任务是攻占甘肃的环县、曲子地区；红15军团为右路军，准备攻占陕北的安边、定边地区；野战军总部和直属队等随右路军行动。由于西征主要是在回民聚居区活动，红军总政治部主任杨尚昆签署了《关于回民工作的指示》，要求指战员严格遵守对回民的"三大禁条和四大注意"。

右路红15军团率先行动，于5月28日袭占陕西与绥远边界的重镇宁条梁①。红军在这里广泛发动群众，组建了一支回民独立师。这支回民部队，不仅作战勇敢，还向回族群众积极开展宣传工作，在西征中发挥了重要作用。

国民党西北"剿总"唯恐红军进攻宁夏，命令第35师马鸿宾部由甘肃庆阳等地回援宁夏，遗防交东北军接替。毛泽东即致电张学良，请他不要妨碍红军夺取环县、曲子和洪德城；同时电示彭德怀，以左路军红1军团向庆阳游击，防止东北军北上，"以不与东北军正式作战为原则"。6月1日，红1军团先头第2师进抵曲子镇。

曲子镇当时是国民党环县县政府所在地，也是陇东通往宁夏的要冲，镇子四周有10多米高的城墙，墙外有深沟堑壕。当日下午，红2师向曲子镇发起攻击，由于没有重武器，攻城战斗打得很艰苦。敌第105旅旅长冶成章，带着特务连路过曲子镇，被红军围在城里，十分恼火。他外号"野骡子"，性情暴躁，打仗剽悍。红军一度攻入城内，又被他指挥人马逼了出来。有人说，打不下来算了，部队可以绕道而行。红1军团政治委员聂荣臻坚决不同意，他说："这一仗不消灭敌人，会灭红军的威风，长敌人的志气。敌人会嘲笑，你们连'野骡子'都收拾不了，还来干什么呀！"聂荣臻和代理军团长左权亲自进行部署，调整战法。当晚，红军攻克曲子镇，全歼守敌，活捉冶成章。为了团结争取他共同抗日，经过教育后，将他释放。

同一天，红4师击溃敌1个营，进占阜城。敌第35师即集中8个营（包括

> **长征中的卫生宣传工作**
>
> 红军指战员几乎每天在行军打仗，甚至连洗脸的时间也没有，脸很黑，只见两个白眼球在转。因环境恶劣，不注意饮食卫生的情况比较严重。各种疾病，特别是疟疾病在部队中比较多。针对这种情况，《红星》报提出了"不吃生水不生病"的口号。号召说："天气渐渐热起来了。注意自己的卫生，不生疾病，就是巩固我们的战斗力。本报号召全体红色指战员不吃冷水，每人做个竹筒，灌开水路上吃。"还发表了《预防伤风咳嗽》《加紧卫生运动为消灭疾病而斗争》等文章，并提出了预防的具体办法。宣传人员就利用宿营的机会，通过口头或墙报等形式，对战士进行讲卫生的教育。
>
> ——红3军团宣传部部长刘志坚

---

① 属陕西靖边县。

2个骑兵营）发起反击。红1军团主力与敌激战3小时，歼敌大部，俘敌1100余人，重创敌第35师。环县、洪德城守敌闻风撤逃。

西方野战军出征以来捷报频传，左路红1军团消灭敌第35师主力，先后占领曲子镇、阜城、环县城、洪德城；右路红15军团占领宁条梁后，包围安边堡，又占领定边红柳沟，为下一步行动创造了有利条件。

这期间，东北军按照红军要求，停止于甘肃镇原、庆阳一带；而屡遭打击的敌第35师余部，退向固原以北地区。西方野战军抓住有利形势继续西进，左路红1军团占领七营、上新堡地区；右路红15军团攻占同心城，主力向豫旺城附近集中，胜利完成战役第一阶段任务。

在左、右两路红军捷报频传的同时，彭德怀根据军委命令，于6月10日下令，以红28军、红81师及骑兵团组成中路军（也称北路军），由红28军军长宋时轮、政治委员宋任穷统一指挥，担负夺取安边、定边及小桥畔等要点的任务，并随时准备消灭敌人的增援部队。

同心清真大寺，红一方面军西征胜利后，曾在这里成立陕甘宁省豫海县回民自治政府。

西征第二阶段

6月14日,西方野战军根据军委指示,确定了西征第二阶段任务:巩固并赤化占领地区,夺取安边、定边、豫旺等地。各部队根据部署立即行动,一路上克服了种种艰辛。聂荣臻回忆:

> 这一带十分荒凉。炎夏行军,到处一片黄土,有时走几十里地,头上赤阳暴晒,脚下热沙灼烤,想找几棵树休息都很难。晚上行军本来比较舒适,可是这地方昼夜温差很大,到了夜间气候太冷,部队有时不得不捡牛粪燃篝火防寒。尤其是好些地方都是苦水区,给部队造成很大困难。有些地方要到十几里以外去驮水吃,有些地区地势太高,根本没有水源,要靠冬天窖下的雪水和雨季的积水维持生活。很多地方看着河水很清,但不能吃,是苦的。吃苦水,连牲口也要拉稀。吃窖水也很不清洁,有时发现其中的人畜粪便没有清除,但没有办法啊,只能吃那个水。

6月16日,中路军红78师①袭占了位于陕宁边界的定边县城;随后,又在骑兵团协同下,攻占了陕宁绥三省交界处的要地盐池县城,全歼守敌并缴获一批枪支马匹及食盐。红军在定边、盐池等地大力开展群众工作,努力扩大红军,积极征集资材。

右路红15军团主力包围了豫旺县城所在的下马关镇(今属宁夏同心)。下马关镇曾是明长城的重要关隘,城墙厚实。为减少伤亡,红军一面围城,一面开展政治攻势。回民独立师在阵前不断喊话,进行宣传,使守敌军心涣散。6月27日,红15军团乘机袭占该城,歼敌近千人。马鸿逵出动骑兵3个团另2个营,企图夺回豫旺城,被设伏于红城水地区的红75师击退。之后,红军就地开展群众工作。

左路红1军团攻占七营镇,与东北军在七营镇以南阵地形成对峙。红军积极开展统战工作,使战场上出现了奇特的情形:

---

① 红78师属红15军团建制,暂归中路军指挥。

我们和东北军对峙的清水河一线，成了一个奇特的战线。白天我们是碉堡对峙的敌我双方，战场上鸦雀无声。晚上就是另外一回事，首先是清水河东边我们的部队传出了"我的家在东北松花江上"的歌声，接着河西边东北军的堡垒中也传来"走，朋友！我们要为爹娘复仇！"的歌声。我们的部队唱"中国人不打中国人"，他们就唱"打回老家去"。唱到辛酸处，可以清楚地听到他们的呜咽声，唱到愤怒之处，可以听到激昂的咒骂。

这样，两军就渐渐地互相熟悉起来了。我们经常送纸烟和其他东西给他们。在我们提议下，双方不断地互相会面，在战地开联欢会。在数百里的西北战线上，名义上是敌对的东北军和红军，实际上变成要求抗日救亡的好朋友。

蒋介石为稳定西北局势，严令东北军进攻红军。7月初，趁张学良到南京参加国民党五届二中全会，东北军骑兵军军长何柱国按照蒋介石的命令，指挥8个师由庆阳、固原大举向北进攻，占领红军控制的三岔、阜城、马岭等地，并准备进攻曲子镇。毛泽东电示彭德怀："对何柱国指挥'进剿'之全部东北军，宜决定消灭其一部，这样做不会妨碍大局，反有利于大局。"彭德怀立即进行作战部署。

7月17日，何柱国以骑兵第6师向红军在七营的阵地作试探性进攻，被红军一举击溃。发现红军已有准备，加上张学良从南京返回，何柱国只得停止进攻。红军对被俘的东北军官兵进行教育后全部释放，武器马匹一并归还，促进了与东北军的统战关系。

7月27日，西征战役胜利结束。西方野战军有力打击了坚持反共的宁夏军阀马鸿逵、马鸿宾部，俘获人枪各2000余，战马500余匹；解放了环县、定边、盐池、豫旺4座县城，开辟了纵横各200公里的陕甘宁新根据地。利用作战缴获，红1、红15军团各组建了1个骑兵团，壮大了力量，并在新开辟的地区组建了革命政权，成立了多支回民地方武装，开展了创建苏区的工作。

留守苏区的红29、红30军和地方武装，以游击战钳制国民党军主力，有力支援和配合了主力西征。6月中旬，国民党军向瓦窑堡发起进攻。在红29、红30军等部掩护下，中央党政机关撤离瓦窑堡，安全转移至保安、吴起镇等地。

这一时期，中共中央大力加强统一战线工作。6月20日，中共中央发出《关于东北军工作的指导原则》,明确指出,我们的目标不是瓦解和分裂东北军,而是给东北军以彻底的抗日的纲领,使他们成为坚强的抗日的武装力量;不是把东北军变为红军,而是要使东北军变为红军的友军。经过不断努力,红军与东北军、第17路军三位一体联合抗日的局面在西北地区初步形成。

这一切,为迎接红军三大主力会师,发展西北地区的抗日新局面,创造了十分有利的条件。

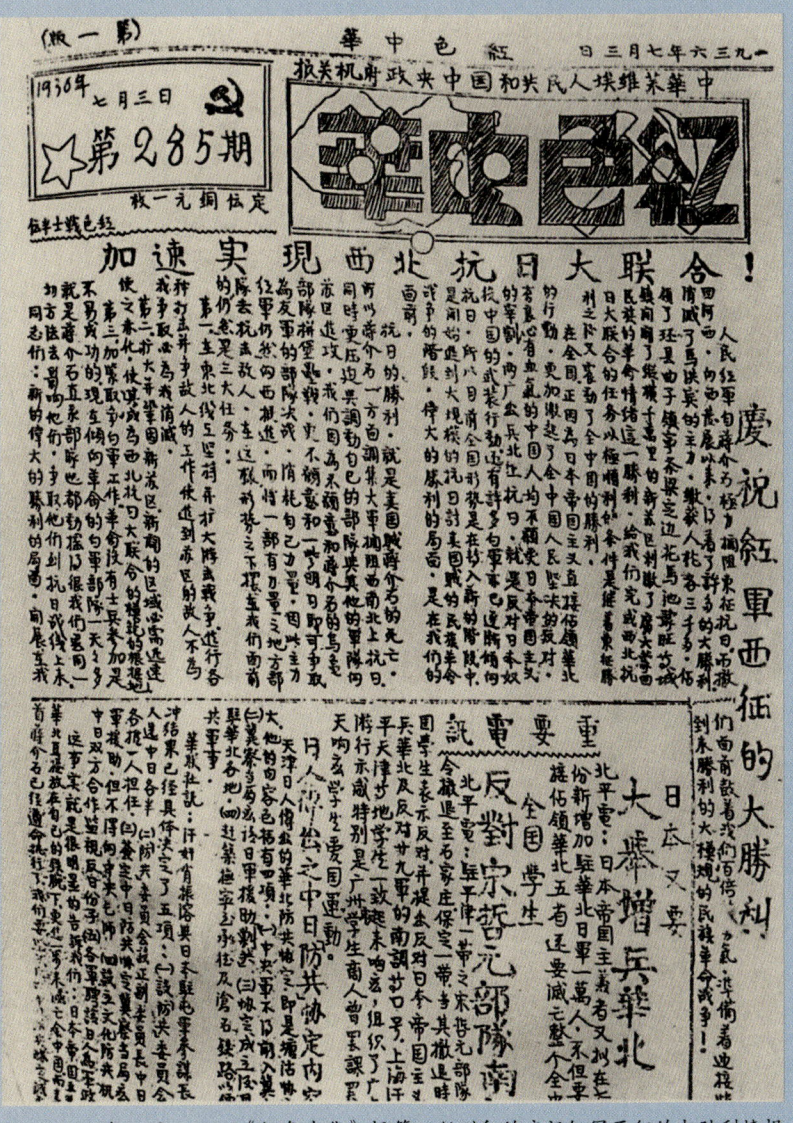

1936年7月3日,《红色中华》报第一版刊印的庆祝红军西征的大胜利捷报

斯诺与《红星照耀中国》(《西行漫记》)

红军西征期间,美国记者埃德加·斯诺到达陕北,成为第一个到"红色中国"采访的西方记者。他在陕甘宁边区进行了近4个月的实地考察采访,同毛泽东、朱德等众多中共和红军领导人进行了长时间交谈,搜集了红军长征的大量资料。回到北平后,写成《红星照耀中国》一书,1937年10月由伦敦戈兰茨公司出版。该书在西方引起巨大反响,至11

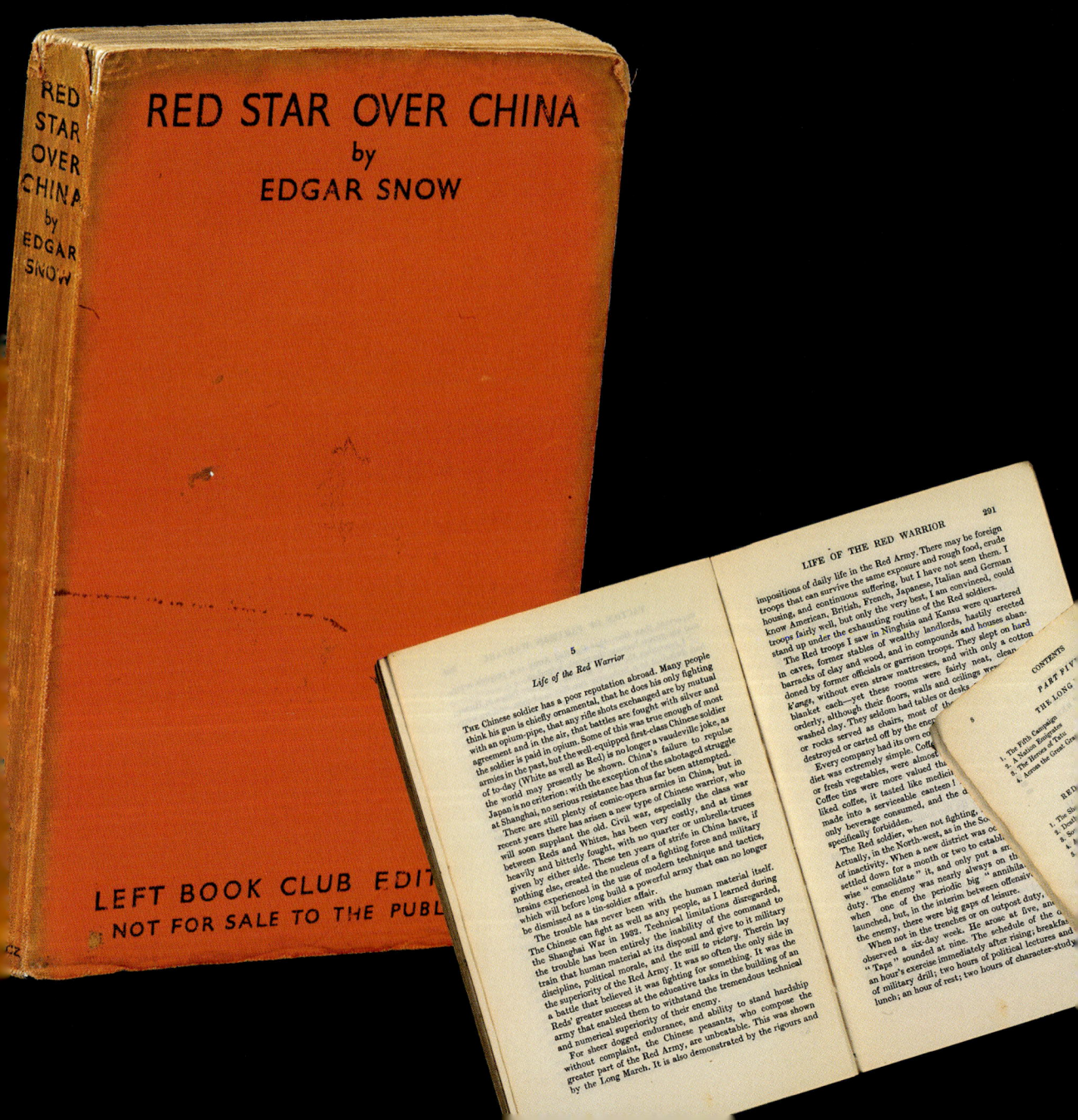

月连续发行五版,后又被译成10多种文字。1938年2月,中译本以《西行漫记》为名出版,又在国内及国外有华人的地方引起轰动。

斯诺在书中记述了红军长征,表示"无论你对红军有什么看法,对他们的政治立场有什么看法(这方面有很多辩论的余地!),但是不能不承认他们的长征是军事史上伟大的业绩之一","与此相比,汉尼拔经过阿尔卑斯山的行军看上去像一场假日远足"。斯诺认为,"在某种意义上来说,这次大规模的转移是历史上最盛大的武装巡回宣传。红军经过的省份有二亿多人民。在战斗的间隙,他们每占一个城镇,就召开群众大会,进行戏剧演出……有千百万的农民看到了红军,听到了他们的讲话,不再感到害怕了。红军解释了土地革命的目的,他们的抗日政策。他们武装了千千万万的农民,留下干部来训练游击队,使南京军队从此疲于奔命。在漫长的艰苦的征途上,有成千上万的人倒下了,可是另外又有成千上万的人——农民、学徒、奴隶、国民党逃兵、工人、一切赤贫如洗的人们——参加进来充实了行列",并最终夺取了胜利。他认为,"总有一天有人会把这部激动人心的远征史全部写下来"。

《西行漫记》吸引了成千上万的热血青年,从四面八方奔赴延安。斯诺说:"我每走到一处地方,哪怕是最料不到的地方,总有那胁下夹着一本《西行漫记》的青年,问我怎样去进延安的学校。"他自豪地表示:"就我所知,写有关中国情况的外文书而对当前中国年轻一代的政治思想有相当大的影响的,这部书可以说是唯一的一部。"

红星照耀了中国,也影响了世界。斯诺对"中国共产主义运动的发现和描述,与哥伦布对美洲的发现一样,是震惊世界的成就","标志着西方了解中国的新纪元"。随着这本书的畅销,国际社会支援中国抗日与中国共产党人接触的呼吁日益高涨。一大批国际友人如加拿大医生白求恩、印度医生柯棣华以及海伦·斯诺、史沫特莱、爱泼斯坦等纷纷来到中国支援抗战,有的终生留在了中国。

撰写《红星照耀中国》也使斯诺深深爱上了中国,在中国生活了13年。他临终前的最后一句话是:"我热爱中国。"根据斯诺的遗愿,他的部分骨灰安葬在他曾经执教过的燕京大学(今北京大学)的未名湖畔。

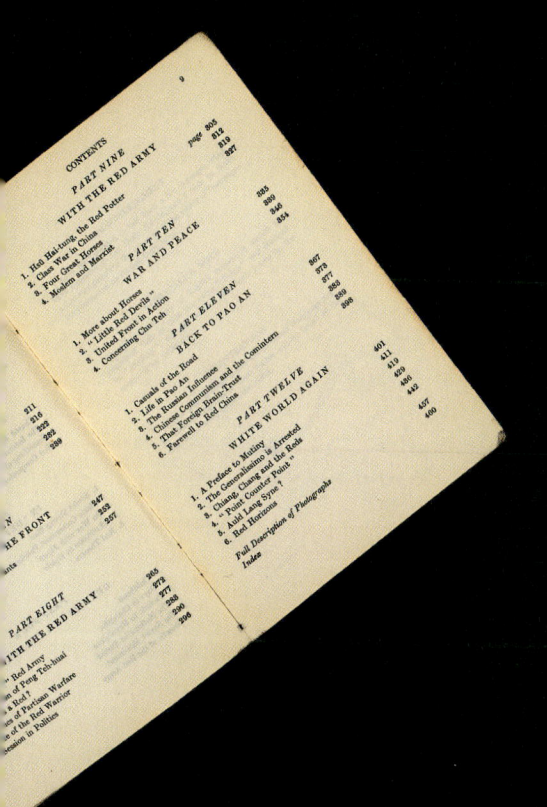

埃德加·斯诺著,首版《红星照耀中国》 中国国家博物馆藏

三大主力会师（局部）　蔡亮 张自嶷 油画 331cm×164cm 1977年 中国人民革命军事博物馆藏

第十二章 胜利会师开新局

甘孜

1936年10月，红军三大主力先后在会宁、将台堡会师，夺取了长征的伟大胜利。长征的胜利，开创了中国革命新的局面，为国内革命战争向抗日民族战争转变奠定了重要基础。

一、甘孜会师

> 红2、红6军团连续翻越多座雪山,经过艰苦跋涉,克服种种困难,实现了与红四方面军在甘孜胜利会师的预定目标。

红6军团到达普玉隆

1936年5月中旬,红2、红6军团走出云南,进入西康。西康当时是四川军阀刘文辉的势力范围,但他鞭长莫及,没有派兵驻守。红军避免了国民党军的围追堵截,但高寒缺氧、粮食紧缺和民族问题成为新的困难和挑战。

5月14日,红6军团抵达定乡(今乡城)县城。在此之前,中甸归化寺的定乡籍喇嘛,送信给定乡最大的喇嘛寺桑披寺的主持纳瓜活佛,通报了红军在中甸尊重藏民、礼待喇嘛的情况,并述说了红军的军威,劝他勿与红军为敌。纳瓜活佛接信后,决定与红军合作,号召四乡藏民卖粮给红军。红军照价支付银元的同时,为表达感谢,萧克、王震等向桑披寺赠送了

"扶助番族，独立解放"的锦幛和一块50两重的马蹄银、一把银壶。这三件礼品，一直被桑披寺精心保管，视如珍宝。之后，得到消息的稻城雄登寺，也采取了与红军合作的态度，先后支援红军200多驮粮食、40头菜牛。红军向寺庙赠送了七八支步枪，并留下借条。

6月1日，红6军团指战员以顽强的毅力，在高原缺氧环境下连续行军75公里，并翻越2座海拔4500米以上的雪山，创造了高海拔地区高强度行军的罕见记录。部队在理化南部的甲洼，与前来接应的红四方面军第32军会合，随后前往理化县城。

理化县城是著名的"高原之城"，海拔4014米。防守理化县城的武装，是长青春科耳寺的喇嘛。该寺是康南最大的寺庙，拥有3000余人，700余支枪，还能调动周边的土司武装。得知红军纪律严明，对藏民和寺庙秋毫无犯，该寺没有拦阻红军，还卖给红军一大批粮食和酥油。离开理化后，红军经瞻化，沿雅砻江北上。

6月22日，红6军团到达甘孜附近的普玉隆，与红四方面军总部胜利会师。

从中甸出发一个半月以来，红6军团在严酷的高原环境中，长途跋涉500多公里，先后翻越9座皑皑雪山，战胜了常人难以想象的各种困难，最终与红四方面军胜利会师。6月24日，红四方面军在普玉隆召开庆祝大会，热烈欢迎红6军团的到来。

红2军团到达绒坝岔

红2军团从中甸出发后，于5月7日进至得荣县境内的扎拉亚卡山。这里怪石林立，陡峭险峻，一条羊肠小道直通山口。先头部队红4师正在登山时，突然遭到得荣阿村头人络绒喜饶所率武装的袭击，师参谋长汤福林和红12团参谋长高利国等中弹牺牲。红4师迅速抢占有利地形，打退这支反动武装，击毙络绒喜饶等首要分子，打开前进道路。

5月10日，红2军团到达得荣县城。这时，部队几乎断粮，准备在此筹粮休整。可是进城后发现，当地仅有十几户人家，而且都逃入深山，部队无法筹到粮食。政治部主任关向应走访调查后得知，只有龙绒寺才有粮食。该寺是得荣最大的喇嘛寺，在县城以西几十里外。贺龙即率一支部队，翻越4100多米的扎格雪山前去筹粮。经过耐心动员，终于买回一批粮食，暂缓了部队的燃眉之急。红2军团放弃休整，继续前进。

途中，指战员们忍着饥饿疲劳，艰难地翻越了一座座雪山，于5月20日进抵巴安（今巴塘）的中咱，这是北进的唯一通道。在喇嘛拉波帮助下，红2军团顺利通过中咱，翻过藏巴拉雪山垭口，绕过巴安县城，于6月19日抵达白玉县城。

白玉是德格土司的辖地。德格土司泽旺邓登是西康地区最大的世袭封建土司，势力范围达白玉、昌都等5县。在此之前，红四方面军与德格土司签订了互不侵犯协定，所以红2、红6军团比较顺利地进入白玉县城。白玉喇嘛寺不仅支援红军一批粮食，还赠送了3匹好马给贺龙，贺龙和红军也回赠了礼品。

> 中咱的仁波寺，有500多名喇嘛和护寺武装，因为不了解红军，用火力封锁了路口，阻止红军前进。红军对仁波寺围而不打，贺龙、任弼时动员争取了当地一位深孚众望的喇嘛拉波，通过他做通了仁波寺的工作。仁波寺让出道路，还卖给红军一些粮食和牲畜。拉波应邀给红军当翻译，随红军一直走到甘孜。返回途中，不幸被国民党军杀害。

6月30日，红2军团进抵甘孜以西的绒坝岔，与红四方面军第30军的接应部队胜利会合。

自渡过金沙江后，红2军团一路上翻越9座雪山，其中包括2座红军长征途中最高的雪山垭口——海拔4903米的藏巴拉雪山垭口和4890米的米作拉雪山垭口。指战员们克服了高原缺氧、严重缺粮和疲劳伤病等种种困难，终于实现了盘县会议确定的方针，到达甘孜，与红四方面军胜利会师。

甘孜会师

红四方面军为迎接红2、红6军团的到来，做了大量准备工作。在派出部队南下接应的同时，全军上下深入进行了团结友爱、遵守纪律的教育。徐向前在动员大会上说：

甘孜县绒坝岔

红二方面军第6军团政治部主任张子意的长征日记　　中国国家博物馆藏

红军是一家人，我们和中央红军与二方面军的关系，好比老四与老大、老二之间的兄弟关系。上次我们和老大的关系没搞好，要接受教训。"兄弟阋于墙，外御其侮。"吵架归吵架，团结归团结，不能分家。现在老二就要上来，再搞不好关系，是说不过去的。每个部队都有自己的长处、短处，方针是互相学习，取长补短，加强团结，一致对敌。

红四方面军广大指战员热情迎接红2、红6军团的战友。各部队筹集了一批粮食、食盐和牛羊，指战员们人人动手，编织了一批毛衣、毛裤、毛袜和毛手套，还缝制了一些皮衣、皮鞋，准备送给远途而来的战友。大家还一起动手，把留给红2、红6军团宿营的房屋打扫得干干净净，贴上了"欢迎横扫湘鄂川黔滇康的红2、红6军团""欢迎善打运动战的红2、红6军团"等标语，等待战友们入住。红四方面军医院动员轻伤病员提前出院，腾出地方，筹备好药品，准备为红2、红6军团的伤病员治疗。红四方面军政治部前进剧社创作了欢迎红2、红6军团的歌曲，在部队中教唱，并抓紧排练了精彩的文艺节目，准备慰问远道而来的战友。

7月1日，红2、红6军团齐集甘孜附近的甘海子。第二天，在甘孜城召开了隆重的两军会师庆祝大会。朱德在大会上发表了热情洋溢的讲话，他说：

> 同志们，我祝贺你们战胜了雪山，也欢迎你们来与四方面军会合。但这里不是目的地，我们要继续北上，要北上就必须团结一致，不搞好团结是不行的。此外，在我们前进的道路上，还有人烟稀少的草地，要有充分准备，克服一切困难，到陕北和毛泽东、周恩来率领的一方面军会合。

他的话，让两军指战员们备受鼓舞，充满期待，会场上响起热烈的掌声。之后，前进剧团进行了精彩的慰问演出，表演了《迎亲人》《红军舞》等欢快的节目。红2、红6军团的指战员数月来第一次安安稳稳地坐下来观看演出，心情十分兴奋，征战跋涉的疲劳一扫而光！

得知红2、红6军团到达甘孜，在陕北的林育英、张闻天、毛泽东、周恩来、博古、彭德怀等68名党政军领导人，代表红一方面军和陕甘宁红军全体指战员及苏区党政军群组织发来贺电，热烈祝贺两大主力红军的胜利会师。贺电表示：

> 欢迎你们继续英勇的进军，北出陕甘与一方面军配合以至会合，在中国的西北建立中国革命的大本营……与全国抗日人民、抗日军队、抗日党派建立抗日救国的统一战线，组织人民的国防政府与抗日联军，向着日本帝国主义及其走狗卖国贼，开展神圣的民族革命战争，挽救中国于危亡，解放中华民族于日本帝国主义的铁蹄之下……我们是准备着庆祝你们北上抗日的伟大胜利。

北上（局部） 高泉 油画 277cm×167cm 1996年 中国人民革命军事博物馆藏

二、共同北上

> 红2、红6军团坚决执行中共中央的北上战略方针,反对张国焘的分裂行为,坚定维护党和红军的团结统一,有力推动和促进了两军的共同北上。

坚定维护团结统一

红2、红6军团到达甘孜后,朱德、刘伯承向任弼时、贺龙等介绍了张国焘拒不执行中央的北上战略方针和分裂党、分裂红军的情况,还给他们看了中央两河口会议决议等文件。朱德对贺龙、任弼时等人说:"张国焘取消他另立的'中央'和同意北上是不得已的,他还是不承认党中央的领导。但是,红四方面军广大指战员是好的,是拥护中央、拥护北上的。所以,我们的工作是做团结工作,团结包括张国焘在内的广大红四方面军指战员,想办法带他们去会合中央。"刘伯承也说:"张国焘南下打了败仗,在西康也站不住脚。我们现在要多做团结工作，说服他们北上。对张国焘可不能冒火，冒火要分裂。中央在前面，不在这里。"朱德给贺龙出主意，让贺龙向张国焘要求支援，以增强力量。

任弼时、贺龙等了解了张国焘搞分裂活动的事实真相后，坚定地站在党性原则立场上，坚决执行中央的战略方针，努力维护党和红军的团结统一。当张国焘派"工作组"到红2、红6军团去煽动对中央的不满，并送去《干部必读》等公开诽谤党中央、宣扬其南下正确的材料时，任弼时指示红2军团政治部主任甘泗淇，要红四方面军来的干部只准讲团结，介绍过草地的经验，不准进行反中央的宣传，送来的材料一律不准下发。贺龙也通知部队，将张国焘送来的材料全部收缴。张国焘向任弼时提出："两个方面军首先应该一致。"任弼时回答："唯有在十二月决议①的基础上才能一致。"张国焘想通过召开两支部队党的联席会议，以组织手段迫使红2、红6军团领导人接受他的主张，遭到任弼时、贺龙等人坚决抵制。

为了分化红2、红6军团，张国焘提出要任弼时离开部队，给红2、红6军团另派政治委员，将红6军团交给他指挥等无理要求，都被任弼时、贺龙一一顶了回去。于是，张国焘就企图拉拢红2、红6军团的干部。王震回忆说："和四方面军会合后，张有阴谋瓦解2、6军团。贺、任、关是老旗帜。贺是南昌起义的总指挥之一，是革命旗帜；任、关是中委。张认为我们是娃娃，想把我和萧克及6军团买过去，反对毛、周、张、博。""在甘孜休息时，张一个一个把我们召去谈话，送给我四匹马，给我们戴帽子，说我们勇敢、能打"，等等。王震知道他的用意，明确表示："我们这个部队是井冈山的，是毛主席领导成长的，不能反毛。"

贺龙后来回忆与张国焘分裂主义作斗争的情形：

> 朱老总、伯承向我们讲了张国焘搞分裂的事，我们以前并不知道。……到了甘孜，他人多，我们人少，我们又不听他的，得防备他脸色一变下狠手。我有我的办法，我让弼时、向应和朱老总、伯承、张国焘都住在一幢两层的藏民楼里。那时，在甘孜组织了一个汉藏政府，叫"巴博依得瓦"。我们大家就

---

① 指1935年12月中共中央政治局瓦窑堡会议决议。

任弼时智救廖承志

廖承志,广东归善(今惠州)人,1908年出生,父母是著名的国民党左派领袖廖仲恺和何香凝,本人也曾是国民党员。"四一二"反革命政变后,他愤然脱离国民党,于翌年加入共产党。后到莫斯科劳动大学学习,回国后到川陕苏区,任中共川陕省委委员、红四方面军总政治部秘书长等职。因反对张国焘的"左"倾错误,被开除党籍并关押,后被押解参加长征。

甘孜会师后,廖承志得到任弼时巧妙保护。他回忆了当时的情形:谁都不敢和我们打一个招呼,我们也不愿意和任何人打招呼。因为打一个招呼就会连累别人的。就在这种情况之下,我们和弼时同志会合了。那是在一个草地的小山坡上。我远远看见张国焘和一个身材不高、脸孔瘦削、长着小胡子的人在谈话。我猜到那一定是弼时同志。我们的队伍正是从他们面前通过。弼时同志远远看见我走近了,他笑着站起来,走向我这边,和我握手。他笑着问:"你是廖承志吗?我就是任弼时。"我那个时候很窘,不知如何是好。张国焘也很狼狈,他装起笑脸虎似的笑脸,用他那种怪腔怪调问弼时同志:"怎么,你认识他吗?"弼时同志笑着说:"老早认得。"其实弼时同志和我那时并不认得。然后弼时同志严肃地对张国焘说:"如果他有什么需要的话,我可以帮助他,请你告诉我。"这之后,我们到了炉霍。我、罗世文、朱光、徐一新,立即恢复了部分的自由。

到达陕北后,廖承志在周恩来安排下,前往香港开展华侨中的抗日民族统一战线工作。20世纪70年代,廖承志担任了全国人大常务委员会副委员长。回忆往事,他说:"不能不感谢弼时同志在那时候对张国焘严肃地表示了他的态度。"

廖承志

(下页)回师北上(局部) 何孔德 张文源 油画 160cm×96cm 1980年 中国人民革命军事博物馆藏

住在主席府，整个住处的警卫是我亲自安排的，警卫员每人两支驳壳枪，子弹充足得很呢！你张国焘人多有个大圈圈，我贺龙人少，搞个小圈圈，他就是真有歹心也不敢下手！张国焘搞分裂，我们搞团结，可是对搞分裂的人不得不防嘛！还有开庆祝会师大会，张国焘是红军总政治委员，自然要讲话。在主席台上，我坐在他身旁。他刚刚站起身要讲话，我半开玩笑半认真地给了他一句悄悄话，我说："国焘啊，只讲团结，莫讲分裂。不然，小心老子打你的黑枪！"张国焘就没敢讲不利团结的话。其实，我哪里会打他的黑枪，他自己心里有鬼么！

由于张国焘的欺骗宣传，红四方面军的许多干部并不了解张国焘闹分裂的事实真相。任弼时耐心地去做他们的思想工作，和他们一一谈心，使他们分清是非，提高执行党的战略方针的自觉性。时任红四方面军政治部副主任的傅钟回忆：

弼时同志主动找我谈话。他开门见山问我："去年北上，中央走了，你们为什么不走呀？"我不假思索地说："不知道。"他很惊讶。我说当时确实如此，不知道怎么闹到了那种地步。他仔细听我说了我的经历和所见、所闻。

任弼时同志是敏于事而慎于言的。听过我讲的过程，严肃地问我："北上有决议没有？"我说："有。""有，为什么不执行？"弼时同志这个提问，一针见血，刺中我的思想深处，我身上不由得冒出了汗。关于一、四方面军共同北上的战略方针，在两河口会议、沙窝会议、毛儿盖会议上，党中央都作了决议或补充决定，其中有两个会议我也

把文件藏在佛像里的刘少文

刘少文，河南信阳人，1905年出生，1925年加入共青团，同年转入中国共产党。后赴莫斯科入中山大学学习，1927年回国从事革命斗争。1934年2月到中央苏区，先后任中革军委秘书兼《革命与战争》杂志编辑、红军总司令部政治教导员等职，参加长征。懋功会师后，他跟随朱德、刘伯承等编入左路军。9月，张国焘另立"中央"时，看中刘少文与共产国际负责人有工作交往的经历，任命他为"中央"秘书长。刘少文不答应，朱德要他暂且"忍耐"；刘伯承也劝他说，我们以前曾做白军的工作，何况张国焘还打着红旗呢！之后，刘少文把党中央有关决议和张国焘分裂党和红军的行为记录下来，秘密藏在一尊佛像肚子里。红2、红6军团到达甘孜后，刘少文告诉贺龙等人，"我有全部记录在这里"，遂从佛像肚子中取出隐藏的文件，使红2、红6军团领导人了解了张国焘拒不执行中央北上方针的事实真相。1955年，刘少文被授予中将军衔。

列席在场，却没为执行和维护它进行坚决斗争。这是我终生难忘的过失。

任弼时让傅钟到总部机要科去看电报，并说："凡是我看过的你都可以看。"傅钟说：

> 看过电报才知道，中央率一、三军团到俄界后，不仅等了三天，来电七次，规劝张国焘放弃"南下"，跟随北上，而且直到九月十八日，彭德怀、聂荣臻同志等还致电张国焘，告知他们已占领甘南的大草滩一线，当地物资丰富，汉、回民众热烈拥护红军，"请你们立即北进"。显然，中央一直是坚持两河口会议精神，希望、等待并准备接应四方面军共同北上的。对争取张国焘一起北上真正做到仁至义尽。所以弼时同志再次和我长谈时语重心长地指出："看来，不是中央丢下你们走了，是你们不跟上中央走，中央才先走的；责任不在中央，在你们！"这对我启发很深，彻底分清了是非。

任弼时还与徐向前、李卓然等人分别谈话，通过他们去做其他同志的工作，使红四方面军很多同志了解了张国焘分裂党和红军的真相，提高了思想认识，坚定了北上与党中央会合的决心。

为了恢复红2、红6军团与党中央的直接联系，任弼时设法从张国焘那里要来了电报密码，向党中央报告了红2、红6军团长征以来的情况：历时7个多月，行军5000余公里，沿途大小战斗10余次，伤亡约5300人；出发时两个军团共1.7万人，到甘孜会合时共1.45万人，武器稍有增加。

7月5日，中革军委颁布命令，以红2、红6军团和红32军①合编组成红军第二方面军，贺龙任总指挥、任弼时任总政治委员；萧克任副总指挥、关向应任副总政治委员，共计1.6万余人。

朱德后来说：

---

① 原中央红军第9军团，懋功会师后改编为红32军并编入左路军。

贺老总对付张国焘很有办法，不争不吵，向他要人要枪要子弹，硬是要过来一个军，尽管人数并不多。张国焘对弼时、贺龙都有些害怕呢！一起北上会合中央，贺老总是有大功的。

红二方面军的组成，不仅使红军三大主力在编制序列上实现了统一，而且增强了与张国焘分裂主义错误斗争的力量，对于推动两大主力红军共同北上和夺取长征胜利具有重要意义。

艰苦的跋涉

甘孜会师前后，正值"两广事变"爆发。广东军阀陈济棠和广西军阀李宗仁、白崇禧不满蒋介石排斥异己的行为，以抗日名义联合起兵反蒋[①]。蒋介石为平定"两广事变"，调胡宗南部南下，甘南地区国民党军兵力空虚。党中央致电红二、红四方面军，希望他们抓住有利时机迅速北上。红二方面军经过短暂休整，与红四方面军于7月上旬开始共同北上。

根据部署，红四方面军分成左、中、右三个纵队分别从甘孜、炉霍、绥靖等地出发，向毛儿盖、包座前进。红二方面军分成两个梯队，在红四方面军左纵队后面跟进。广大指战员知道此次北上是要去与党中央会合，精神振奋，勇气倍增。

从甘孜北上，一路上草地茫茫，杳无人烟，艰苦和困难可想而知。虽然红四方面军不少指战员已是第三次过草地，有一定经验，部队也做了充分准备，派方面军骑兵师提前出发去打前站，为后续部队探路筹粮，但这一次过草地路程漫长，仅中纵队从炉霍到包座，行程即700公里以上。因此，仍然面临严重的困难。

[①] 在蒋介石的分化收买下，两广事变以陈济棠下野，李宗仁、白崇禧与蒋介石妥协而结束。

（右页）野菜（局部）　张文源　油画　80cm×108cm　1982年　中国美术馆藏

红军不怕远征难(局部) 董希文 油画 305cm×197cm 1957年 中国人民革命军博物馆藏

出发前，经过多方筹集，每人携带了七八天的粮食，计划10天左右到达阿坝。可是，由于指战员们体力消耗极大，走了20多天才到达阿坝，这使缺粮成了途中最大的困难。刚开始，每人每天还能分到三四两青稞粉，后来只能以野菜、牛羊皮和骨头充饥。有时甚至连野菜、牛羊皮也无从获得，不少战士因为饥饿倒在了草地上。适逢雨季，草地上连块干燥的地方都难以找到，部队缺乏帐篷雨具，指战员们常常是穿着湿衣行军，盖着湿被在湿地上露宿。虽是七八月份，但草地的夜间气温只有10度上下。因为身体极度虚弱，不少战士躺下后，再也没能醒来。

红二方面军困难更大。到达甘孜前，他们已经连续翻山越岭、跨江过河、艰苦跋涉了大半年，到甘孜后未及好好休整又上征途，特别是在大部队之后跟进，经常连可吃的野菜都难以找到，缺粮问题更为严重。饥饿疲劳使指战员们体力严重透支，造成大量减员。老红军李立回忆：

> 由于连续行军，长期缺粮，战士们体质越来越差，行动一天比一天困难。许多同志身体虚弱，积劳成疾，掉队和死亡人数不断增加。7月22日，从白天到夜晚雨雪不停，有些战士经不住饥寒病累而倒下。在通往绒玉的沿途中，仅六师就牺牲了140多位同志。

途中，部队为了筹粮，曾绕经青海果洛的班玛地区，使这里成为红军长征在青海唯一到过的地方。红军模范执行党的民族宗教政策和纪律，积极宣传党的抗日救国主张，在班玛地区播撒了革命火种。当地藏族群众竭尽所能地帮助红军筹集了一些粮食物资，一定程度缓解了红军的缺粮困难。

为了帮助红二方面军，朱德指示红四方面军把驮行李的牦牛留给红二方面军，并电示红二方面军，"宿营须在野菜多的地方，每天以野菜为正粮，杀牛羊连皮带骨和血不可半点浪费"。红二方面军总部提出"粮食就是生命，粮食就是政治"的口号，发动指战员想尽一切办法寻找可吃的东西。贺龙忍痛杀了跟随自己转战南北、救过自己和许多伤病员的枣红马，以供战士们充饥。

为保存有生力量，贺龙下令集中所有的骡马运伤病员，无论多困难也不准丢

长征途中贺龙与任弼时（局部）　　崔开玺 油画 71cm×63.5cm 1984 年 中国美术馆藏

弃一人。很多领导干部不仅把自己的骡马让给伤病员骑，还主动帮助他们背包扛枪。因伤截去右臂的红 6 师①师长贺炳炎，用仅存的左臂帮助体弱的战士背枪拎包，并把自己的马让给伤病员骑。担心马会认生，他把缰绳绕在残存的右臂上，

———————

① 贺炳炎在长征途中从红 5 师调任红 6 师师长。

牵着马一步步前行。看着他的背影,马上的伤病员热泪盈眶。

草地行军最困难的时候,任弼时的妻子陈琮英生了一个女儿。产妇饿得没有奶,小生命奄奄一息。朱德把缝衣针烧红弯成鱼钩,和贺龙、任弼时一起去钓鱼熬汤给陈琮英喝,母女俩才得以渡过难关。任弼时给女儿起名"远征",以纪念这段不寻常的征程。

怀着"走出草地就是胜利"的坚定信念,红四方面军和红二方面军先后于8月上中旬陆续走出草地,到达包座地区,取得北上具有决定意义的胜利。当指战员们看到村庄和炊烟、田野和牛羊时,都忍不住地欢呼雀跃起来,仿佛从死亡世界重新回到了人间。

中共中央得知红二、红四方面军共同北上的消息后,十分欣慰和关心,接连致电通报沿途的敌情和地形民情。7月22日,中央致电红二、红四方面军表示:二、四方面军以迅速出甘南为有利。待你们进至甘南适当地点,即令一方面军与你们配合,南北夹击,消灭何柱国、毛炳文等部,取得三方面军的完全会合,开展西北伟大局面。

7月27日,中共中央批准成立以张国焘为书记,任弼时为副书记,朱德、贺龙、关向应、徐向前、王震、陈昌浩等为委员的中共中央西北局,加强对两军北上的统一领导。

红军用的手雷

红军朋友格达活佛

格达活佛，1903年生，四川甘孜人，法名洛桑登真·扎巴他耶，白利寺活佛。由于佛法高深，品德高尚，他在藏民中享有很高的威望。红军初到甘孜时，格达活佛对红军怀有疑虑，躲到白利寺附近的寨子里观望。当亲眼看到红军纪律严明、秋毫无犯、保护寺庙、爱护僧俗群众后，他消除了疑虑，动员号召藏民为红军筹备粮草。朱德与格达活佛分别在白利寺和甘孜县城会面9次，互赠礼品、亲切长谈。朱德向格达活佛讲解了共产党和红军的宗旨政策及抗日救国主张，使他加深了对共产党和红军的了解，两人结下了深厚友谊。

1936年7月，红军北上前夕，朱德专程到白利寺向格达活佛告别，并为其题词"红军朋友，藏人领袖"，告诉他："三五年以后我们一定会回来。"红军走后，格达活佛把230多名红军伤病员安置在白利寺内休养，待他们康复后，又派人护送他们北上。

1950年8月，格达活佛在为西藏和平解放积极奔走时，不幸遭特务暗杀，终年47岁。为表示对他的纪念，20世纪90年代末，甘孜县城里建立了"朱德总司令与五世格达活佛联谊塑像陈列馆"，县城的中心广场也被命名为"格达弦子广场"。

朱德与格达活佛雕像

三、会宁会师

> 红四方面军抵制张国焘的西进主张,坚持北上,在甘肃会宁与红一方面军胜利会师,完成了艰难曲折的战略转移。

举行岷洮西战役

红四方面军先头部队走出草地后,中共中央即致电表示"无任欣慰",提出"四方面军到包座略做休息,宜迅速北进;二方面军随后跟进到哈达铺再大休息,以免敌人封锁岷(县)西(固,今舟曲)线,北出发生困难"。朱德、任弼时、张国焘即复电中央:"红二、四方面军全体指战员对三个方面军的大会合和配合行动,一致兴奋,并准备牺牲一切,谋西北首先胜利奋斗到底!"中央再电表示:"我们已将你们的来电通知全苏区红军,并号召他们以热烈的同志精神,准备一切条件欢迎你们,达到三个方面军的大会合。"

1936年8月5日,红军总部制定《岷洮西战役计划》,以

(左页)中国工农红军第一、第二、第四方面军会师纪念塔

红四方面军组成第1、第2纵队，先机进入甘南，夺取岷县、洮州和西固地区；红二方面军为第3纵队，出哈达铺，策应第1、第2纵队的行动。

红二、红四方面军即开始向甘南挺进。第1纵队攻占天险腊子口及大草滩、哈达铺，歼敌千余人，随后包围岷县。第2纵队第4军第12师于8月中旬攻占洮州新城；第10师在妇女独立团配合下，攻占洮州旧城。曾任妇女独立团政治处主任的华双全回忆：

> 妇女独立团第2营配合红4军10师攻旧洮州城。副营长姜菊昆率15人的突击队，乘守城敌人警戒疏忽，运动到城下，搭起云梯，飞速登上城墙，杀死敌哨兵，打开了城门。10师一部也突入城内，主力迅速入城，歼守敌一个营。

马步芳即派骑兵第1旅发起反击，红10师和妇女独立团与敌激战数日，歼敌2500余人，俘其700余人，重创该敌。之后，乘胜进占漳县，攻克渭源和通渭。

红二方面军组成的第3纵队于8月中旬由包座出发北进，于9月初进抵哈达铺，随后向甘南地区展开进攻。

至9月7日，岷洮西战役胜利结束。红军以破竹之势横扫敌军，歼其7000余人，攻占漳县、临潭、渭源、通渭4座县城以及岷县、陇西、临洮、武山等县广大地区。经广泛发动群众，建立了中共甘肃省工作委员会和甘肃省苏维埃政府，以及岷县、临潭、漳县、渭源、通渭、陇西等9个县级苏维埃政权；同时成立甘肃省抗日救国军总指挥部，在一些县乡建立抗日武装。

为策应红二、红四方面军北上，红一方面军派出两个特别支队南下，分别占领将台堡和西兰公路的要点界石铺；方面军主力也向静宁、隆德

红四方面军的"红小鬼营"

红四方面军中有很多川陕苏区参军的贫苦少年。部队开始长征后，多次准备就地安置他们。可是他们人小志大，坚决要求跟着部队走。红30军第88师便把五六百名不肯离队的小战士编成5个连，组成一个营。因为没有正式番号，大家称之为"红小鬼营"。这些红小鬼在艰苦的征途中经受了严峻考验，不少人英勇牺牲。到达芦花后，幸存的三四百名红小鬼被分配到部队和医院工作。这些红军小战士始终保持着坚定的信念和顽强的斗志，在革命的烽火硝烟中不断锻炼成长。

朱德在甘肃省苏维埃政府驻地墙上题词"民众联合"

地区运动,以造成三个方面军南北呼应的有利态势。

抵制西进继续北上

为阻止红军三大主力会合,蒋介石在平息"两广事变"后,即命令胡宗南部由湖南迅速北上,与王均、毛炳文部共同拦截红军。胡宗南部第1军昼夜兼程,先头部队于9月11日进至静宁,主力一部随后进抵西安、咸阳。

9月13日,中共中央致电朱德、张国焘指出:"四方面军宜迅以主力占领以界石铺为中心之隆静会定①段公路及其附近地区,不让胡敌占领该线,此是最重要着。"之后,中央又连续多次致电红四方面军,要求他们立即以主力北进,占领西兰大道界石铺以西地区,阻止胡宗南西进。可是,张国焘害怕与胡宗南交手,于13日致电红四方面军领导称,"我们大计以快向西北进为宜",命令部

---

① 指隆德、静宁、会宁、定西。

队立即西渡黄河，到甘肃西北部去。

中共中央得知张国焘的西进主张后，明确指出，向西北发展，"重点在宁夏，不在甘西"；"在当前一瞬间，则拒止胡军把一、四两方面军隔开，又是决定的一环"。

为解决分歧，统一思想，中共西北局于9月16日至18日在岷县三十里铺召开会议，讨论行动方针。会上争论十分激烈，经朱德劝说，陈昌浩同意迅速北进与红一方面军会合，但张国焘仍然反对。

会议开到第三天，张国焘突然宣布辞职，带着警卫员等人跑到岷江对岸的供给部去了。朱德气愤地说："他不干，我干！"随即找来作战参谋，挂起地图，着手制定部队的行动计划。谁知张国焘又派人来通知朱德等人，到他那里继续开会。在朱德、任弼时、陈昌浩等人坚持下，会议否决了张国焘的西进主张，作出北上部署，并制定了夺取静宁、会宁的《静会战役计划》。陈昌浩回忆：

> 岷州会议是西进与北上的争论，张国焘是不愿会合的。会议开了好几天，张国焘坚决主张向青海之西宁进军，怕会合后他就垮台了。我们坚决反对西进，与他争。他最后以总政委的身份决定西进，决定后就调动部队。那时，我和朱总司令、刘伯承都谈过了，无论如何要会合，我认为张国焘的决定是错误的，我有权推翻他的决定，即以四方面军总指挥部名义下达命令，左翼部队停止西进，准备待命；右翼部队也停止西撤。
>
> 命令下达后，张国焘就知道了。他深夜三点多钟找我来了，谈了三点：一、我无权改变他的计划；二、命令是错误的，今天革命形势应该保存四方面军；三、会合后一切都完了，要让我们交出兵权，开除我们党籍，军法从事。说到这里就痛哭起来。我当时表示：一、谁有决定权，要看是否符合中央要求，而你的决定是错误的；二、必须去会合，会合后就有办法了，分裂对中国革命是不利的。我们是党员，错误要向中央承认，听候中央处理，哭是没用的。谈到这里张国焘就走了。我以为他回去睡觉了，准备明天再去漳县对向前说明，但哪里知道当天晚上他就连夜到漳县去了。我知道后立即骑马追了去。

连夜赶到漳县前线指挥部的张国焘，召集红四方面军主要领导干部会议，继续鼓动西进。徐向前回忆：

> 我们正忙着调动队伍北进，张国焘匆忙赶来漳县，进门就把周纯全、李特、李先念等等同志找来，说："我这个主席干不了啦！让昌浩干吧！"我们大吃一惊，莫名其妙，问了问情况，才知刚开完岷州会议。会上陈昌浩和张国焘的意见不一致，陈昌浩得到与会多数人的支持。这是张国焘和陈昌浩共事以来，第一次发生争论，加上他有个另立"中央"的包袱压在身上，所以情绪很激动，还掉了泪。他说："我是不行了，到陕北准备坐监狱，开除党籍，四方面军的事情，中央会交给陈昌浩搞的。"

> 朱德对张国焘的行为进行了坚决斗争，尖锐责问：现在整个形势是有利的，可以不经过同敌军决战而实现会合，为什么不肯会合？岷州会议的决定是西北局成员集体讨论作出的，你张国焘表示服从并签了字，为什么到漳县就改变了？张国焘蛮横地表示，他是书记兼总政委，调动部队他完全负责。朱德当即致电党中央，明确表示：
> "西北局决议通过之静会战役计划正在执行，现又发生少数同志不同意见，拟根本推翻这一原案。我是坚决遵守这一原案，如将此原案推翻，我不能负此责任。"

在张国焘操控下，漳县会议通过了西进方案，决定以红四方面军主力由永靖、循化一带西渡黄河，向甘西前进。会后，张国焘命令红四方面军停止北上，掉头西进；同时向红军总部电台下达指令，"所有未经我签字的电报一定不准发出"，企图向党中央封锁消息。

红四方面军转而西进，使三个方面军相互呼应的有利态势发生急剧变化。胡宗南部不再顾虑会受红一、红四方面军夹击，急速从宝鸡向西兰公路推进，企图会合毛炳文部，控制西兰大道，分割红军三个方面军。

9月24日至27日，中共中央连续致电张国焘等，强调"一、四两方面军合则力厚，分则力薄；合则宁夏、甘西均可占领"，分则两处均难占领，而且"会合将不可能，有一招不慎全局皆非之虑"，要求红四方面军立即停止西进，北上与红一方面军会合。

这时，红四方面军西进的先头部队报告，黄河对岸已进入大雪封山季节，气候寒冷，道路难行，渡河计划难以实现。在这种情况下，张国焘只得放弃西进，同意继续北上。

9月30日，红四方面军分为5个纵队，先后由岷县、漳县等地出发，向会宁、静宁地区前进。

会宁会师

中共中央得知红四方面军北进的消息后，立即致电表示"十分佩服与欢慰"，并部署兵力进行策应。

10月2日，红一方面军一部袭占会宁县城，并击溃反扑之敌，控制了会宁，保证了红一、红四方面军在会宁的会师。

红1军团第1师师长陈赓负责组织欢迎红四方面军的工作。他发动部队和群众，腾房子、清院子、扫街道、搭彩门、张贴欢迎标语，把古城会宁打扮得焕然一新。红一方面军指战员人人动手，编织毛衣、毛袜、手套，准备粮食肉菜等物资，以慰劳红四方面军战友。为省下更多粮食留给红四方面军，有的部队还将每天三顿饭改为两顿。

10月9日，朱德、张国焘、徐向前、陈昌浩等率领红军总部和红四方面军直属队进入会宁县城。

碧蓝的天空下，红旗招展，锣鼓喧天，万众欢腾，口号震天，大家心情都十分兴奋。朱德、徐向前见到老熟人陈赓时很激动，彼此都有说不完的话。朱德还给在界石铺的红2师政治委员萧华打了电话，关切地询问："毛主席好吗？周副主席好吗？"萧华回忆说："这次电话，打了足足半个钟头，真不知有多少话要说。"

10月10日傍晚，夕阳嫣红，霞云如火。在

> 红四方面军直属纵队司令员兼四局局长杜义德回忆：
>
> 参加联欢大会的有：红一方面军1军团1师、2师，15军团73师和红四方面军各部队的代表，共700人左右。群众也来了不少。
>
> 开会前，先在文庙前照了一张会师合影相。记得最前面整齐的摆着一排从敌人手里缴获的"勃朗宁"机关枪。第一排的人坐在地上，第二排蹲着，朱总司令、徐向前等领导同志坐在第三排的凳子上，我在靠近边边的凳子就坐，后面还排了好多排。

红军会师门

会宁文庙前的广场上,红一、红四方面军举行会师庆祝大会。会场上歌声嘹亮,群情振奋。大会上宣读了中共中央、中华苏维埃中央政府、中央革命军事委员会为庆祝红军三大主力胜利会师发来的贺电。贺电指出:

  正当日本帝国主义准备好了对于中国新的大规模的进攻,我有五千余年光荣历史的中华民族处在空前未有的危急存亡地位的时候,我民族革命战争的先锋队,第一第二第四方面军在甘肃境内会合了,我们的这一在抗日前进阵地的会合,证明日本帝国主义的强盗侵略快要受到我们全民族最坚强的抗日先锋队的打击了,证明中国民族抗日统一战线和抗日联军有了坚强的支柱了,在中国与日本抗争的国际火线上,在全国国内政治关系上,将要起一个决定的作用了。

贺电向三个方面军的指战员发出号召:

红军一、二、四方面军团以上干部 1936 年在甘肃正宁县宫河镇合影

我们即刻就要进入新阶段了,这就是抗日民族革命战争的新阶段……我们要在这个新阶段中,树立全国人民的模范,树立抗日战线的模范,为联合工农商学兵,为联合各党各派各界各军,驱逐日本帝国主义出中国而战。

徐向前、陈昌浩、陈赓先后在大会上发表了热情洋溢的讲话。朱德在最后的

讲话中,阐述了长征胜利的伟大意义,强调了团结的重要性,号召部队会师以后"更要团结一心,互相尊重,并肩作战,战胜我们共同的敌人"。

从强渡嘉陵江西进,到会宁会师,红四方面军经过一年半多的艰苦转战,战胜了各种各样的艰难曲折,终于完成战略转移任务,与红一方面军胜利会师,实现了北上的战略目标。

长征路上的巾帼传奇

　　艰苦的长征路上，有大批意志坚定的女红军。除了中央红军的30人和红25军的"七仙女"外，红二方面军也有数十名女红军参加长征。50多岁的殷成福是与丈夫、儿女等全家8口人一起踏上征途的。丈夫、女儿等相继牺牲在途中，她自己也因病掉队。忍着失去亲人的悲痛，拖着病体，她顽强追赶部队，最终到达陕北。童养媳出身的马忆湘，12岁参加红军。因为年龄小，部队出发前，将她留了下来。可她决心不离开部队，独自一人，风餐露宿20多天赶上部队，最终被允许留下并走完艰苦的征程。蹇先任和蹇先佛是出身于湖南慈利富商

女红军　张润恺
雕塑　56cm×100cm×120cm
1979年　中国国家博物馆藏

之家的同胞姐妹，受革命思想熏陶后毅然参加红军。长征开始时，姐姐蹇先任才生下她和贺龙的女儿"捷生"不到20天，妹妹蹇先佛正怀着身孕，但她们毅然跟随部队出征，被称为"长征姐妹花"。途中，蹇先佛在一个破土堡中生下她和萧克的儿子"堡生"。姐妹俩带着"捷生"和"堡生"，克服各种困难，胜利到达陕北。在游击战争中成长起来的李贞，长征中先后任红6军团政治部组织部部长和红二方面军政治部组织部副部长，是我军1955年授衔时唯一的女将军，她的丈夫甘泗淇同时被授予上将军衔，成为长征路上走出来的"将军夫妻"。

红四方面军参加长征的女红军数量最多，不仅有成建制的妇女独立团，医院、后勤、运输和宣传等部门也有众多女战士。她们正值青春年华，小的甚至不满10岁，为求翻身解放，毅然参加红军并踏上征途。曾任红四方面军政治部主任的张琴秋，是红军时期职务最高的女同志，1924年入党并留学过苏联，能文能武。

女红军在长征中和男同志一样驰骋疆场。张琴秋曾指挥妇女独立团在理番县杂谷脑战斗中全歼敌人，缴获大量粮食和食盐，受到方面军总部嘉奖。但女红军在长征中最主要的任务是转运伤员。这项任务十分艰辛，不仅要抬着担架在崎岖山路上长途行军，到了宿营地后还要忙着给伤员换药治疗，遇到危险时她们甚至不惜以生命保护伤员。女战士苟贵英就是在敌机轰炸时，为掩护伤员而牺牲的。朱德总司令称赞说："四川的女娃子，是一支坚强的队伍。"

筹粮和运输是女红军另一项重要任务。为了给部队筹粮，女战士们要分散到人地生疏的偏僻山乡去动员群众，有人因此而被反动分子杀害。筹到粮食后，她们要身背肩扛，翻山越岭，运回部队。女子工兵营政治委员王泽南曾带着运输连100多名女战士，背着粮食翻越海拔5000多米的党岭雪山，途中遭遇狂风雨雪和冰雹，大家咬紧牙关，一步一滑，三步一摔地翻过了雪山。坚忍顽强，可见一斑。

宣传鼓动，是女红军在长征中擅长的工作。行军中，她们想方设法活跃气氛，给战士们鼓劲。凡是有宣传鼓动的地方，部队情绪就比较高昂。大部队过去后，她们又成了收容队，帮助掉队的战友背枪背包，鼓励他们跟上部队。

女红军们凭着对党和革命事业的赤诚之心，在长征途中经受了超越常人和生理极限的考验，付出了青春、热血甚至生命的代价，她们那飒爽的英姿、热情的笑声和欢乐的歌声，使漫长而艰苦的征途变得富有生气和多姿多彩。她们不仅创造了长征路上的巾帼传奇，也在中国妇女解放运动史上留下了浓墨重彩的重要篇章。

中国工农红军长征将台堡会师纪念碑 新华社记者摄

四、将台会师

> 红二方面军取得成徽两康战役胜利,冲破国民党军围堵,在将台堡与红一方面军会师。红军三大主力齐聚西北,宣告伟大的长征胜利结束。

成徽两康战役

红军三大主力即将会师时,中共中央对三个方面军的行动作出部署。为联合张学良的东北军和杨虎城的西北军,并争取在与蒋介石政府谈判抗战问题时处于有利地位,规定红二方面军的任务是占领成县、徽县、两当、康县、凤县和宝鸡,争取在那里建立苏区,东与陕南苏区,西与甘南苏区相联系。中央强调,"三个方面军的行动中,以二方面军向东行动为最重要"。

根据中央部署,红二方面军总部于9月7日在哈达铺召开会议,决定立即向甘南发起进攻。8日,贺龙、任弼时、关向应等签发《第二方面军基本命令》,决定全军组成左、中、右

> **机枪打石板**
>
> 成县战斗中，攻入城里的红军遭到敌人火力的猛烈阻击。由于敌人躲在屋顶栅墙后的死角处，红军无法予以有效杀伤。一个战士恨恨地说，要是子弹能拐弯就好了。红12团政治委员杨秀山立即想起当年负伤的情形："我正站在一块石上用望远镜观察敌情，突然敌人射来一颗子弹打中了我前脚下的石头，我的小腿一下中了七块石片，伤了七处。"受到启发的杨秀山下令集中3营的全部机枪扫射石板路。顿时，暴雨般的子弹打向石板路，无数的小石片飞溅起来，那些隐蔽在墙后死角的敌人，被这些小石片打得头破血流，狼狈逃窜。贺龙得知后连声说："这个打法好，是条很好的经验。"

三路纵队，向成县、徽县、两当、康县等地开进并夺取这些地区，配合红一、红四方面军的行动，争取三个方面军的会合，战役任务预期于9月底完成。

根据命令，红二方面军分为三路纵队于9月11日相继出发。由于甘南地区敌人兵力空虚，加上选定的战役进攻方向，是国民党军第3军王均部和川军孙震部的接合地带，守备力量比较弱，因此，红军各纵队进展顺利。经过长途奔袭的红军指战员，以连续作战的顽强精神，克服疲劳伤病和风餐露宿等困难，至20日，胜利攻占成县、徽县、两当、康县4座县城，并占领了陕西略阳、凤县的部分地区。

红军在成徽两康地区广泛发动群众，掀起了轰轰烈烈的斗争热潮。各县相继成立了苏维埃政府和农民协会，组建了陇南抗日游击队、两当县义勇军、徽县工农游击大队等多支革命武装，并开展了打土豪、分田地的斗争。广大群众革命热情高涨，在他们帮助下，红军筹集了大批粮食经费，扩充了2000余名新兵，进一步充实了部队。

在此前后，红一方面军派出策应的两个特别支队正向西兰大道的静宁、会宁段和靖远、打拉池一线推进；红四方面军控制了岷县、临洮、陇西、武山一带广大地区，红军三个方面军形成了南北呼应的有利态势。

迅速夺路北进

蒋介石为阻止红军会师，调集其嫡系部队抢占西兰大道的静宁、会宁、定西段，并令川军、西北军、东北军和宁夏、青海的部队予以配合，共同进攻红军。正在与敌人抢时间争速度之时，由于张国焘的反复和拖延，胡宗南部乘机由西安西进至清水、秦安、庄浪地区,向毛炳文和王均部靠拢,从北面威胁红二方面军。敌第35旅及川军孙震部等也向成县、康县发起进攻。红二方面军腹背受敌,面临被国民党军单独阻隔于西兰大道和渭河以南的危险境地。

在这种形势下,任弼时、贺龙于10月1日致电党中央,建议红二方面军撤出甘南地区,从天水、宝鸡间北渡渭河,转移到清水、张家川、莲花镇地区,背靠红一、红四方面军休整补充。中共中央立即复电同意,并根据敌情,于10月3日急电红二方面军迅速转移。红二方面军即以红6军团为右纵队,红2军团及红32军为左纵队,向通渭地域开进。

贺龙后来说,这是红二方面军最危险的一次突围转移。因为部队分散在甘南广大地区,一时收拢不及,而且缺乏必要的掩护。为迅速抢渡渭水并摆脱当面敌人,红二方面军主力先机出发。在康县活动的红6师第17团遭国民党军王均部截击,与主力失去联系。敌人发现红二方面军孤军行动,疯狂进攻。10

红军长征带到陕北的唯一一门山炮
中国人民革命军事博物馆藏

> 张辉，湖南平江人，1911年出生。1926年参加革命，1927年加入中国共产党。1934年参加红6军团西征，任红18师第54团团长，参加了创建湘鄂川黔苏区的斗争和反"围剿"作战。红二方面军组成后任红16师师长。

月7日，右纵队红6军团在礼县罗家堡一带，遭到两路敌军疯狂阻击和敌机的狂轰滥炸，损失很大。红16师拼死奋战，掩护军团主力突出重围，但付出巨大代价，师长张辉英勇牺牲，政治委员晏福生下落不明。

10月10日，红二方面军抢渡渭河时，正值上游暴雨，河水猛涨。追敌在后紧跟，敌机从天上疯狂扫射，部队被迫冒险徒涉，一些体弱的战士不幸被水冲走。贺龙、任弼时、关向应等不顾个人安危，亲自指挥渡河。为把伤病员全部送到渭水北岸，许多战士不顾危险数次往返，表现了崇高的阶级友爱。

10月16日，红二方面军进至六盘山南麓时，又遭敌人突然攻击。负责断后的红4师以"人在阵地在"的坚强决心，顶住数倍敌军在飞机掩护下的轮番进攻，与敌激战两天，胜利完成掩护主力转移的任务。而后趁夜撤出阵地，兼程北上。

这次夺路北进，红二方面军损失了数千人。贺龙后来回忆：

> 我们把四县①打下，张国焘不打，向西一跑，所有的敌人都加到我们头上，对付我们……损失相当大，我们损失了第17团……在盐关镇六军团被侧击，晏福生负伤。行军中受到敌人侧击，二军团甩了个团，到海原又吃了点亏，我差点被炸弹炸死。过渭河，狼狈极了。遭敌侧击，渭河上游下暴雨，徒涉，水越来越大，冲了点人去。张国焘违背中央军委的指示，二方面军几乎遭到全军覆没，在渭河南岸时也很危险。这是长征中最危险的一次。乌蒙山并不紧张，他们要埋武器，我都不准埋。在黔、大、毕哪面都可以打，封锁线我们一冲就破。要说紧张第一次是甘孜，张国焘要困死我们；第二次就是成徽两康战役。我们

---

① 指成县、徽县、两当和康县。

原来估计四方面军不会走的……四方面军一走，敌人就围拢过来了，急行军，掉了几千人……

最终，红二方面军指战员以顽强精神，冲破优势敌军的围追堵截，保证了与红一方面军的胜利会师。

将台会师

10月18日，红二方面军总部率红2军团到达通渭城，红6军团向兴隆镇开进，红32军向西吉前进。

得知这一消息，红1军团政治委员聂荣臻立即指示部队，在红二方面军前进方向做好警戒，以防敌人侧击；搞好伙食，好好招待红二方面军同志；及时转交为红二方面军准备的物资。红1师师长陈赓也对指战员说："我们是代表党中央来迎接红二方面军的，第一是要保证安全，做好警戒和战斗准备。再就是要热情周到，要体现红军大家庭的温暖，体现一、二方面军的兄弟情谊。"

红1军团指战员以极大的热情和兴奋心情，积极做好欢迎红二方面军战友的各项工作。战士们和群众一起忙着打扫卫生，杀猪宰羊。大家用树枝扎起高大的牌楼，贴上欢迎标语："欢迎英勇善战的二方面军！""向辛苦北上的二方面军学习致敬！"

10月22日，贺龙、任弼时等率红二方面军主力与红一方面军在静宁以北的将台堡（今属宁夏西吉）会师。至此，红二方面军长征胜利结束。

两军会师后，红一方面军向红二方面军赠送了数万斤粮食、2000多头牛羊猪、1000多套棉衣、几万张羊皮、500匹土布及3万块银元，以缓解他们严重的物资紧缺。贺龙连声说："好！好！多年来盼望见

"死而复生"的晏福生

红16师师长张辉牺牲后，师政治委员晏福生指挥部队与敌继续激战，被敌机炸伤右臂。敌人蜂拥包围上来，晏福生纵身跳下旁边的陡崖。战斗结束后，部队搜寻无果，为他举行了追悼会。但晏福生并没死，被老乡救过来后，他端着伤臂独自追赶部队，最终找到部队。因伤势过重，他的右臂只能截肢。新中国成立后，晏福生被授予中将军衔。

到中央红军,今天终于实现了。一方面军生活也很艰苦,还给我们送来这么多东西,太感谢你们了!"

之后,中共中央又派周恩来、邓小平等前来慰问红二方面军。邓小平向红二方面军传达了瓦窑堡会议精神,周恩来带着剧社来为红二方面军进行文艺演出。阔别多年之后,周恩来、贺龙这两位南昌起义的领导人再次重逢,两人的双手紧紧地握在一起,开怀畅谈。人民剧社充满革命激情的精彩演出让贺龙看得十分过瘾,他对周恩来说,我们也要搞一个这样的剧社!周恩来指着旁边的人民剧社社长危拱之说:"好嘛,叫你们的宣传队跟我一起走,让危拱之同志帮助你们好好训练一下。"贺龙连连点头称好,并说:"我们的剧社就叫'战斗剧社'。"谈笑间,周恩来问贺龙,三个方面军会师后怎么办?贺龙爽快地回答道:"统一归彭(指彭德怀)指挥吧!"贺龙后来说,那是我们红二方面军再次表示拥护党中央。

以红军三大主力在会宁、将台堡会师为标志,历时两年的中国工农红军长征宣告胜利结束,中国革命由此翻开了崭新的篇章。

中国工农红军经过两年的殊死奋斗,夺取了长征的伟大胜利,对中国革命产生了重大而深远的影响。

长征的胜利,实现了中国共产党北上抗日的战略方针,红军主力转移到抗日的前进阵地,为建立抗日民族统一战线,为担负起抗日战争中流砥柱的历史使命,奠定了坚实的基础。

长征的胜利,使中国革命转危为安,成为中国共产党和中国革命事业从挫折走向胜利的伟大转折点。

长征的胜利,宣传了共产党的抗日救国主张,在沿途15个省份播下了革命的火种,为夺取中国革命的胜利奠定了深厚的群众基础。

长征的胜利,保存和锻炼了中国革命的核心和骨干。经过长征考验的共产党人和红军,成为而后治党治国治军的中坚力量。

长征的胜利,确立了毛泽东在中共中央的领导地位,开始形成以毛泽东为核心的中央领导集体。这为党和革命事业不断开创新的局面、夺取新的胜利,提供了最重要的保证。

最后一仗

1936年10月,红军三大主力胜利会师。蒋介石不顾民族危机日益深重和中国共产党一再提出的"停止内战,一致抗日"的主张,调集5个军近20个师组织"通渭会战",企图乘红军长途跋涉、疲劳困顿之机加以围歼。10月20日,敌军开始行动。22日,红四方面军第5军副军长罗南辉指挥部队与敌激战,在会宁以南华家岭地区英勇牺牲。

为粉碎敌人进攻,争取抗日民族统一战线形成,中共中央和军委决定,集中兵力,重点打击敌胡宗南部。成立由彭德怀任司令员兼政治委员的前敌总指挥部,统一指挥三个方面军行动,要求"各兵团首长绝对服从前敌总指挥彭德怀同志之命令"。

胡宗南部是蒋介石的嫡系,武器精良,气焰嚣张,兵分三路,紧紧尾追红军。前敌总指挥部决定,诱敌深入,在山城堡地区设伏歼敌。红军各部队迅速向山城堡靠近。

山城堡位于甘肃环县境内,川塬相交,地形复杂,便于大部队隐蔽。这里有一股汩汩流淌的清泉,是干旱的黄土高原上不可多得的饮用水源。彭德怀判断,敌人为求水源,必然来此。

11月17日,红四方面军第4、第31军在萌城、甜水堡以西地区设伏,击溃敌中路第1师第2旅。敌右路第78师孤军向山城堡开进。

毛泽东电示彭德怀,以一部兵力牵制另两路敌军,集中主力,消灭敌第78师。彭德怀遂即作出部署,并于19日下达作战命令。三个方面军立即开始行动,在山城堡地区隐蔽待机。20日,敌第78师进入山城堡地区。21日晚,埋伏于此的红军向敌人发起突然攻击。激战竟夜,至22日将敌第78师歼灭。

山城堡战役的胜利,是红军三大主力团结奋战取得的硕果,对巩固陕甘宁苏区,促进抗日民族统一战线形成具有重大意义,也是第二次国内革命战争基本结束的标志。中国革命即将进入新的历史时期。

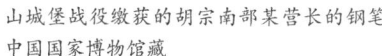

山城堡战役缴获的胡宗南部某营长的钢笔
中国国家博物馆藏

长征的胜利，向全世界庄严宣告，用马克思主义理论武装起来的、代表中国最广大人民根本利益的中国共产党及其领导的人民军队，是不可战胜的。

1935年12月27日，毛泽东在党的活动分子会议上作题为《论反对日本帝国主义的策略》报告，其中指出：

> 讲到长征，请问有什么意义呢？我们说，长征是历史纪录上的第一次，长征是宣言书，长征是宣传队，长征是播种机。自从盘古开天地，三皇五帝到于今，历史上曾经有过我们这样的长征吗？十二个月光阴中间，天上每日几十架飞机侦察轰炸，地下几十万大军围追堵截，路上遇着了说不尽的艰难险阻，我们却开动了每人的两只脚，长驱二万余里，纵横十一个省。请问历史上曾有过我们这样的长征吗？没有，从来没有的。长征又是宣言书。它向全世界宣告，红军是英雄好汉，帝国主义者和他们的走狗蒋介石等辈则是完全无用的。长征宣告了帝国主义和蒋介石围追堵截的破产。长征又是宣传队。它向十一个省内大约两万万人民宣布，只有红军的道路，才是解放他们的道路。不因此一举，那么广大的民众怎么会如此迅速地知道世界上还有红军这样一篇大道理呢？长征又是播种机。它散布了许多种子在十一个省内，发芽、长叶、开花、结果，将来是会有收获的。总而言之，长征以我们胜利、敌人失败的结果而告结束。谁使长征胜利的呢？是共产党。没有共产党，这样的长征是不可能设想的。

这是对红军长征胜利伟大意义最经典的概括。

中国工农红军的伟大长征，永垂青史！

为长征和中国革命胜利而英勇牺牲的先烈，万古流芳！

电贺长征胜利的鲁迅（局部）　陈逸飞　油画　99cm×90cm　1977年　中国美术馆藏

（下页）大会师（局部）　孙向阳　陈树东　孔平　油画　800cm×300cm　2016年　中国国家博物馆藏

毛泽东在陕北　埃德加·斯诺拍摄

《红军长征记》——亲历者集体完成的回忆录

2002 年,在美国哈佛大学燕京图书馆发现了一本朱德签名的《红军长征记》,引起世人广泛关注。这是一部毛泽东亲自倡议,长征亲历者们集体完成的著作,意义非同寻常。

红一方面军长征胜利后,上海租界一家报纸在赞叹的同时又表示,历史只有被记录下来才有价值,嘲笑红军"粗陋无文",没有能力记录历史。为回击这种论调,同时为"进行国际宣传,以及在国内国际进行大规模的募捐运动",毛泽东指示杨尚昆,成立编辑委员会,并亲自撰写征稿启事,号召红军指战员将长征的经历"择其精彩有趣的写上若干片断,文字只求清通达意,不求钻研深奥",强调"事关重要,切勿忽视"。

1936 年 8 月 5 日,红军总政治部发出征稿启事。至 10 月底,收到稿件 200 多份共 50 余万字。经编委会选编,于 1937 年 2 月编成《二万五千里》一书,共 30 万字,但因国共合作等原因未付印。1942 年 11 月,八路军总政治部以《红军长征记》为名印刷此书,供内部使用。

1954 年,中共中央宣传部在《党史资料》上刊出《红军长征记》。1955 年,人民出版社以此为基础,同时增加其他有关红军长征的回忆文章,出版《中国工农红军第一方面军长征记》。2006 年,解放军文艺出版社出版了中宣部版《红军长征记》。

《红军长征记》是我党我军历史上完成时间最早、内容最为真实的有关红军长征的回忆录,对研究和宣传红军长征具有重要价值。

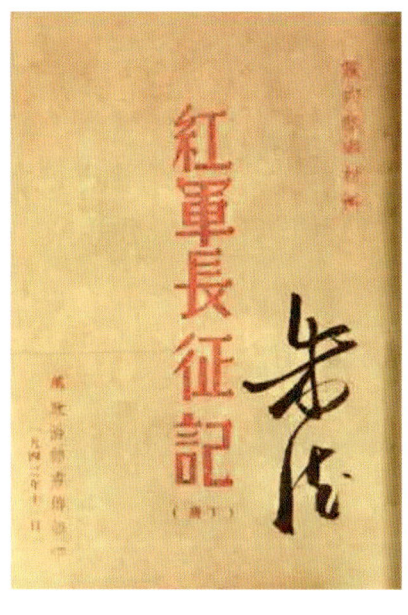 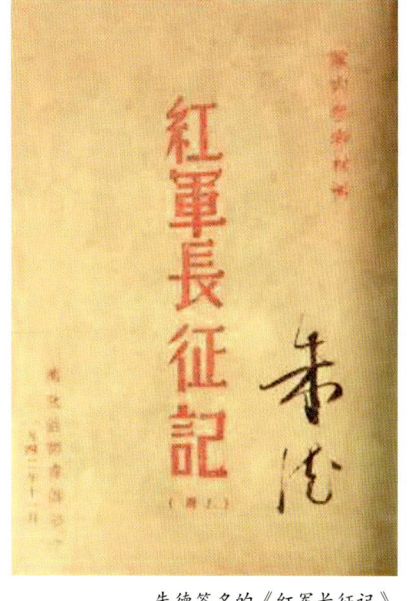

朱德签名的《红军长征记》

美好生活奔小康（局部）　陆琦 靳庆金　油画　800cm×300cm　中国共产党历史展览馆藏

尾 声

长征永远在路上……

历史的长河奔流不息,时代的巨轮滚滚向前。中国工农红军长征已经结束80多年了,今天的中国与红军长征时相比,已经发生了天翻地覆的变化。然而,穿越历史的沧桑巨变,回望80多年前那段峥嵘岁月,作为人类有史以来最伟大的远征,红军长征的影响力并没有因为时光流逝而消失在历史烟云中。相反,随着时间的演进,它所揭示的关于信仰、意志、勇气和生命的哲理,仍然会给今天的我们,以及我们的后人,带来巨大的精神激励和永恒的价值启示。

长征精神代代传
马文甲
雕塑 2019年
100cm×80cm×120cm
中国美术馆藏

壮举万世瞩目　精神光耀千秋

> 长征是一次理想信念的伟大远征；
> 长征是一次检验真理的伟大远征；
> 长征是一次唤醒民众的伟大远征；
> 长征是一次开创新局的伟大远征。
> 　　　　　　　　　　——习近平

长征是举世无双的伟大壮举，红军指战员在长征中以热血和生命铸就了伟大长征精神。"伟大长征精神，就是把全国人民和中华民族的根本利益看得高于一切，坚定革命的理想和信念，坚信正义事业必然胜利的精神；就是为了救国救民，不怕任何艰难险阻，不惜付出一切牺牲的精神；就是坚持独立自主、实事求是，一切从实际出发的精神；就是顾全大局、严守纪律、紧密团结的精神；就是紧紧依靠人民群众，同人民群众生死相依、患难与共、艰苦奋斗的精神"。长征精神，是中国共产党人和人民军队革命风范的生动反映，是中华民族自强不息的民族品格的集中展示，是以爱国主义为核心的民族精神的最高体现，是中华民族精神宝库的重要组成部分。同时，也包含着人类共通的具有永恒生命力的价值内涵。

长征是理想信念的赞歌

崇高的理想，坚定的信念，永远是中国共产党人的政治灵魂。红军是中国共产党领导的人民军队，具有远大革命理想和坚定信念，敢于为人民利益牺牲一切。80多年前，正是在救国救民的理想信念鼓舞下，这支衣衫褴褛、食不果腹的队伍，克服常人难以想象的艰难险阻，突破重重封锁，跨越滔滔激流，征服皑皑雪山，穿越茫茫草地，屡经挫折而又奋起，历尽苦难而淬火成钢，谱写出一曲惊天地、泣鬼神的英雄赞歌。

心中有信仰，脚下有力量。红军指战员知道自己是为谁革命、为谁牺牲，心中始终涌动着火热的激情。他们怀着跟党革命到底的坚定信念，迸发出不怕流血牺牲、不畏任何敌人、不惧任何艰险的强大力量，在危难中力挽狂澜，在枪林弹雨中冒死前行。无论是高级指挥员，还是普通士兵，都坚信自己是一个伟大事业的奋斗者，因而豪情万丈、舍生赴死，不惜奉献自己的一切。

可以说，长征是理想信念创造的奇迹。正如斯诺在《红星照耀中国》一书中所写："冒险、探索、发现、勇气和胆怯、胜利和狂喜、艰难困苦、英勇牺牲、忠心耿耿，这些千千万万青年人的经久不衰的热情、始终如一的希望、令人惊诧的革命乐观情绪，像一把烈焰，贯穿着这一切，他们不论在人力面前，或者在大自然面前、上帝面前、死亡面前，都绝不承认失败。"

今天，新时代新长征的路上依然会有许多雪山、草地需要跨越，有许多"娄山关""腊子口"需要征服。因此，理想信念的火炬永远不能熄灭。实现中华民族伟大复兴的宏伟目标，实现共产主义的远大理想，永远是鼓舞我们在新长征路上不断前行的强大动力。

夹金山红色主题文化景观 新华社记者摄

长征是英雄主义的史诗

大无畏的革命英雄主义是长征精神的集中体现。长征的艰苦卓绝，不仅在中国历史上绝无仅有，在世界战争史上也极为罕见。"在漫漫征途中，红军将士同敌人进行了600余次战役战斗，跨越近百条江河，攀越40余座高山险峰，其中海拔4000米以上的雪山就有20余座，穿越了被称为'死亡陷阱'的茫茫草地，用顽强意志征服了人类生存极限。红军将士上演了世界军事史上威武雄壮的战争活剧，创造了气吞山河的人间奇迹"。在艰苦的转战中，红军随时要面对敌军的围追堵截，平均每3天就要与敌人激战一次，每天要在饥寒交迫中行军六七十里。如此恶劣环境下的远征，完全超越了人类的生理极限，如果没有革命英雄主义精神的鼓舞，绝对无法想象。

惨烈超绝的斗争产生伟大的英雄，长征是锻造英雄的熔炉。1949年10月1日，站在天安门城楼上参加开国大典的毛泽东、朱德、刘少奇、周恩来等党的第一代中央领导集体的重要成员，无一不是从万水千山的长征路上走过来的。1955年人民解放军首次授衔，十大元帅9位参加过长征；十位大将8位参加了长征；绝大多数的上将、中将和少将经历过长征的生死考验。地方各级领导中，"长征干部"的比例也很大。

英雄的史诗是以巨大的牺牲为代价写就的。四路红军长征出发时，总人数约20万人，最后到达陕甘地区的，只有五六万人。为了救国救民，红军指战员不怕任何艰难险阻，不惜付出一切牺牲。这种革命英雄主义精神，已经成为并将永远成为激励中国人民不断攻坚克难、从胜利走向胜利的力量源泉。

长征是人类共有的财富

80多年来，长征的影响力早已超越国界，产生了广泛的国际影响。新千年之际，美国时代生活出版公司出版的《人类1000年》一书中，将中国的火药武器发明、成吉思汗帝国的建立和中国工农红军长征列入公元1000年至2000年人类历史上的100件重大事件。参与该书所列事件评选的西方学者，在意识形态上与中国共产党人并不相同,但他们对长征历史意义和精神价值的评判,反映了长征在人类历史上的重要地位。

1984年,75岁高龄的美国记者索尔兹伯里装着心脏起搏器来华重走长征路。之后,写出轰动西方世界的《长征——前所未闻的故事》一书。书中说:"人类有四大史诗,以色列人从埃及出走、汉尼拔翻越阿尔卑斯山、拿破仑进军莫斯科、美国人拓荒西部,但是他们与长征相比都黯然失色。"这位早在1944年就萌发透过长征看中国想法的美国记者,亲身体验长征后感慨地说:"它不是一般意义上的'行军',不是战役,也不是胜利。它是一曲人类求生存的凯歌。"

从亲历长征的国际友人,到慕名踏访的外国记者;从钩沉史海的各国学者,到书写长征史的海外作家,无论是来自东方还是西方,长征在他们眼里都是一次人类的壮举,是人类在绝境之下战胜死亡、于九死一生中夺取最终胜利的真实神话。

正如英国学者迪克·威尔逊在《1935年的长征:中国共产党为生存而斗争的史诗》一书中所说:"长征已经在各大洲成为一种象征,人类只要有决心和毅力就能达到自己的目的。"长征作为人类征服自然、征服强大敌人的壮举所展现出的顽强生命力、坚韧意志力和永不屈服的品格,给全世界留下了宝贵的精神财富和历久弥新的心灵震撼。

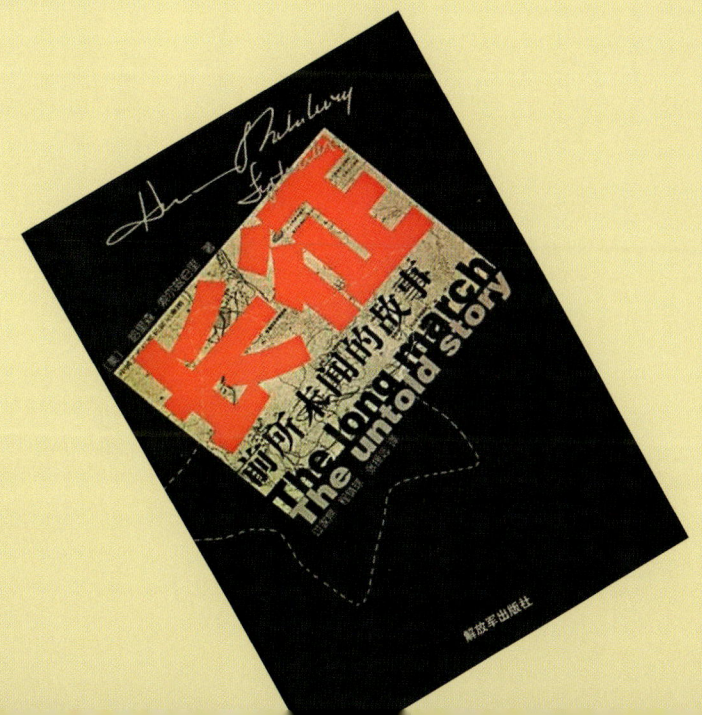

《长征——前所未闻的故事》封面

天问一号发射

传承长征精神　奋进复兴征程

> 夺取全国胜利，这只是万里长征走完了第一步。中国的革命是伟大的，但革命以后的路更长，工作更伟大，更艰苦。
>
> ——毛泽东

以长征精神奋发图强建设新中国

新中国成立前夕，毛泽东向全党发出继续长征的伟大号召。从此，改变一穷二白的面貌，建设社会主义强国，成为长征新的内涵。"苦不苦，想想红军二万五；累不累，想想革命老前辈"，是当年激励亿万人民自力更生、发愤图强，为建设社会主义新中国而努力奋斗的最响亮口号。长征亲历者们更是胸怀凌云壮志，开始了更加伟大、更加艰苦的奋斗。王震率领数十万官兵和知识青年开赴边疆，开荒造田、屯垦戍边，为共和国建立粮仓；余秋里带领石油会战大军挺进松辽平原，以"宁

高铁进山啦（局部） 蔡超 边涛 李鸿莉 中国画 360cm×210cm 2019年 中国美术馆藏

可少活二十年，拼命也要拿下大油田"的豪迈精神，为新中国摘去"贫油"的帽子；聂荣臻、张爱萍统领国防科技大军奔赴荒无人烟的茫茫戈壁，隐姓埋名，埋头苦干，成功研制出"两弹一星"，奠定了新中国国防安全体系的坚强基石……可以说，长征之后80多年的历史，就是一部中国共产党人以"万水千山只等闲""敢教日月换新天"的英雄气概开天辟地、改天换地建设新中国的奋斗史，就是一部中国共产党人传承长征精神战天斗地、惊天动地的新长征史。长征一直是进行时，长征永远在路上。伟大的长征精神早已深深融入中华民族的血脉基因，生生不息，代代相传，鼓舞着亿万中国人民朝着自己的目标奋勇前行。

以长征精神顽强拼搏打赢脱贫攻坚战

一代人有一代人的长征路，每一代人都要走好自己的长征路。新时代的长征路，就是要把我们国家建成富强、民主、文明、和谐、美丽的社会主义现代化强国，实现中华民族的伟大复兴。改革开放以来，中国人民在建设中国特色社会主义的新长征路上，取得了举世瞩目的伟大成就，人民生活水平不断提高。然而，出于历史和区位等原因，包括长征沿线部分地区在内的老少边穷地区经济发展仍相对落后，群众生活仍相对贫困。

党的十八大以来，党和国家实施了大规模、有计划、有组织的扶贫开发，领导全国人民打响了声势浩大的脱贫攻坚战。这是新长征路上的一场硬仗。长征沿线一些省区，克服地处偏远、基础设施薄弱、贫困人口基数较大、脱贫攻坚任务艰巨等各种困难，迎难而上、踔厉奋发，踏上了脱贫奔小康的快车道。

赣南，是中央苏区的核心区域，红军长征的出发地，这里的人民为中国革命作出了巨大贡献。然而，这里也曾是全国较大的集中连片特困地区。2012年，《国务院关于支持赣南等原中央苏区振兴发展的若干意见》出台。此后10年间，通过国家政策的大力支持，200多个中央国家机关的对口支援和老区人民的顽强奋斗，赣南经济社会发展实现了新跨越，人民群众的获得感、幸福感不断增强。

当年红军四渡赤水的贵州，素有"地无三里平"之称，山路崎岖，险关重重，给红军转战平添许多艰辛。今天，这里不仅高铁通达，还在西部地区率先建成"以高速公路为骨架、国省干线公路为支撑、农村公路为脉络、通组公路为基础"的四级公路网。无论是乌江渡口、赤水河畔，还是乌蒙山区、苗岭之巅，一路坦途，顺畅通达。

波涛汹涌的金沙江，曾是红军长征中的一道天堑。如今，这里是国家重点规划建设的大型水电基地之一，水电开发成就举世瞩目。向家坝、溪洛渡、乌东德和白鹤滩等世界级大型水电站相继建成，有效实现了国家"西电东送"战略，增强了流域防灾减灾的能力，为改变当地落后面貌起到了巨大作用。与此同时，皎平渡、乌东德和洪门渡三座大桥在金沙江上凌波架起，大大方便了川滇两省的交通往来，"天堑变通途"，已然成为美好的现实。

教育脱贫是全面脱贫的重点和促进发展的关键。这些年来，长征沿线地区各级政府加大教育投资，促进教育发展，取得显著成效。地处乌蒙山区的云南威信县，地势所限，县城堪称"袖珍"。可是，县里却不惜劈山平地，为学校建起标准的足球场，让孩子们能得到全面发展。红军会师地甘肃会宁，自改革开放以来，以"小县办大教育，穷县办强教育"的决心狠抓教育发展，一步一个台阶，一年一个惊喜。这个只有50多万人口的小县，拥有各级各类学校3000多所，先后走出了约13万名大学生，6000多名硕士，1500多名博士……骄人成绩，使会宁成为革命老区教育振兴的闪光名片，见证着长征沿线地区教育事业的巨大发展。

当年，红军在长征中得到沿途群众大力支持。今天，子弟兵倾力回报广大人民。党的十八大以来，全军各部队根据党中央和中央军委部署指示，积极助力脱贫攻坚，先后对口支援了4100多个贫困乡村，为长征沿线地区援建了360多所"八一爱民学校"。这些串联在"地球红飘带"上的军民"同心结"，与乡村振兴、民族复兴紧紧联在一起，展现了新时代的军民鱼水情，给大山深处的孩子带来新的希望。在长征精神鼓舞下，在长征沿线地区，旧貌换新颜的感人故事还有太多太多……

2020年11月23日，全国832个贫困县全部脱贫。在中国共产党领导下，各族儿女同心协力，实现了包括长征沿线广大地区在内的9899万农村贫困人口全部脱贫，完成了消除绝对贫困的艰巨任务，为全面建成社会主义现代化国家奠定了坚实基础，在新长征路上创造了又一个彪炳史册的奇迹！

向家坝水电站

弘扬长征文化　建设国家公园

> 我们回首长征历史,不要忘记那枪声炮声,更不要忘记那歌声琴声。
> ——《长征组歌》词作者萧华

长征文化魅力永恒

长征的伟大实践必然催生出优秀的长征文化。长征文化承载着党和红军用鲜血生命铸就的英雄伟业,凝聚着伟大的长征精神,体现了党和红军的理想信念、智慧才华和精神风貌。参加过长征的彭加伦曾说:"红军中没有职业的诗人,也没有固定的歌手。我们的诗人和歌手是全体指战员。我们的事业是一首万古流芳、无限壮丽的伟大史诗,我们的人,也是一群充满诗意的无敌的英雄。红军就是一个诗的集体,歌的阵营。"在险象环生的长征路上,红军指战员以昂扬向上的革命乐观主义精神,马背上吟诗,硝烟中作画,篝火边歌唱,大地上书写,

(左页)北盘江大桥

中国"天眼"——500米口径球面射电望远镜 贵州平塘

胜利的号角

形成了一大批优秀文化作品。《七律·长征》《忆秦娥·娄山关》等诗词，《三大主力会师歌》《三大纪律八项注意》《一只破草鞋》等文艺作品，《长征漫画》等美术作品，《红军长征记》等文字作品，以及沿途留下的无数标语、口号和宣传画，都已成为载入史册的长征文化优秀代表作，在之后的漫漫岁月中发挥了极大的激励鼓舞作用。

新中国成立以来，以《长征组歌》《万水千山》《长征》《飞夺泸定桥》等为代表的一大批歌颂长征、弘扬长征精神的歌曲、影视、文学、美术作品更是层出不穷，多姿多彩。这些作品以丰富的表现力和强大的感染力，深入亿万人民的心中，彰显着长征文化的无穷魅力。油画《飞夺泸定桥》的作者刘国枢，已年逾百岁，可是一说起当年的创作经历，记忆依然清晰。1959年年初，为了创作好这幅作品，他专程前往泸定桥采风。长达100多米的铁索桥晃晃悠悠，他来回走了不下200趟，在反复行走体验中，22位夺桥勇士的形象在他脑海中鲜活呈现。历史的瞬间在画面上定格，勇士的形象走入亿万人民心中。

此外，长征沿途保留下来的大量文物和2100余处驻地会址、渡口关隘、碑刻墓地等遗址遗迹，以其隐含的历史信息和背后的感人故事，成为长征文化的重要载体，也是今人与前辈英烈沟通交流的特殊介质。四川剑阁县，红军攻克剑门关纪念馆旁，有一座烈士墓，墓碑上写着"红军烈士鲍政委和通信员之墓"。1935年4月初在攻打剑门关的战斗中，担任突击任务的红31军第274团第2营指战员与敌人展开搏斗，年仅18岁的营政委和通信员英勇牺牲，合葬于此。政委没有留下名字，年仅十三四岁的小通信员更没有留下任何信息。这座烈士墓成为那场激战的历史见证，无声述说着红军英勇顽强的战斗精神和甘于为革命奉献一切的高尚情怀，令人肃然起敬。

长征精神的巨大影响力深入中华大地的每个角落，形成特有的民间记忆和行为，流传着无数感人的故事。当年，瑞金叶坪华屋村的17名青年，在跟随中央红军长征出发前，每人种下一棵松树，相约革命胜利后同回家乡。然而，青松依旧在，未见儿郎归，他们先后牺牲在长征途中。2014年在他们离家80周年时，乡亲们在后山上建亭立碑，将这片松林命名为"烈士林""信念树"，以表达对先烈的深切缅怀和永远跟党走的坚定信念。2021年8月，广西兴安县98岁的赵良英老人荣登"中国好人榜"。湘江战役后，她的父亲冒着生命危险，将牺牲的12名红军烈士遗体收殓入土。之后的岁月中，她追随父亲的脚步，带着儿子、孙子和曾孙，坚持守护红军烈士墓直至今天。几代人的接力守护，就是要让子子孙孙永远铭记那段悲壮而辉煌的历史，让长征精神世世代代永远传承下去。

国家文化公园建设意义深远

党的十八大以来，党中央高度重视长征精神与红色文化的传承弘扬。习近平总书记先后到贵州遵义、宁夏西吉、江西于都、湖南汝城、广西全州等长征沿线重要点段进行考察，对保护好长征等革命历史遗址遗存，更好地传承和弘扬长征精神作出一系列重要指示。

2019年7月，中央全面深化改革委员会第九次会议审议通过《长城、大运河、长征国家文化公园建设方案》。这是党中央推动新时代文化繁荣发展的重大创新工程，也是坚定文化自信、弘扬中华优秀传统文化的重大战略举措。特别是长征国家文化公园的建设，肩负着弘扬伟大长征精神、探索新时代革命文物保护

四渡赤水红军小学学生

利用途径、助力社会主义文化强国建设的重大使命,对于传播好长征文化、讲述好长征故事、传承好长征精神具有重要意义。

2021年8月,国家文化公园建设工作领导小组发布《长征国家文化公园建设保护规划》,对长征国家文化公园建设提出明确要求。根据要求,长征沿线15个省区、72个市州、381个区县,在做好规划、加强立法、完善政策前提下,积极有序、稳步扎实地推进长征国家文化公园的建设。可以期待,在不远的将来,兼具革命传统教育、革命文物保护、长征精神传承、红色文化传播等多功能的长征国家文化公园,必将在中国大地上产生不一样的"长征+"效应,成为中华民族不朽的精神家园。

2022年10月,习近平总书记在中国共产党第二十次全国代表大会的报告中

发出庄严号召:全党同志务必不忘初心、牢记使命,务必谦虚谨慎、艰苦奋斗,务必敢于斗争、善于斗争,坚定历史自信,增强历史主动,谱写新时代中国特色社会主义更加绚丽的华章。

回望历史是为了更好地走向未来,纪念辉煌是为了再创新的辉煌。虽然红军长征的烽火硝烟已经远去,但长征精神的种子早已在中华大地上繁茂生长。如同接力飞天的长征系列火箭一般,新时代的奋斗者们,正在新长征的路上承先启后、阔步前进,用不懈的奋斗,向世界展示着全新的中国力量、中国气派、中国精神,在建设社会主义现代化强国、实现中华民族伟大复兴的道路上续写着新的辉煌!

先烈回眸应笑慰,擎旗自有后来人!

(下页)江山如此多娇(局部)　　傅抱石 关山月 中国画 900cm×650cm 1959年

江山如此多娇

参考文献

1. 中共中央文献研究室，中国人民解放军军事科学院.毛泽东军事文集〔M〕.北京：军事科学出版社，中央文献出版社，1993.
2. 中共中央党史研究室.中国共产党历史第一卷（1921－1949）上册〔M〕.北京：中共党史出版社，2002.
3. 中共中央党史和文献研究院.中国共产党的一百年（新民主主义革命时期）〔M〕.北京：中共党史出版社，2022.
4. 本书编写组.中国共产党简史〔M〕.北京：人民出版社，中共党史出版社，2021.
5. 中国人民解放军历史资料丛书编审委员会.红军长征·文献〔M〕.北京：解放军出版社，1995.
6. 中国人民解放军军事科学院军事历史研究部.中国人民解放军战史（土地革命战争时期）〔M〕.北京：军事科学出版社，1987.
7. 中国人民解放军军事科学院军史编写组.中国人民解放军军史第一卷〔M〕.北京：军事科学出版社，2011.
8. 中国人民解放军总政治部组织部.中国共产党中国人民解放军组织史资料第1卷（土地革命战争时期）〔M〕.北京：长征出版社，1994.
9. 中国工农红军第一方面军史编审委员会.中国工农红军第一方面军史〔M〕.

北京：解放军出版社，1993.

10. 中国工农红军第二方面战史编辑委员会. 中国工农红军第二方面军战史〔M〕. 北京：解放军出版社，1992.

11. 中国工农红军第四方面军战史编辑委员会. 中国工农红军第四方面军战史〔M〕. 北京：解放军出版社，1991.

12. 中国工农红军第二十五军战史编审委员会. 中国工农红军第二十五军战史〔M〕. 北京：解放军出版社，1990.

13. 中国工农红军第二方面军战史编辑委员会. 中国工农红军第二方面军战史资料选编〔M〕. 北京：解放军出版社，1996.

14. 中国工农红军第四方面军战史编辑委员会. 中国工农红军第四方面军战史资料选编〔M〕. 北京：解放军出版社，1991.

15. 中国工农红军第二十五军战史编辑委员会. 中国工农红军第二十五军战史资料选编〔M〕. 北京：解放军出版社，1991.

16. 中国人民解放军历史资料丛书编审委员会. 红军长征·回忆史料（1）（2）〔M〕. 北京：解放军出版社，1990.

17. 中国工农红军第一方面军史编审委员会. 中国工农红军第一方面军人物志〔M〕. 北京：解放军出版社，1995.

18. 中国工农红军第四方面军战史编辑委员会. 中国工农红军第四方面军人物志〔M〕. 北京：解放军出版社，1998.

19. 中共中央党史研究室. 红军长征纪实丛书〔M〕. 北京：中共党史出版社，2016.

20. 中共中央文献研究室. 毛泽东传〔M〕. 北京：人民出版社，1996.

21. 中共中央文献研究室. 毛泽东年谱〔M〕. 北京：人民出版社，中央文献出版社，1993.

22. 中共中央文献研究室.朱德传（修订本）〔M〕.北京：中央文献出版社，2006.
23. 中共中央文献研究室.朱德年谱（新编本）〔M〕.北京：中央文献出版社，2006.
24. 中共中央文献研究室.周恩来传〔M〕.北京：中央文献出版社，1998.
25. 中共中央文献研究室.周恩来年谱〔M〕.北京：中央文献出版社，1989.
26. 中共中央文献研究室.陈云传〔M〕.北京：中央文献出版社，1998.
27. 中共中央文献研究室.任弼时传〔M〕.北京：中央文献出版社，1994.
28. 《习仲勋传》编委会编.习仲勋传〔M〕.北京：中央文献出版社，2013.
29. 彭德怀传编写组.彭德怀传〔M〕.北京：当代中国出版社，1993.
30. 中共中央党史研究室张闻天选集传记组.张闻天年谱〔M〕.北京：中共党史出版社，2000.
31. 程中原.张闻天传〔M〕.北京：当代中国出版社，1993.
32. 李志英.博古传〔M〕.北京：当代中国出版社，1994.
33. 徐则浩.王稼祥传〔M〕.北京：当代中国出版社，1996.
34. 刘伯承传编写组.刘伯承传〔M〕.北京：当代中国出版社，1992.
35. 贺龙传编写组.贺龙传〔M〕.北京：当代中国出版社，1993.
36. 叶剑英传编写组.叶剑英传〔M〕.北京：当代中国出版社，1995.
37. 陈毅传编写组.陈毅传〔M〕.北京：当代中国出版社，1991.
38. 徐向前传编写组.徐向前传〔M〕.北京：当代中国出版社，1991.
39. 中共中央文献研究室.李先念传〔M〕.北京：中央文献出版社，1996.
40. 曾希圣传编纂委员会.曾希圣传〔M〕.北京：解放军出版社，2019.
41. 中国人民解放军军事科学院军事历史研究所.中国工农红军长征全史〔M〕.北京：军事科学出版社，2006.

42. 中共中央党史研究室.红军长征史〔M〕.沈阳：辽宁人民出版社，1996.

43. 图说长征课题组.图说长征〔M〕.北京：中共党史出版社，2019.

44. 曲爱国，张从田.长征记〔M〕.北京：华夏出版社，2016.

45. 红军长征记〔M〕.北京：解放军文艺出版社，2006.

46. 中国人民解放军历史资料丛书编审委员会.南方三年游击战争·综合卷〔M〕.北京：解放军出版社，1995.

47. 红军长征过广西编写组.红军长征过广西〔M〕.南宁：广西人民出版社，1986.

48. 贵州档案馆.红军转战在贵州〔M〕.贵阳：贵州人民出版社，1984.

49. 贵州社会科学编辑部，贵州省博物馆.红军长征在贵州史料选辑（内部发行）〔B〕，1983.

50. 周朝举.红军黔滇驰骋风云录〔M〕.北京：军事科学出版社，1987.

51. 周朝举.红军黔滇驰骋烟尘录〔M〕.北京：军事科学出版社，1990.

52. 中共四川省委党史研究室.红军长征在四川（修订版）〔M〕.成都：四川人民出版社，2017.

53. 王新生.穿越历史时空看长征〔M〕.北京：中共党史出版社，2016.

54. 余伯流，凌步机.中央苏区史〔M〕.南昌：江西人民出版社，2001.

55. 中国人民解放军历史资料丛书编辑委员会.红军长征·参考资料〔M〕.北京：解放军出版社，1992.

56. 中国人民政治协商会议全国委员会文史资料委员会编审组.围追堵截红军长征亲历记：原国民党将领回忆〔M〕.北京：中国文史出版社，1991.

57. 埃德加·斯诺.红星照耀中国〔M〕.石家庄：河北人民出版社，1992.

58. 哈里森·索尔兹伯里.长征：前所未闻的故事〔M〕.北京：解放军出版社，1986.

后　记

　　为配合国家文化公园建设，全国政协文化文史和学习委员会主编了国家文化公园画传系列。我们受邀参加《长征画传》编纂，深感荣幸。作为曾经或仍在从事军史研究教学的军人，能为宣传人民军队的光辉历史、弘扬伟大长征精神尽一份力，义不容辞，感谢主编单位给予这个难得的机会。

　　本书编纂过程中，得到各有关方面大力支持。编委会领导同志全程予以指导，有关党史军史专家审看了提纲和全文，并提出宝贵修改意见。负责美术设计的同志对色彩和图文进行了精心选编，编委会办公室的同志做了大量协调保障工作。中国国家博物馆、中国人民革命军事博物馆、中国美术馆、中国共产党历史展览馆、中国美术家协会、中国国家画院、北京画院、中国中共党史学会艺术专业委员会、中共党史出版社和长征沿线各省区相关单位及孙晓云、骆芃芃等同志，对本书美术作品和图片的征集提供了积极帮助。大部分美术作品权利人都授权本书使用他们的作品。出版社的同志为此书出版做了大量工作。在此，我们一并表示诚挚感谢。目前部分美术作品的作者因故未能取得联系，请权利人直接与江苏凤凰美术出版社有关人员联系（电话：025-69761802），出版社将按相关法规落实著作权。由于我们对画传编纂缺乏经验，书中难免存在不足之处，敬请读者批评指正。

《长征画传》编写组